KB097736

김정선

이십대 후반에서 오십대 중반까지 출판 단행본 교정 교열 일을 했다. 『동사의 맛』 『내 문장이 그렇게 이상한가요?』 『열 문장 쓰는 법』 등의 책을 내고 강연을 다닌다.

끝내주는
맞춤법

끝내주는
맞춤법

사람을
위한
쓰는

힘
반복의

김정선

지음

맞춤법의 늪에서 헤어나는 방법

『동사의 맛』을 시작으로 『내 문장이 그렇게 이상한가요?』, 『열 문장 쓰는 법』 등의 책을 내면서 강연을 통해 독자분들을 만날 일이 잦아졌습니다. 물론 지금은 강연 자체가 거의 없는 데다 설령 기회를 만들더라도 비대면 강연을 할 수밖에 없지만 말이죠. 어쨌든 강연 내용은 자연스럽게 글쓰기와 한글맞춤법 관련 이야기가 주를 이루게 되더군요.

그런데 맞춤법이 늘 고민거리입니다. 어떻게 도와드릴 방법이 없달까요. 관련 책을 소개해 드리면서도 책을 읽고 이해한다고 해결될 문제가 아니라는 걸 잘 알기에 답답하기만 하더군요. 그렇다고 모든 분께 저처럼 오랜 시간을 들여 교정 교열 일을 직접 해 보시라고 권해 드릴 수도 없는 일이고 말이죠.

그렇습니다. 맞춤법 책을 읽고 내용을 모두 이해했다고 해서 바로 맞춤법에 맞게 글을 쓰거나 고칠 수는 없습니다. 머리로 이해하는 것도 중요하지만 그만큼 손에도 익혀야 하니까요. 아예 습관처럼 몸에 배게 만들어야 한달까요. 그쯤 돼야 비로소 글을 쓰고 고칠 때 더는 맞춤법의 늪에서 허우적거릴 일이 없겠죠.

그렇다면 짧은 시간에 교정 교열 일을 오래 한 사람처럼 맞춤법을 눈과 손에 익게 만들 방법은 없는 걸까요? 고민하던 끝에, 다양한 맞춤법 문제를 담은 문장들과 반복적으로 접하게 만들면 어떨까 하는 생각을 하게 되었습니다. 이 책은 그렇게 만들어졌습니다.

모두 스무 단계로 나누어서 각각 표기법과 띄어쓰기, 외래어 표기 문제들을 설명과 함께 담았습니다. 문법에 대한 설명이 필요한 부분은 따로 '붙임글'에 언급해서 문제를 접하는 동안 복잡하고 까다로운 문법 설명이 방해가 되지 않도록 했고요. 물론 단계가 올라갈수록 좀 더 어렵고 복잡한 문제와 접할 수 있도록 짰습니다. 그리고 앞 단계에서 다뤘던 문제를 다음 단계들에서 반복적으로 다시 접할 수 있게 배치했죠. 중간 점검과 최종 정리는 물론 부록에 더 다양한 예문을 싣기도 했고요.

우리는 어문 규정을 몰라서 맞춤법을 틀리는 게 아닙니다. 소릿값, 즉 발음 때문에 실수하는 거지요. 그렇기에 이해하려 하기보다 반복적으로 접하면서 손끝에 익히는 게 가장 좋은 방법입니다. 반복해서 보고 손으로 다시 써 보면서 기본적인 맞춤법을 아예 '체득'하도록 하자는 게 이 책의 취지입니다. 애써 외우려고 골머리 앓을 필요 없습니다. 책 속의 문제들만 성실히 풀면서 손으로 직접 써 보기만 하면 됩니다.

이 책을 한 번 정독하면서 문제를 풀고 다시 한 번 더 읽어 본다면 기본적인 맞춤법은 눈과 손에 익게 될 거라 믿습니다. 그리 되면 아마도 글을 읽다가 맞춤법이 틀린 표현에서 저절로 시선이 멈추게 되지 않을까요. 제가 이 책을 내면서 바라는 바도 바로 모든 분들이 그리 되는 것인데, 헛된 욕심이 아니었으면 합니다.

원고를 쓰도록 독려해 준 유유출판사의 조성웅 대표에게 고마움을 전하고 싶습니다. 꼼꼼하게 원고를 읽고 부족한 부분을 체크해 준 사공영 편집자와 이번에도 역시 멋진 표지로 책의 품격을 높여 준 이기준 디자이너에게도 고맙다는 인사를 전합니다. 코로나19가 얼른 물러가 강연장에서 다시 독자분들과 만날 수 있기를 기원해 봅니다.

2021년 2월
김정선

## 눈이 아니라 손끝으로 익혀야 한다

다음 문제 한번 풀어 보시겠습니까. 밑줄 친 부분이 틀렸으면 괄호 안에 고쳐 쓰시고 맞는다면 그대로 다시 쓰시면 됩니다.

1. 그 친구랑 <u>사겨</u>? (　　　　　)

2. 뭐가 <u>바꼈다고</u>? (　　　　　)

3. 정말 <u>으아하네요</u>. (　　　　　)

4. <u>구지</u> 갈 필요까지 있을까요? (　　　　　)

5. 벌써 <u>실증</u>이 난 거야? (　　　　　)

6. 그러다가 <u>미끌어진다</u>. (　　　　　)

7. <u>무우 쓸었어</u>? (　　　　　)

8. 아 <u>승질난다</u> 정말. (　　　　　)

9. 오다가 <u>주섰어</u>. (　　　　　)

10. <u>구즌일</u>을 함께하면서 친구가 됐다. (                    )

11. 그 정도면 <u>문안하지</u> 뭐. (                    )

12. 선반에 짐을 <u>얹지고</u> 나서 앉았다. (                    )

13. <u>어의없네</u> 정말. (                    )

14. <u>니우칠</u> 기미가 전혀 보이질 않네요. (                    )

15. 일 <u>않할</u> 거야? <u>안을</u> 거라면 할 수 없지 뭐.
    (                    ,                    )

16. 참 <u>고은</u> 손을 가지셨네요. (                    )

17. 오래 앉아 있었더니 발이 <u>절였다</u>. (                    )

18. 회사 생활에 <u>질력</u>이 날 때쯤 창업을 하게 되었다.
    (                    )

19. 안전사고에 <u>주위</u>합시다. (                    )

20. <u>섣불은</u> 판단으로 일을 그르치지 않도록 하자.
    (                    )

21. 내 <u>속속드리</u> 다 알아봤지. (                    )

22. <u>격이</u> 없이 대하는 게 좋네요. (                    )

23. 그날 <u>만났드라면</u> 좋았을 텐데. (                    )

24. 손님들이 자리에 <u>앉지고</u> 나자 주인도 그제야 자리에 앉았다. (                    )

25. 정말 <u>삐뚫어질</u> 테다. (                    )

26. 너 <u>때매</u> 혼났잖아! (                    )

27. 산에 <u>올르고</u>부터 건강이 몰라보게 좋아졌다.
    (                    )

28. 자 꾸물대지 말고 <u>얼릉</u> 해치우자. (                    )

29. 글쎄, <u>하마트면</u> 커피를 쏟을 뻔했지 뭐야.
    (                    )

30. 엄마한테 <u>일르지</u> 마, 알았지? (                    )

31. 이 모임에서 내 <u>역활</u>이 뭔지 잘 모르겠네요.
    (                    )

32. 어제는 혼자 영화를 보러 <u>갔읍니다</u>. (                    )

33. 화재로 인해 건물은 금세 연기에 <u>휩쌓였다</u>.
    (                    )

34. 좀만 더 <u>깍아</u> 주세요, 네? (                    )

35. 오늘은 이곳에서 하룻밤 묵을 겁니다. (          )

36. 무척 졸립네요. (          )

37. 하루 종일 속이 메스껍고 울렁거리더니 결국 변기에
    속의 것을 모두 게어 내고 말았다. (          )

38. 접시까지 다 할타 먹겠다. (          )

39. 뭘 그렇게 아래위로 훑터보는 거요? (          )

40. 너마는 올 줄 알았다. (          )

41. 반죽이 물거서 수제비를 뜨기가 어렵다. (          )

42. 그래서 그렇게 저질른 거야? (          )

43. 어서 결딴을 내리시죠. (          )

44. 물티슈는 변기에 넣지 마세요. 변기가 막힙니다.
    (          )

45. 이렇게 만나니 정말 반가와요. (          )

46. 세상엔 불가학력이란 게 있는 법이다. (          )

47. 인제 우리 어떡하지? (          )

48. 세모와 네모 그리고 <u>동그래미</u>를 그려 봅시다.
( )

49. 거 말 <u>드럽게</u> 안 듣네, 정말. ( )

50. 얼른 <u>씼어</u>, 학교에 늦겠다. ( )

【 답 】

1. 사귀어  2. 바뀌었다고  3. 의아하네요  4. 굳이  5. 싫증

6. 미끄러진다  7. 무 썰었어  8. 성질  9. 주웠어  10. 궂은일

11. 무난하지  12. 없고  13. 어이없네  14. 뉘우칠  15. 안 할, 않을

16. 고운  17. 저렸다  18. 진력  19. 주의  20. 섣부른

21. 속속들이  22. 격의  23. 만났더라면  24. 앉고  25. 삐뚤어질

26. 때문에, 땜에  27. 오르고  28. 얼른  29. 하마터면

30. 이르지  31. 역할  32. 갔습니다  33. 휩싸였다  34. 깎아

35. 묵을  36. 졸리네요  37. 게워 내고  38. 핥아  39. 훑어보는

40. 만은  41. 묶어서  42. 저지른  43. 결단  44. 막힙니다

45. 반가워요  46. 불가항력  47. 이제  48. 동그라미  49. 더럽게

50. 씻어


다 맞히셨나요? 축하드립니다! 사실 축하드릴 일까지는 아니지만 그래도 기분은 나쁘지 않을 테니까요. 많이

못 맞히셨나요? 그래도 실망하실 것 없습니다. 한글 때문이니까요. 소리문자 중에서도 아주 특수한 소리문자에 속하거든요. 궁금하신 분은 이 책 69쪽 '붙임글 1'을 읽어 보시기 바랍니다. 여기서 구구절절 늘어놓으면 흐름이 끊길 것 같아서 읽을거리들은 따로 배치했습니다.

읽고 오셨나요? 이제 위안이 좀 되시죠. 문법 사항은 일부러 머릿속에 넣어서 잊지 않으려고 애쓰실 필요 없습니다. 관건은 손끝에 익히는 거니까요. 지긋지긋한 맞춤법 고민에서 헤어나려면 눈이 아니라 손끝에 익혀 둬야 한다는 사실만 잊지 않으면 됩니다.

그럼 다시 한 번 풀어 보시겠습니까. 이번엔 순서를 좀 바꾸겠습니다. 다 맞히신 분은 다음 단계로 넘어가셔도 좋습니다.

1.   반죽이 <u>물거서</u> 수제비를 뜨기가 어렵다. (              )

2.   산에 <u>올르고부터</u> 건강이 몰라보게 좋아졌다.
     (              )

3.   <u>니우칠</u> 기미가 전혀 보이질 않네요. (              )

4.   내 <u>속속드리</u> 다 알아봤지. (              )

5. 회사 생활에 질력이 날 때쯤 창업을 하게 되었다.
  (                    )

6. 섣불은 판단으로 일을 그르치지 않도록 하자.
  (                    )

7. 구즌일을 함께하면서 친구가 됐다. (                    )

8. 이 모임에서 내 역활이 뭔지 잘 모르겠네요.
  (                    )

9. 선반에 짐을 얹지고 나서 앉았다. (                    )

10. 그 친구랑 사겨? (                    )

11. 세모와 네모 그리고 동그래미를 그려 봅시다.
  (                    )

12. 어제는 혼자 영화를 보러 갔읍니다. (                    )

13. 그러다가 미끌어진다. (                    )

14. 그날 만났드라면 좋았을 텐데. (                    )

15. 접시까지 다 할타 먹겠다. (                    )

16. 뭐가 바꼈다고? (                    )

17. 손님들이 자리에 앉지고 나자 주인도 그제야 자리에 앉았다. (                    )

18. 이렇게 만나니 정말 반가와요. (                    )

19. 오다가 주셨어. (                    )

20. 아 승질난다 정말. (                    )

21. 정말 으아하네요. (                    )

22. 하루 종일 속이 메스껍고 울렁거리더니 결국 변기에 속의 것을 모두 게어 내고 말았다. (                    )

23. 벌써 실증이 난 거야? (                    )

24. 엄마한테 일르지 마, 알았지? (                    )

25. 물티슈는 변기에 넣지 마세요. 변기가 막힙니다. (                    )

26. 무우 쓸었어? (                    )

27. 글쎄, 하마트면 커피를 쏟을 뻔했지 뭐야. (                    )

28. 그 정도면 문안하지 뭐. (                    )

29. 오래 앉아 있었더니 발이 절였다. (                )

30. 화재로 인해 건물은 금세 연기에 휩쌓였다.
    (                )

31. 어의없네 정말. (                )

32. 얼른 씼어, 학교에 늦겠다. (                )

33. 일 않할 거야? 안을 거라면 할 수 없지 뭐.
    (              ,                )

34. 어서 결딴을 내리시죠. (                )

35. 오늘은 이곳에서 하룻밤 묶을 겁니다. (                )

36. 구지 갈 필요까지 있을까요? (                )

37. 참 고은 손을 가지셨네요. (                )

38. 너마는 올 줄 알았다. (                )

39. 정말 삐뚫어질 테다. (                )

40. 안전사고에 주위합시다. (                )

41. 세상엔 불가학력이란 게 있는 법이다. (                )

42. 좀만 더 깍아 주세요, 네? (                )

43. <u>격이</u> 없이 대하는 게 좋네요. (                    )

44. 거 말 <u>드럽게</u> 안 듣네, 정말. (                    )

45. 뭘 그렇게 아래위로 <u>훑터보는</u> 거요? (                    )

46. <u>인제</u> 우리 어떡하지? (                    )

47. 너 <u>때매</u> 혼났잖아! (                    )

48. 무척 <u>졸립네요.</u> (                    )

49. 그래서 그렇게 <u>저질른</u> 거야? (                    )

50. 자 꾸물대지 말고 <u>얼릉</u> 해치우자. (                    )


    이번엔 수월하게 푸셨겠죠? 그렇지 않았더라도 자책하실 것 없습니다. 앞으로 수도 없이 반복하면서 손끝에 익히게 될 테니까요. 다음 단계의 문제들에선 전 단계에서 익힌 문제들이 조금씩 반복되며 섞일 겁니다. 지금 익히신 문제들도 마찬가지고요. 그러니 애써 외우려고 골머리를 앓을 필요는 없습니다. 단지 문제들만 성실히 풀면서 손으로 직접 써 보기만 하면 됩니다.

    자 그럼 다음 단계로 넘어가 볼까요.

**실컫 풀었는데 다 틀렸다고?** (          )

우선 표기법 문제부터 풀어 보시죠. 방법은 전과 같습니다.

1. 누덕누덕 기워서 누덕이가 돼 버린 옷. (          )

2. 다리 좀 오무려 줄래? (          )

3. 실컫 먹고는 배고프다고? (          )

4. 몬내 아쉽다. (          )

5. 요즘 꾓가리 배우러 다닙니다. (          )

6. 금방 녹쓸지도 몰라. (          )

7. 가즌 고생을 다 하고도 원하던 성과를 얻지 못해 안타까웠다. (          )

8. 그럴 거면 슏제 시작도 하지 않는 게 낫지 않겠어. (          )

9. 빨랫줄에 걸어 놓은 빨래가 그만 바람에 <u>날라가고</u> 말
   았다. (                    )

10. 큰애는 천 <u>기저기</u>로 키웠어요. (                    )

11. 머리를 참 곱게 <u>따았구나</u>. (                    )

12. 그 <u>괘짝</u>에 뭐가 담긴 거야? (                    )

13. 교통 <u>체쯩</u> 때문에 도로가 꽉 막혔다. (                    )

14. 거참 <u>얄굳은</u> 운명이네. (                    )

15. 그건 정말 보고 싶지 <u>안타</u>. (                    )

16. �뺄쭘했는지 내내 뒷머리만 <u>글쩍글쩍</u>하고 있다.
    (                    )

17. 짐을 <u>실는</u> 동안 저는 서류 정리를 하겠습니다.
    (                    )

18. <u>꽃봉우리</u>가 맺혔으니 꽃들이 터져 나오듯 피는 것도
    이젠 시간문제다. (                    )

19. 갑 휴지 말고 <u>두루말이</u> 휴지는 없나요? (                    )

20. <u>뒷힘</u>이 부족해서 늘 지곤 한다. (                    )

21. 화재 현장에서 사망자가 많이 생기는 이유는 연기를
    들여마시는 바람에 의식을 잃기 때문이다.
    (                    )

22. 산봉오리는커녕 중턱까지 올라가지도 못하고 지쳐서
    내려왔다. (                    )

23. 동물원의 호랑이는 암놈, 숫놈 각각 한 마리씩이다.
    (                    )

24. 이번 승리에 혁격한 공을 세운 선수들에겐 마땅한 포
    상이 따를 것입니다. (                    )

25. 밎져야 본전이지 뭐. (                    )

26. 나 완전 빠졌잖아! (                    )

27. 그러다 뒤지는 수가 있어. (                    )

28. 노쇄해져서 그런지 점점 기력이 달리는 걸 느낀다.
    (                    )

29. 부검 결과 청산가루에 의한 독살임이 밝혀졌다.
    (                    )

30. 일상이 마치 챗바퀴를 돌 듯 변화가 없다.
    (                    )

31. 너무 으시대지 마라. (                    )

32. 눈 덮힌 풍경. (                )

33. 그 난리를 치고도 버저시 나타났다. (                    )

34. 걱정했는데 다행이도 별일 없었네요.
    (                )

35. 미끼를 덥썩 물다. (                )

36. 뭐야, 뼈다구만 남았잖아? (                )

37. 거참 희안하네. (                )

38. 채통을 지킵시다. (                )

39. 왜 울쌍이에요? (                )

40. 곡굉이가 어디 있지? (                )

41. 어디에 숨켜 놓았길래 못 찾는 거야 대체.
    (                )

42. 선배한테 늘 깍뜻하게 대하는 게 마음에 든다.
    (                )

30

43. 까무룩 갈아앉더니 떠오르질 않는다.
    (                  )

44. 신발 끈 좀 쫌매고 다시 걸어야겠다. (                  )

45. 커피를 찐하게 탔다. (                  )

46. 힘이 쎄다. (                  )

47. 하루 종일 딩굴딩굴하는 게 일이다. (                  )

48. 불 키고 나면 잘 보일걸요. (                  )

49. 어깨 피고 걸어라. (                  )

50. 담배 피면서 무슨 건강보조제를 먹는다고 그래요?
    (                  )


【답】

1. 누더기  2. 오므려  3. 실컷  4. 못내  5. 꽹과리  6. 녹슬지

7. 갖은  8. 숫제  9. 날아가고  10. 기저귀  11. 땄았구나  12. 궤짝

13. 체증  14. 얄궂은  15. 않다  16. 긁적긁적  17. 싣는

18. 꽃봉오리  19. 두루마리  20. 뒷심  21. 들이마시는

22. 산봉우리  23. 수놈  24. 혁혁한  25. 밑져야  26. 완전히

27. 뒈지는  28. 노쇠해져서  29. 청산가리  30. 쳇바퀴

31. 으스대지 32. 덮인 33. 버젓이 34. 다행히도 35. 덥석

36. 뼈다귀 37. 희한하네 38. 체통 39. 울상 40. 곡괭이

41. 숨겨 42. 깍듯하게 43. 가라앉더니 44. 졸라매고

45. 진하게 46. 세다 47. 뒹굴뒹굴 48. 켜고 49. 펴고

50. 피우면서

여전히 까다로운가요? 걱정하실 것 없습니다. 어차피 반복적으로 접하면서 체득하게 될 테니까요. 9번이 '날아가고'인 이유는 기본형이 '날다'이기 때문입니다. '나르다'가 아니어서 '날아, 나니, 나는, 난, 날았다'로 활용되죠. 17번의 '싣는'도 마찬가지입니다. 기본형이 '싣다'이고 '실어, 실으니, 싣는, 실은, 실었다'로 활용됩니다. 기본형이니 활용형이니 하는 말이 어렵다면, 이 책 231쪽 '붙임글 4'를 읽고 오셔도 됩니다. 물론 그냥 문제만 따라가셔도 좋습니다. 23번의 '수놈'이 맞는 이유는 163쪽 '붙임글 3'을 읽어 보시면 확인하실 수 있을 겁니다.

그럼 이번엔 띄어쓰기 문제를 한번 풀어 볼까요?

1.  이제 모두 헤어져야 <u>하는 구나</u>. (                    )

2.  좋은 <u>건 지</u> 나쁜 <u>건지</u> 알 수 없게 <u>될지</u>도 몰라.

$$(\qquad , \qquad , \qquad )$$

3. 내가 잘못했으니 나한테 욕을 <u>한 대도</u> 할 수 없지 뭐.
( )

4. 뭘 <u>해야할지</u>도 모르겠고 어디로 <u>가야할지</u>도 모르겠다. ( , )

5. "정말 그렇게 해야 겠어요?"
"그럼요 당연하죠."
"왜요?"
"<u>왜 겠어요?</u>" ( , )

6. 학생들이 그새 <u>몰라 보게</u> 성장했다. ( )

7. 이제 <u>마무리 하자</u>! ( )

8. 누군가를 <u>사랑 하는</u> 일이 참 쉽지 않군요.
( )

9. 무대가 <u>준비 됐으니</u> 이제 <u>노래 하셔도</u> 됩니다.
( , )

10. 일이 어떻게 <u>처리 된</u> 건지 지금으로선 알 도리가 없네요. ( )

11. 나는 <u>직장인 입니다</u>. ( )

12. 창문 밖에서 누가 자꾸 안쪽을 <u>기웃 거리는</u> 것 같아.

   (                    )

13. 애들처럼 <u>까불 거리지</u> 좀 마. (                    )

14. 왜 여기서 <u>얼쩡 대는</u> 거요? (                    )

15. 우리가 이렇게 <u>머뭇 대고</u> 있는 동안 행사가 다 끝날지
   도 모른다고. (                    )

16. 물이 어느새 <u>차가워 졌네요</u>. (                    )

17. 날이 <u>어두워 지네요</u>. (                    )

18. 뭘 <u>해야할지</u> 모르겠네요. (                    )

19. 내가 지금부터 <u>하려하는</u> 걸 설명해 줄게.

   (                    )

20. 내가 그걸 <u>하게할지</u> 모르겠네요. (                    )

【 답 】

1. 하는구나  2. 건지, 건지, 될지  3. 한대도  4. 해야 할지,

가야 할지  5. 해야겠어요, 왜겠어요  6. 몰라보게  7. 마무리하자

8. 사랑하는  9. 준비됐으니, 노래하셔도  10. 처리된

11. 직장인입니다  12. 기웃거리는  13. 까불거리지  14. 얼쩡대는

15. 머뭇대고  16. 차가워졌네요  17. 어두워지네요

18. 해야 할지  19. 하려 하는  20. 하게 할지


　'붙임글 4'를 이미 읽으신 분들은 접미사가 어떤 건지 잘 아실 겁니다. 접미사接尾辭, 말 그대로 앞말의 꼬리에 붙는다는 뜻이겠죠. 그럼 머리에 붙는 건 뭐라고 부를까요? 접두사接頭辭겠죠. 물론 중간에 오기도 합니다. '보다'의 당하는 말 '보이다'를 만들 때 쓰는 '-이-'처럼요. 이 모든 걸 '접사'라고 부른답니다.

　설명을 들으시면서 눈치채셨겠지만 모든 접사는 따로 떼어서 쓸 수 없습니다. 당연하겠죠. '접사'니까요. 해당 단어의 앞이든 뒤든 중간이든 딱 붙어 있어야만 제 역할을 할 수 있습니다. 이렇게 무조건 붙여 써야 하는 게 또 있습니다. 바로 '조사'와 '어미'입니다. 조사는 다음 단계에서 살펴볼 것이고, 앞의 문제들에 등장하는 건 주로 접미사와 어미에 해당합니다.

　1번은 '-는구나'라는 종결어미가 붙은 표현입니다. 어미이니 당연히 앞말에 붙여 써야겠죠. '-는군', '-는군요'도 마찬가지입니다. 2번의 '-ㄴ지', '-ㄹ지'도 연결어미 혹은 종결어미로 쓰이니 다 붙여 써야 하고, 5번의 '-겠'도 연결어미이니 붙여 써야 합니다.

　7번부터 17번까지는 모두 접미사가 쓰인 경우입니다.

'-하다', '-되다', '-지다', '-대다', '-거리다' 등은 앞말에 붙어 동사를 만드는 접미사죠. 다만 '하다'의 경우 그 자체로 동사로 쓰일 때도 많습니다. 가령 '화문석 하면 강화도지'라고 쓸 때 '하면'은 동사 '하다'가 활용형으로 쓰인 셈이죠. 3, 4, 18, 19, 20번 문제도 마찬가지입니다. 3번은 '한다 하여도'의 준말입니다. '한대도'로 줄여 쓸 수 있는데, 여기 쓰인 '하여도'는 동사로 쓰인 겁니다. 4번의 '해야 할지', '가야 할지'나 20번의 '하게 할지'도 마찬가지입니다. 11번은 '-이다'나 준말인 '-다', '-입니다' 모두 종결어미여서 붙여 써야 합니다. 잘못 알고 띄어 쓰는 경우가 적지 않아서 문제로 넣었습니다.

그럼 1단계의 마지막으로 외래어 표기 문제를 풀어 볼까요.


1.  양송이 스프가 좋겠네요. (                    )

2.  쥬스 한 잔 마시고 싶다. (                    )

3.  텔레비젼과 래디오. (                 ,                 )

4.  우리 멤바가 모두 몇 명이지? (                    )

5.  프라스틱 사용을 줄여야 합니다. (                    )

6. 날도 흐린데 무슨 선글래스야? (                    )

7. 도어 록의 밧데리가 다 됐는지 소리가 난다.
   (                )

8. 이럴 땐 어떤 제스쳐를 취해야 하는 건지 모르겠다.
   (                )

9. 레포트는 언제까지 제출하면 되나요? (                   )

10. 『네이쳐』는 세계에서 가장 저명한 과학 학술지이다.
    (                )

11. 헬리콥터는 프로펠라를 힘차게 돌리며 이륙했다.
    (                )

12. 호주를 대표하는 동물은 아무래도 캉가루겠죠?
    (                )

13. 가수라지만 이렇다 할 힛트곡이 없으니……
    (                )

14. 스투디오에서 녹음을 하고 나자 정말 가수가 된 느낌
    이었다. (                )

15. 술을 마시고 나면 늘 검을 씹었다. (                    )

16. 이런 걸 컬쳐 쇼크라고 하는 건가. (                    )

17. 저기요, 내프킨 좀 가져다주실래요? (          )

18. 노벨은 다이나마이트를 발명한 사람이다.
    (          )

19. 세수하고 로숀을 안 발랐더니 얼굴이 땅긴다.
    (          )

20. 우리 팀장은 개인적인 업무 능력은 뛰어난데 리더쉽
    이 부족하니 참…… (          )


【 답 】

1. 수프  2. 주스  3. 텔레비전, 라디오  4. 멤버  5. 플라스틱

6. 선글라스  7. 배터리  8. 제스처  9. 리포트  10. 네이처

11. 프로펠러  12. 캥거루  13. 히트  14. 스튜디오  15. 껌

16. 컬처  17. 냅킨  18. 다이너마이트  19. 로션  20. 리더십


외래어 표기를 익히는 데는 뾰족한 수가 없습니다. 규칙이 없는 건 아니지만 공식처럼 대입해 쓸 수 있는 것도 아니고(모든 말과 글이 다 그렇지 않을까요) 예외도 많은 데다 심지어는 출판사나 언론사별로 달리 쓰는 경우도 적지 않으니까요. 가령 외래어 표기법 제1장 표기의 기본 원

칙 제4항을 보면 "파열음 표기에는 된소리를 쓰지 않는 것을 원칙으로 한다"고 규정돼 있고, 예외로 '삐라, 껌, 히로뽕, 빨치산'을 들고 있습니다(된소리란 겹자음인 ㄲ, ㄸ, ㅃ, ㅆ, ㅉ가 내는 소리를 말합니다). 하지만 일부 출판사는 예외는 물론 일반적인 경우에도 된소리 표기를 쓰고 있으니 규칙을 아는 것이 외려 더 헷갈리게 만들 수도 있습니다. 그러니 일반적으로 쓰이는 외래어라도 반복적으로 접해 가면서 체득하는 수밖에 없습니다.

　　　**당체 손에 익지 않는 맞춤법** (　　　　　)

　　　역시 표기법 문제부터 풀겠습니다. # 표시가 붙은 문제는 앞에서 이미 풀어 본 문제들입니다.

1.　선생님이 <u>가리켜 주신</u> 덕분입니다. (　　　　　　)

2.　돈이 <u>꾀</u> 많네. (　　　　　)

3.　소금 좀 <u>건내주세요</u>. (　　　　　)

4.　<u>열쇄</u>와 <u>자물쇄</u>. (　　　　, 　　　　　)

5.　애들이 <u>당체</u> 말을 들어먹어야 말이지. (　　　　　)

#6.　내 <u>속속드리</u> 다 알아봤지. (　　　　　)

7.　하늘을 <u>날으는</u> 원더우먼. (　　　　　)

8.　그 비보를 듣고 그 자리에 그만 <u>털석</u> 주저앉고 말았다. (　　　　　)

9.　팬들에 <u>둘러쌓여</u> 사인을 하느라 정신이 없는 배우.

( 　　　　　　 )

10. 휴계실에서 담소를 나누는 직원들. ( 　　　　　　 )

11. 아까부터 줄곳 서 있었습니다. ( 　　　　　 )

#12. 벌써 실증이 난 거야? ( 　　　　　 )

13. 애를 낫는 것이 얼마나 힘든 일인지는 나아 보지 않고
는 알 수 없다. ( 　　　　　 , 　　　　　 )

14. 처음 연애할 땐 누구든 눈에 콩깍지가 씌게 마련이지
뭐. ( 　　　　　 )

15. 핸드폰 거취대가 있어 참 편하다. ( 　　　　　 )

16. 유죄 선고를 받자 피고인은 착찹한 표정으로 고개를
숙였다. ( 　　　　　 )

17. 목구녕이 포도청이라. ( 　　　　　 )

#18. 화재로 인해 건물은 금세 연기에 휩쌓였다.
　　( 　　　　　 )

19. 아무래도 차에 짐을 실고 가는 게 낫겠지?
　　( 　　　　　 )

20. 아니 그런 괴변이 어디 있어요? ( 　　　　　 )

21. 오랜만에 점을 본 건데 점괘가 잘 나와서 기분이 좋았다. (                    )

22. 건데기만 먹고 국물은 남기는 게 좋습니다.
    (                    )

23. 가고 싶지 안아요. (                    )

#24. 무척 졸립네요. (                    )

25. 봄엔 뒷산에 벗꽃이 흐드러지게 핀다. (                    )

26. 애들아, 말 좀 물어봐도 될까? (                    )

27. 그 일로 코가 납짝해졌지 뭐야. (                    )

28. 넙쭉 엎드려서 절부터 드렸다. (                    )

29. 내가 보니까 영낙없이 사기꾼이던데 뭐. (                    )

#30. 너마는 올 줄 알았다. (                    )

31. 한 발작 앞으로 나와 봐. (                    )

32. 아니 그걸 낸들 알겠니? (                    )

33. 창문 넘어 어렴풋이 보이는 산 경치. (                    )

34. 길죽한 꽈배기. (                    )

35. 그렇게 고집을 부리더니 <u>기여코</u> 가고 말았구나.
( )

#36. 어서 <u>결딴</u>을 내리시죠. ( )

37. <u>금새</u> 도착했네요. ( )

38. 점심은 <u>김치찌게</u>로 합시다. ( )

39. 우산을 챙겨 나갔다가 비가 그치면 꼭 <u>잊어버리곤</u> 한
다. ( )

40. 요즘은 <u>공항장애</u>를 앓는 사람이 많아졌다.
( )

41. 어제는 사과 <u>장사</u>가 골목까지 트럭을 몰고 들어와 사
과를 팔았다. ( )

#42. 오래 앉아 있었더니 발이 <u>절였다.</u> ( )

43. 할머니는 버스 <u>운전수</u>에게 물어서 겨우 집 앞 정류장
에 내릴 수 있었다. ( )

44. 뭐 그렇게 <u>챙피해할</u> 일은 아니에요. ( )

45. 결혼식장엔 여기저기서 보낸 축하 <u>화한</u>이 즐비했다.
( )

46. 아기는 언제 봐도 정말 이쁘다. (                    )

47. 희망의 나래를 펴고 한번 멋지게 날아보자.
( )

#48. 자 꾸물대지 말고 얼릉 해치우자. (                    )

49. 꽃 내음이 정원 가득 퍼졌다. (                    )

50. 낭떨어지에서 떨어지는 꿈을 꾸었다.
( )

51. 양념을 다 넣었으면 이제 잘 버물이는 일만 남았다.
( )

52. 짜투리 시간엔 주로 뭘 하시나요? (                    )

53. 갯벌에서 낚지 잡는 걸 직접 봤다. (                    )

#54. 이게 으박질른다고 될 일이 아니잖아요.
( )

55. 편하게 먹을 수 있으면서 맛도 좋은 건 역시 덥밥이
지. ( )

56. 행사 참여율을 높히기 위해 이런저런 고민을 하고 있
습니다. ( )

57. 술에 <u>쩔어</u> 사니 몸이 남아날 리 있겠나. (          )

58. 요즘은 밥이 잘 안 <u>멕혀</u>. (          )

59. 사업주가 그렇게 <u>악날하게</u> 나올 줄은 정말 몰랐어요.
    (          )

#60. 그 친구랑 <u>사겨</u>? (          )


【 답 】

1. 가르쳐 주신  2. 꽤  3. 건네주세요  4. 열쇠, 자물쇠  5. 당최

6. 속속들이  7. 나는  8. 털썩  9. 둘러싸여  10. 휴게실  11. 줄곧

12. 싫증  13. 낳는, 낳아  14. 콩깍지  15. 거치대  16. 착잡한

17. 목구멍  18. 휩싸였다  19. 싣고  20. 궤변  21. 점괘

22. 건더기  23. 않아요  24. 졸리네요  25. 벚꽃  26. 얘들아

27. 납작해졌지  28. 넙죽  29. 영락없이  30. 너만은  31. 한 발짝

32. 난들  33. 너머  34. 길쭉한  35. 기어코  36. 결단  37. 금세

38. 김치찌개  39. 잃어버리곤  40. 공황장애  41. 장수

42. 저렸다  43. 운전사  44. 창피해할  45. 화환  46. 예쁘다,

이쁘다  47. 날개, 나래  48. 얼른  49. 냄새, 내음  50. 낭떠러지

51. 버무리는  52. 자투리  53. 낙지  54. 옥박지른다  55. 덮밥

56. 높이기  57. 절어  58. 먹혀  59. 악랄하게  60. 사귀어

＃ 표시가 된 문제들을 맞히지 못했다면 앞으로 돌아가서 다시 한 번 확인을 하셔야겠죠? 앞으로도 이런 식으로 이미 접한 문제들이 반복될 겁니다. 반복적으로 눈으로 확인하고 손으로 다시 써 보면서 기본적인 맞춤법을 아예 체득하도록 하자는 게 이 책의 취지니까요.

26번의 '얘들아'는 아이들을 부를 때 쓰는 말로, '이 아이들아'가 준 말입니다. 32번의 '난들' 또한 '나인들'의 준말이니 '낸들'로 쓸 이유가 없습니다. 33번의 '너머'는 실제로 넘는 행위가 일어나지 않을 때 쓰죠. 가령 '산 넘어 학교에 가는 길'이라고 쓰면 실제로 산을 넘어가는 것이지만, '산 너머에 학교가 있다'라고 쓸 땐 지금 산을 넘어가는 건 아닌 셈입니다. 37번의 경우 요즘은 한글 프로그램에서 고쳐 줘서 그런지 '금새'라고 쓰는 분이 거의 없습니다만, 예전엔 흔해서 자주 고친 기억이 있습니다. '금세'는 한자 '지금 금'今, '때 시'時에 조사 '에'가 붙은 말입니다. '붙임글 1'에 설명해 놓은 것처럼, '세'와 '새'의 발음은 구분하기 어려워 헷갈리죠. 43번의 '운전수'는 틀린 말은 아니지만 '운전사'를 낮잡아 이르는 표현이니 안 쓰시는 게 좋겠습니다. 46번의 '이쁘다'는 '예쁘다'와 복수 표준어로 같이 쓰입니다. 47번의 '날개, 나래', 49번의 '냄새, 내음'도 마찬가지입니다.

그럼 띄어쓰기를 볼까요?

1. <u>운전 할</u> 때마다 느끼는 거지만 <u>안전 운전하는</u> 게 가장 중요하다. (　　　　　,　　　　　)

2. <u>여기 저기</u> 다니면서 <u>이것 저것</u> 둘러봐야 다 뻔하니 여기서 사지 그래요? (　　　　　,　　　　　)

3. 결국 지식인은 자신을 <u>정당화 하기</u> 위해 더 정교한 기술을 익히는 사람에 불과하단 말인가? (　　　　　)

4. 학교에 <u>다니면서 부터</u> 웃음을 되찾게 된 아이들. (　　　　　)

#5. 뭘 <u>해야할지</u>도 모르겠고 어디로 <u>가야할지</u>도 모르겠다. (　　　　　,　　　　　)

6. <u>저희 나라</u>에선 상상도 할 수 없는 일입니다. (　　　　　)

7. <u>나 보고</u> 그걸 하라지 뭐야. (　　　　　)

8. <u>이를 테면</u> 찌개 같은 음식을 말씀하시는 건가요? (　　　　　)

9. <u>하루 빨리</u> 완공되기를 바랍니다. (　　　　　)

#10. 이제 모두 헤어져야 <u>하는 구나.</u> (　　　　　)

48

11. 한시 바삐 돌아가야 하는데 이러고 있으니 참……
( )

12. 너 마저 나를 못 믿겠다는 거야? ( )

13. 나는 그 사실 조차 모르고 있었는걸. ( )

14. 밥 먹을 때 마다 반찬 투정을 하고 그래?
( )

#15. 좋은 건 지 나쁜 건지 알 수 없게 될 지도 몰라.
( , , )

16. 그렇게 나마 해결이 되었다니 다행이다.
( )

17. 지금 나 하고 해보자는 거야? ( )

18. 이렇게 무시 당하면서까지 이 일을 해야 하는 거야?
( )

19. 이제 더는 도난 당할 염려 없습니다. ( )

#20. "정말 그렇게 해야 겠어요?"
"그럼요 당연하죠."
"왜요?"
"왜 겠어요?" ( , )

21. 결국 이용 당한 거네 뭐. (                    )

22. 한 명 당 만 원 씩 내면 되겠네.
    (                ,              )

23. 너 뿐만 아니라 나도 당했지 뭐야. (                )

24. 한 명에 하나 꼴로 분배할 예정입니다.
    (                )

#25. 이제 마무리 하자! (                )

【 답 】

1. 운전할, 안전 운전 하는  2. 여기저기, 이것저것  3. 정당화하기

4. 다니면서부터  5. 해야 할지, 가야 할지  6. 우리나라

7. 나보고  8. 이를테면  9. 하루빨리  10. 하는구나  11. 한시바삐

12. 너머저  13. 사실조차  14. 때마다  15. 건지, 건지, 될지

16. 그렇게나마  17. 나하고  18. 무시당하면서  19. 도난당할

20. 해야겠어요, 왜겠어요  21. 이용당한  22. 한 명당, 만 원씩

23. 너뿐만  24. 하나꼴  25. 마무리하자


모두 앞에서 이미 다룬 조사나 접미사, 어미 등을 앞
말에 붙여 쓴 사례들입니다. 4번의 '부터', 7번의 '보고', 12

번의 '마저', 13번의 '조차', 14번의 '마다', 17번의 '하고'는 조사입니다. 1번의 '-할', 3번의 '-하기', 18, 19, 21번의 '-당하다'는 접미사이고요. 5번의 '-ㄹ지', 10번의 '-ㄴ구나', 15번의 '-ㄴ지, -ㄹ지', 20번의 '-겠-'은 모두 어미입니다. 다시 한 번 확인해 드리겠습니다. 조사, 접미사, 어미는 모두 앞말에 붙여 씁니다. 그 밖에 2, 6, 8, 9, 11번은 한 단어로 인정되어 붙여 쓴다는 걸 기억하세요.

다음은 2단계 외래어 표기를 알아볼까요.

1.  디저트는 뭐니 뭐니 해도 초코렛과 케잌이죠.
    (                  ,                  )

2.  내년 카렌다가 벌써 나왔나? (                  )

3.  오무라이스를 먹을까, 돈까스를 먹을까?
    (                  ,                  )

4.  사라다엔 케찹이 안 들어가죠?
    (                  ,                  )

#5.  노벨은 다이나마이트를 발명한 사람이다.
    (                  )

6.  개스가 샜지 뭐야. (                  )

7. 가족은 영어로 훼밀리다. (                )

8. 헤어 샵에 들러 머리를 좀 하자. (                )

9. 네 잎 크로바. (                )

#10. 양송이 스프가 좋겠네요. (                )

11. 오도바이 사려고 돈을 모으고 있어. (                )

12. 저는 코메디언입니다. (                )

13. 장르는 환타지예요. (                )

14. 굳모닝, 여러분! (                )

15. 키친타올이 다 떨어졌다. (                )

#16. 우리 팀장은 개인적인 업무 능력은 뛰어난데 리더쉽
   이 부족하니 참…… (                )

17. 커텐을 새로 달아야 할 것 같네요. (                )

18. 이 커피는 브렌딩이 참 잘 됐네요. (                )

19. 오늘 야식은 후라이드 치킨 어때? (                )

20. 근처에 버스 터미날이 있어서 시외버스를 이용한다.
   (                )

21. 저 <u>캡쳐</u> 화면에 등장하는 게 정말 너 맞아?
   (                    )

22. <u>브라우스</u>가 작아서 입을 수가 없다. (                    )

23. 여긴 <u>로얄</u> 층이 몇 층인가요? (                    )

24. 쿠킹 <u>호일</u>이 다 떨어져서 사야 합니다. (                    )

25. 화덕에 구운 <u>핏자</u>라 확실히 맛이 다르다. (                    )

【 답 】

1. 초콜릿, 케이크  2. 캘린더  3. 오므라이스, 돈가스  4. 샐러드,
케첩  5. 다이너마이트  6. 가스  7. 패밀리  8. 숍  9. 클로버
10. 수프  11. 오토바이  12. 코미디언  13. 판타지  14. 굿모닝
15. 키친타월  16. 리더십  17. 커튼  18. 블렌딩  19. 프라이드
20. 터미널  21. 캡처  22. 블라우스  23. 로열  24. 포일
25. 피자

14번의 경우 외래어 표기법 받침 규정에 따르면 받침
은 대표음인 'ㄱ, ㄴ, ㄹ, ㅁ, ㅂ, ㅅ, ㅇ'만 사용하게 돼 있습
니다. 따라서 'ㄱ, ㅋ, ㄲ'은 'ㄱ'으로, 'ㄷ, ㅌ, ㅅ, ㅈ, ㅊ'은 모
두 'ㅅ'으로, 'ㅂ, ㅍ'은 'ㅂ'으로 적게 돼 있죠. 그러니 '굳'이

아니라 '굿'이 맞습니다.

다시 말씀드리지만 반복된 문제들은 한 번 더 살펴보시기 바랍니다.

표기법 문제부터 시작하겠습니다.

1. 감독님이 내 제안을 <u>받아드리셔서</u> 시나리오를 수정하게 됐다. (       )

2. 고객들을 대상으로 할인 행사를 진행하고 <u>있아오니</u> 많은 참여 바랍니다. (       )

3. 잡지며 팸플릿 <u>나부랑이</u>들이 방 안에 가득했다. (       )

4. <u>콧털</u>을 함부로 뽑으면 안 된다네요. (       )

5. 기지개는 켜는 걸까, 펴는 걸까? (       )

#6. 그렇게 고집을 부리더니 <u>기여코</u> 가고 말았구나. (       )

7. 아이는 장난감을 사달라고 조르다가 나중엔 아예 매장 바닥에 <u>들어누워</u> 버렸다. (       )

8. 그때만 해도 우리 모두 풋나기였지. (               )

9. 생맥주 안주는 골벵이가 최고지. (               )

10. 밤과 호도 같은 견과류. (               )

11. 신고 보니 양말이 짝짜기였다. (               )

#12. 그 난리를 치고도 버저시 나타났다. (               )

13. 굼뱅이처럼 굼떠가지고는…… (               )

14. 과거의 일들이 불궈지면서 시장은 여론의 질타를 받았다. (               )

15. 그가 말하는 걸 들으면 정내미가 떨어진다.
    (               )

16. 소맷뿌리를 적시는 이별을 메별袂別이라고 한다.
    (               )

17. 가리마를 오른쪽으로 타 보는 건 어때? (               )

#18. 돈이 꾀 많네. (               )

19. 그것도 일이라고 하고 나니 온몸이 욱씬거린다.
    (               )

20. 빚쟁이들이 협박인지 으름장인지 모를 소리를 하고는 돌아갔다. (                    )

21. 이런 조무라기들을 데리고 뭘 하라는 거예요 대체! (                    )

22. 쭈꾸미가 제철일 땐 거의 매일 먹다시피 한다. (                    )

23. 설렁탕엔 김치보다 깍뚜기가 더 어울린다. (                    )

#24. 눈 덮힌 풍경. (                    )

25. 순대와 떡볶기. (                    )

26. 구두닦기에게 구두를 맡기고 잠깐 차 한잔 하는 중이다. (                    )

27. 걱정 마, 내가 잘 아르켜 줄게. (                    )

28. 쓸긴 다 쓸었는데 쓰레받이가 어디 있지? (                    )

29. 그의 말엔 어패가 있다. (                    )

#30. 화재로 인해 건물은 금세 연기에 휩쌓였다. (                    )

31. 이건 뭐 전부 나한테 덤테기 씌울 작정들인 모양인데.
    (                    )

32. 얼른 조취를 취해야 하는 거 아닌가요? (                    )

33. 이 책에서 내가 가장 좋아하는 귀절을 읽어 볼게요.
    (                    )

34. 자기 전에 시귀 한 구절을 읽고 잔다. (                    )

35. 하늘에 뜬 초생달. (                    )

#36. 오래 앉아 있었더니 발이 절였다. (                    )

37. 말하는 게 꼭 애 같애. (                    )

38. 살이 디룩디룩 찐 고양이가 디뚱디뚱 걷는다.
    (                    ,                    )

39. 눈을 부비고 다시 보다. (                    )

40. 거사를 치루고 나니 맥이 풀린다. (                    )

41. 싸움이라도 났는지 창밖이 갑자기 떠들석해졌다.
    (                    )

#42. 하늘을 날으는 원더우먼. (                    )

58

43. 청소를 잘하는 것뿐이지 <u>결백증</u>이 있는 건 아니에요.
( )

44. <u>법석</u> 좀 그만 떨어라. ( )

45. 호되게 앓고 나니 마치 <u>폭싹</u> 늙은 기분이었다.
( )

46. <u>철석</u> 하고 파도가 바위에 부딪치는 소리가 계속해서
들려왔다. ( )

47. <u>체끼</u>가 있는지 명치 부위가 뻐근하네요. ( )

#48. 팬들에 <u>둘러쌓여</u> 사인을 하느라 정신이 없는 배우.
( )

49. 어제저녁엔 <u>처녑</u>을 안주로 술을 마셨다. ( )

50. <u>미류나무</u> 꼭대기에 조각구름이 걸려 있네.
( )

51. <u>구비구비</u> 고갯길이 이어졌다. ( )

52. 자전거로 겨우겨우 <u>언덕빼기</u>를 올랐다. ( )

53. 왜 이렇게 <u>해매는</u> 거야? ( )

#54. 아무래도 차에 짐을 <u>실고</u> 가는 게 낫겠지? ( )

55. 휴, 이제 거진 다 했네. (                    )

56. 점쟁이가 아주 족집게더라니까. (                    )

57. 식사하면서 방구를 뀌거나 트름을 하는 건 안 좋다.
(                    ,                    )

58. 인권을 짓밟는 권력기관의 횡포. (                    )

59. 괜히 까불다가 혼줄나고 말았다. (                    )

#60. 열쇄와 자물쇄. (                    ,                    )


【 답 】

1. 받아들이셔서서  2. 있사오니  3. 나부랭이  4. 코털  5. 켜는

6. 기어코  7. 드러누워  8. 풋내기  9. 골뱅이  10. 호두

11. 짝짝이  12. 버젓이  13. 굼벵이  14. 불거지면서  15. 정나미

16. 소맷부리  17. 가르마  18. 꽤  19. 욱신거린다  20. 으름장

21. 조무래기  22. 주꾸미  23. 깍두기  24. 덮인  25. 떡볶이

26. 구두닦이  27. 알려 줄게  28. 쓰레받기  29. 어폐

30. 휩싸였다  31. 덤터기  32. 조치  33. 구절  34. 시구

35. 초승달  36. 저렸다  37. 같아  38. 뒤룩뒤룩, 뒤뚱뒤뚱

39. 비비고  40. 치르고  41. 떠들썩해졌다  42. 나는  43. 결벽증

44. 법석  45. 폭삭  46. 철썩  47. 체기  48. 둘러싸여  49. 천엽

50. 미루나무  51. 굽이굽이  52. 언덕배기  53. 헤매는  54. 싣고

55. 거의  56. 족집게  57. 방귀, 트림  58. 짓밟는  59. 혼쭐나고

60. 열쇠, 자물쇠


8번의 '풋내기'는 접두사 '풋-'과 접미사 '-내기'가 합쳐진 말입니다. 접두사와 접미사로만 이루어진 말이라는 게 흥미롭죠? 9번과 13번 '골뱅이'와 '굼벵이'는 각각 '-뱅이'와 '-벵이'가 붙는다는 걸 기억하셔야겠습니다. 15번 '정나미'는 한자 정情에 '나미'가 붙은 것이니 '정내미'로 쓰지 않도록 주의하셔야 합니다. 16번의 '소맷부리'도 '소매'의 '부리'를 뜻하는 말로 중간에 사이시옷이 들어갔네요. 21번의 '조무래기'도 '조무라기'로 쓰지 않아야 하고요. 39번의 '부비고'는 이 책 113쪽 '붙임글 2'에 설명해 놓은 것처럼 유독 살과 살을 맞대고 애정을 표현할 때 쓰는 '비비다'만 '부비다'로 잘못 쓰고 있습니다. 아마도 언중言衆이 선택적으로 잘못 쓰는 듯합니다. 그래도 아직은 '비비다'만 표준어라는 사실을 염두에 두셔야겠습니다. 40번의 '치루고'는 가장 자주 틀리는 표현이라고 해도 지나치지 않을 겁니다. 글깨나 쓴다는 분들도 무심결에 '치루고, 치룬, 치뤘다'라고 잘못 쓰는 경우를 자주 보곤 합니다. 하지만 '치루다'라는 한국어 동사는 없습니다. 기본형이 '치르다'여서 '치러, 치르니, 치른, 치르는, 치를, 치렀다'로 활용해 씁니다. 51번의 '굽이굽이'나 53번의 '헤매다'도 '구비구비', '해매다'

로 잘못 쓰는 경우가 잦으니 유의하시기 바랍니다. 52번의 '언덕배기'에는 '-배기'가 붙지만 '곱빼기'에는 '-빼기'가 붙는다는 사실도 잊지 마세요.

다음은 3단계 띄어쓰기 문제입니다. 천천히 풀어 보세요.

1. <u>중국 인</u>이 쓰는 <u>중국 어</u>. (                    ,                    )

2. 그분은 한국 <u>사상 계</u>에 큰 족적을 남기고 떠나셨다.
(                    )

3. 최선을 <u>다 한다더니</u> 제 할 일도 <u>다하지</u> 않고 놀고 있는 거야? (                    ,                    )

4. 남자친구의 변명을 들으니 <u>더욱 더</u> 화가 난다.
(                    )

#5. 이제 모두 헤어져야 <u>하는 구나</u>. (                    )

6. 걱정했는데 별일 없다니 일단 <u>한 시름</u> 놓았다.
(                    )

7. 해가 <u>갈 수록</u> 기력이 달리는 걸 절감한다. (                    )

8. 지금으로선 <u>갈수밖에</u> 없습니다. (                    )

9.  <u>그럴리가</u> 있겠냐? (                    )

#10. 뭘 <u>해야할지</u> 모르겠네요. (                    )

11.  <u>결혼한지</u> 올해로 8년 됐어요. (                    )

12.  <u>조각 난</u> 거울. (                    )

13.  <u>놀랄까봐</u> 살살 부른 건데. (                    )

14.  그런 대접을 <u>받는게</u> <u>좋을리</u> 없지. (   ,     )

#15. 내가 잘못했으니 나한테 욕을 <u>한 대도</u> 할 수 없지 뭐.
     (                    )

16.  모두들 <u>잠들었나봐</u>. (                    )

17.  <u>살아있는</u> 사람들. (                    )

18.  <u>먹어보고</u> 싶었어요. (                    )

19.  <u>친구 분</u>은 어디 계시나요? (                    )

#20. <u>여기 저기</u> 다니면서 <u>이것 저것</u> 둘러봐야 다 뻔하니 여
     기서 사지 그래요? (                    ,                    )

21.  <u>70년대 식</u> 표현. (                    )

22.  <u>두려워 하지</u> 마세요. (                    )

23. '해야 하겠다'의 준말은 (                )이다.

24. 다섯 가지 맛은 <u>단 맛, 쓴 맛, 매운 맛, 짠 맛, 신 맛</u>이
다. (          ,          ,          ,          ,          )

#25. <u>너 마저</u> 나를 못 믿겠다는 거냐? (                )

【답】

1. 중국인, 중국어  2. 사상계  3. 다한다더니, 다 하지  4. 더욱더

5. 하는구나  6. 한시름  7. 갈수록  8. 갈 수밖에  9. 그럴 리가

10. 해야 할지  11. 결혼한 지  12. 조각난  13. 놀랄까 봐

14. 받는 게, 좋을 리  15. 한대도  16. 잠들었나 봐  17. 살아있는,
살아 있는  18. 먹어보고, 먹어 보고  19. 친구분  20. 여기저기,
이것저것  21. 70년대식  22. 두려워하지  23. 해야겠다

24. 단맛, 쓴맛, 매운맛, 짠맛, 신맛  25. 너마저

3번의 '다하다'는 최선·의무·노력·수명 따위와 함
께 쓰일 때 혹은 뭔가가 다 떨어지거나 때가 지나고 있다
는 의미로 쓰일 땐 '다하다'로 붙여 쓰고, 뭔가를 빠짐없이
마무리했다는 의미로 쓸 땐 '다 하다'로 띄어 씁니다. 7번
의 '갈수록'은 '가다'의 '가'에 연결어미 '-ㄹ수록'이 붙은 것
이고, 8번의 '갈 수밖에'는 '가다'의 활용형 '갈'에 의존명

사 '수'와 조사 '밖에'가 붙은 겁니다(의존명사에 대해서는 이 책 291쪽 '붙임글 7'을 참고하세요). 9번의 '리'와 14번의 '게', '리' 역시 의존명사라 띄어 써야 합니다. 12번은 '조각나다'는 한 단어라 붙여 쓰는 반면, '산산조각 나다'는 띄어 쓴다는 사실도 참고로 알고 계시면 좋겠습니다. 16, 17, 18번은 보조용언과 관련된 문제입니다(보조용언에 관해서도 '붙임글 7'을 참조하시면 됩니다). 보조용언은 띄어 쓰는 게 원칙이지만 상황에 따라 붙여 쓰는 것도 허용하고 있습니다. 다만 '아/어' 뒤에 오는 보조용언만 붙여 쓸 수 있죠. 그러니 '잠들었나 봐'는 띄어 써야 하고, '살아 있는'과 '먹어 보고'는 띄어 쓸 수도 있고 붙여 쓸 수도 있겠죠. 19, 21번의 '-분', '-식'은 다 접미사라 앞말과 붙여 씁니다.

이번 설명엔 문법 용어가 제법 등장해서 언뜻 복잡해 보이는데, 이해하려 하기보다 반복적으로 접하면서 손끝에 익히는 게 가장 좋은 방법이니 되도록 많은 문제를 반복적으로 풀어 보시기 바랍니다.


외래어 표기로 넘어가 볼까요?


1.   요즘은 콘테이너 박스를 이용해 지은 건물들이 많다.
     (                    )

2.   아직도 산타크로스의 존재를 믿는 아이들이 있을까?

(                    )

3. 기독교인을 <u>크리스찬</u>이라고 부른다. (                    )

4. <u>크리스탈</u>로 만든 술잔. (                    )

#5. 디저트는 뭐니 뭐니 해도 <u>초코렛</u>과 <u>케잌</u>이죠.
(                ,                )

6. 이건 <u>매니아</u>들을 위한 코스라 입문자에겐 맞지 않습
니다. (                )

7. 설거지용 <u>스폰지</u>. (                )

8. 『<u>햄릿</u>』은 <u>세익스피어</u>의 대표적인 비극이다.
(                )

9. <u>아이슬랜드</u>와 <u>그린랜드</u>는 대표적으로 추운 나라들이
다. (                ,                )

#10. 내년 <u>카렌다</u>가 벌써 나왔나? (                )

11. 고무와 주석 하면 떠오르는 나라는 <u>말레이지아</u>다.
(                )

12. 신용카드는 영어로 <u>크레딧</u> 카드다. (                )

13. 그 길이 도시의 메인 <u>스트릿</u> 역할을 한다.

(                    )

14. 머리 기른 김에 <u>퍼머</u>도 한번 해 볼까? (                    )

#15. 도어 록의 <u>밧데리</u>가 다 됐는지 소리가 난다.
      (                    )

16. 영국 런던의 타워 <u>브릿지</u>. (                    )

17. <u>썸머타임</u>제를 시행해서 시간이 한 시간 당겨졌다.
      (                    )

18. <u>알러지</u>로 인한 천식 때문에 고생하고 있네요.
      (                    )

19. 요즘은 뭐든 <u>어플리케이션</u>을 다운 받아서 해결하는
      세상이다. (                    )

#20. <u>커텐</u>을 새로 달아야 할 것 같네요. (                    )

21. 이 영화는 감독이 존경했던 거장에 대한 <u>오마쥬</u>라고
      할 수 있다. (                    )

22. <u>맛사지</u>를 받고 나니 그제야 몸이 좀 풀리는 것 같다.
      (                    )

23. 너무 깡말라서 <u>미이라</u>를 보는 것만 같았다. (        )

24. 미국 드라마에 보면 그쪽 경찰은 자신이 경찰임을 밝힐 때 꼭 <u>뱃지</u>를 내민다. (                    )

#25. 쿠킹 <u>호일</u>이 다 떨어져서 사야 합니다. (                    )


【 답 】

1. 컨테이너  2. 산타클로스  3. 크리스천  4. 크리스털  5. 초콜릿, 케이크  6. 마니아  7. 스펀지  8. 셰익스피어  9. 아이슬란드, 그린란드  10. 캘린더  11. 말레이시아  12. 크레디트  13. 스트리트  14. 파마  15. 배터리  16. 브리지  17. 서머타임  18. 알레르기  19. 애플리케이션  20. 커튼  21. 오마주  22. 마사지  23. 미라  24. 배지  25. 포일


　　12, 13번은 각각 '크레디트'와 '스트리트'로 씁니다. '크레딧'이나 '스트릿'으로 발음하는 습관 때문에 잘못 쓰는 경우가 많으니 주의하셔야겠습니다. 18번의 '알러지'는 독일어에서 온 '알레르기'의 영어식 표기입니다. 표준어 규정에서는 '알레르기'를 표준어로 인정하고 있죠.

　의성어·의태어가 발달했다는 것이 한국어의 특성이라는 말을 어렸을 때부터 숱하게 들었습니다. 그때는 그런가 보다 했는데 성인이 돼서 생각해 보니 이상한 점이 있었습니다. 그럼 한국어를 구사하는 사람들은 모두 다양한 소리도 잘 내고 행동도 다채롭게 취하는 걸까? 아무리 생각해도 그렇지 않았습니다.

　한국어에는 중국어의 성조聲調나 영어를 비롯한 서양 언어의 악센트 같은 게 없어서 음성의 높낮이가 거의 일정한 편이거든요. 사투리는 그래도 그 나름 음악성을 갖고 있지만 표준어는 높낮이랄 게 거의 없잖아요. 소리만 그런가요. 한국 사람들이 다른 언어권 사람들보다 더 다양한 표정을 지으면서 말을 한다고 볼 수도 없죠. 그런데 왜 한국어에 의성어·의태어가 발달했을까요?

　언어는 뜻 아니면 소리에서 차이를 구현하는 것이니 결국 소리 때문이겠죠. '아 다르고 어 다르다'는 말이 있을 정도로 한국어는 소리 감수성이 뛰어난 언어니까요. 모음이 유난히 많잖아요. 영어는 'a, e, i, o, u' 다섯 개에 불과하지만, 한국어는 기본 모음만 해도 열 개에 달하죠. 게다가 이중모음까지 합하면 정말이지 모음 천국이랄 만합니다. 자음도 기본이 열네 개인 데다 겹자음이 있어서 된소리를 낼 수 있으니, 다양한 모음에 겹자음까지 합해지면 구현해 내지 못할 소리가 없는 '어벤저스급' 언어이자 문자가 되는 셈이랄까요.

그 덕분에 우리는 어떤 소리든 말과 문자로 구현할 수 있는 특혜 아닌 특혜를 누리고 있지만 한편으로는 곤란도 겪고 있는 게 사실입니다. 맞춤법에 맞춰서 발음하고 글을 쓰는 게 어렵다는 거죠. 언어와 문자가 소리에 유난히 민감하니 그만큼 예민한 귀와 성대를 갖지 않고는 그대로 구현해 내기가 어렵기 때문입니다.

가령 영어 'bus'는 /bʌs/라고 발음하는데 '버스'라고 발음하든 '뻐스'라고 발음하든 혹은 '버스'와 '부스' 사이의 어떤 발음을 하든 표기는 'bus' 말고 달리 쓸 방법이 없습니다. 하지만 우리는 '버스'를 '뻐스'라고 발음하는 순간 '버스'와 같은 뜻을 가진 '뻐스'라는 낱말이 통용되죠.

동사도 마찬가지입니다. 한국어는 영어와 달라 문법적인 요구나 필요에 따라 동사의 당하는 말을 만들어 쓰지 않습니다. 당하는 말이 필요할 때만 만들죠. 가령 '설레다'라는 동사는 당하는 말을 만들어 쓸 수 없습니다. 설레는 건 당할 수 없는 일이니까요. 그런데 대부분 당하는 말을 만들 때 쓰는 접사 '-이-'를 붙여 '설레이다'라고 씁니다. 문법적으로 볼 때 당하는 말을 쓰는 게 옳다고 판단해서 이렇게 쓰는 걸까요? 글쎄요, 제 생각엔 모음 때문이지 싶습니다. 모음이 많으니 여기저기 갖다 붙이기 좋으니까요. 자음과 자음 사이에 모음이 들어가야 발음이 가능해지는데 거기에 모음을 하나 더 붙이면 발음이 더 부드러워지니 이렇게 발음하는 거겠죠. 이미 그 자체로 당하는 말인 '데다'를 굳이 '데이다'로 발음하는 것도 같은 이유에서겠고요.

문제는 '버스'라고 발음하든 '뻐스'라고 발음하든, '설레다'로 발음하든 '설레이다'로 발음하든, '데다'로 발음하든 '데이다'로 발음하든 각각 '버스', '설레다', '데다' 말고는 달리 표기 방법이 없다면 괜찮은데 '뻐스', '설레이다', '데이다'도 표기가 가능해져서 같은 뜻을 지닌 다른 낱말이 생긴다는 데 있습니다. 게다가 동사의 경우 단순히 표기만 달라지는 데 그치는 것이 아니라 활용형 또한 달라지죠. '설레다'는 '설레어, 설레니, 설렌, 설레는, 설렐, 설레었다'가 되는 반면, '설레이다'는 '설레여, 설레이니, 설레인, 설레이는, 설레일, 설레였다'로 활용되니까요. 결국 어느 시점이 되면 교통정리를 해 줘야겠죠. 맞춤법상 '버스', '설레다', '데다'만 표준어이고 '뻐스', '설레이다', '데이다'는 표준어가 아니라고 말이죠. 국립국어원에서 뭔가를 발표했다고 할 때 그 내용은 대부분이 이런 것들입니다.

예전에는 제법 많이 틀렸지만 요즘은 컴퓨터 프로그램으로 거를 수 있어 그런지 잘못 쓰는 경우를 거의 볼 수 없는 단어 가운데 하나가 '금세'입니다. 금세는 한자어 '지금 금'今에 '때 시'時가 결합된 '금시'今時에 조사 '-에'가 붙은 말입니다. 그러니 '금시에'가 '금세'가 된 것이죠. 이걸 '금새'라고 잘못 쓰는 이유가 '지금 금'今에 '사이'가 더해져 '금사이'가 되고 그게 줄어서 '금새'가 된 거라고 착각해서일까요? 아마도 소릿값 때문일 겁니다. '세'와 '새'의 소리 차이를 정확히 알아챌 정도로 구분해 듣고 쓸 수 있으면 모르겠지만 그게 불가능하니 착각할 수밖에 없는 거죠.

한자어도 마찬가집니다. '일사불란'은 '一絲不亂'이라고 씁니다. 실이 한 올도 엉키지 않고 씨줄 날줄로 질서정연하게 이어져 있는 모습을 상상하시면 되겠네요. 그리고 '분란'은 '紛亂'이라고 적죠. '분란을 일으키다' 할 때의 그 분란이니 정반대의 뜻이 되겠네요. 그런데 '일사분란'이라고 잘못 쓸 때가 많습니다. 이 또한 소릿값 때문입니다. '일사불란'의 '불란'과 '분란'의 발음이 똑같이 [불란] 이거든요.

우리가 한글맞춤법 중 가장 헷갈려하는 표기법의 내용 대개가 이처럼 소릿값 때문에 빚어지는 혼란입니다. 그러니 한국어와 한글이 소리 감수성이 뛰어난 언어이자 문자라는 특성을 갖고 있어서 앞으로도 계속 교통정리가 이어질 수밖에 없으리라는 큰 그림을 그리고 나서, 세세한 규칙은 관심을 기울여 하나씩 숙지해 가는 게 현명하리라고 봅니다.

**4** 단계 막상 문제와 <u>맞딱뜨리니</u> 머릿속이
하얘진다 (           )

역시 표기법 문제부터 보겠습니다.

1. 허리가 정말 <u>얍아요</u>. (       )

2. 출발 시각은 내일이 아니라 <u>모래</u> 오전 10시입니다.
   (       )

3. 예전엔 가을이 되면 떨어진 은행 <u>주으러</u> 다니는 사람
   들이 많았는데. (       )

4. 오늘은 날씨가 어제랑 또 <u>틀리네</u>. (       )

5. 옆집 개가 밤새 <u>짖는</u> 바람에 한숨도 못 잤다.
   (       )

#6. 애를 <u>낫는</u> 것이 얼마나 힘든 일인지는 <u>나아</u> 보지 않고
   는 알 수 없다. (     ,       )

7. 군중을 <u>해치고</u> 앞으로 나아가다. (       )

8. 해 질 <u>녘</u> 풍경. (       )

9. 불량배들이 내 자전거를 <u>뺐으려고</u> 했다.
(                    )

10. 까다로운 업무를 <u>맞고</u> 나서야 비로소 인정받았다는
기분이 들었다. (                    )

11. 강경은 <u>젓갈</u>로 유명한 지역이다. (                    )

#12. 유죄 선고를 받자 피고인은 <u>착찹한</u> 표정으로 고개를
숙였다. (                    )

13. 문화가 <u>쇄퇴</u>하면서 곳곳에서 <u>퇘폐</u>적인 현상들이 빚어
지고 있다. (                    ,                    )

14. 재료를 다 넣고 나서 <u>한소꿈</u> 끓인 다음 뚜껑을 열고
파를 넣어 주면 됩니다. (                    )

15. 그런 소리를 하는 걸 보면 뭔가 <u>지피는</u> 게 있는 모양
이지? (                    )

16. <u>서름</u>에 못 이겨 엉엉 울고 말았다. (                    )

17. 그렇게 게으름을 피우다가는 시험에 또 실패하기 <u>쉽
상</u>이다. (                    )

#18. 왜 이렇게 <u>해매는</u> 거야? (                    )

19. <u>충농증</u> 때문에 고생해 보지 않은 사람은 그 고통을 모

74

른다. (                    )

20. 걱정을 많이 했는데 막상 그 상황과 맞딱뜨리고 보니
    별거 아니었다. (                )

21. 거미줄과 먼지들이 얼키설키 엮여 있었다.
    (                    )

22. 고기를 썰기 전에 숫돌에 칼을 좀 갈아야겠다.
    (                    )

23. 환자의 자세를 수시로 바꿔 주지 않으면 상처가 진물
    러서 욕창이 생길 수도 있습니다. (                )

#24. 자전거로 겨우겨우 언덕빼기를 올랐다.
    (                    )

25. 월세를 내고 나면 한 달 생활비가 넉넉지 않아 늘 쪼
    달린다. (                )

26. 헤매이다 보면 찾게 되겠죠. (                )

27. 그런 식으로 쇠뇌시키는 거로군요. (                )

28. 입소문이 나면서 가게에 주문이 쇄도했다. (                )

29. 이참에 조직을 쇄신하는 것도 나쁘지 않겠다. (        )

#30. 무척 졸립네요. (                )

31. 몸이 얼마나 쇄약한지 제대로 걷지도 못하더라고.
(                )

32. 조카 녀석은 공연에 선보일 거라며 유명인 성대묘사
를 연습하고 있다. (                )

33. 방송국에 갔다가 텔레비전에서만 보던 연애인들을 봤
다. (                )

34. 이 가격이면 거져 가져가시는 거나 마찬가지예요.
(                )

35. 거참 헤궤한 소릴세. (                )

#36. 아까부터 줄곳 서 있었습니다. (                )

37. 바지의 기장이 길다고 해야 하나, 아니면 길이가 길다
고 해야 하나. (                )

38. 뭘 물어도 대답은 않고 딴전만 부리고 있다. (        )

39. 기차표를 예매했는지 안 했는지 깅가밍가하다.
(                )

40. 두 팀은 경기 내내 업치락뒷치락하며 관중들로 하여
금 손에 땀을 쥐게 만들었다. (                )

41. 달리 할 일도 없는데 제 녀석이 그 일을 안 하고 베겨.
   (                    )

#42. 애들이 당체 말을 들어먹어야 말이지. (                    )

43. 지가 뭔데 감 놔라 배 놔라 하는 거야. (                    )

44. '저 자신'이 맞는 표현일까, '제 자신'이 맞는 표현일
   까? (                    )

45. 하는 짓이 왜 그렇게 얍쌉한지 모르겠어.
   (                    )

46. 피곤해서 그런지 몸이 한없이 깔아진다.
   (                    )

47. 내가 그 분야에는 빠삭하잖아. (                    )

#48. 점심은 김치찌게로 합시다. (                    )

49. 쌩판 남이라고 그렇게 함부로 대해서 되겠어요?
   (                    )

50. 정기예금은 각각 육월과 십월에 만기가 된다.
   (                ,                    )

51. 조카는 엄마에게 야단을 맞고 입을 연신 샐쭉거리고
   있다. (                    )

52. 저녁이 되니 마을이 <u>고즈넉해졌다</u>. (          )

53. 봄이 되자 앞산에 <u>철죽</u>이 흐드러지게 피었다. (     )

#54. 자 꾸물대지 말고 <u>얼릉</u> 해치우자. (          )

55. 향기를 <u>품어내는</u> 방향제 덕에 실내가 쾌적하다.
(          )

56. 내가 <u>꼬신</u> 거 아니야, 자기가 한다고 했어. (     )

57. 제때에 벽을 <u>집지</u> 않았다면 넘어질 뻔했다. (     )

58. 나는 그렇게 <u>까탈스러운</u> 사람이 아니다.
(          )

59. 우리 <u>꼰대</u>가 그러던데…… (          )

#60. <u>까무룩 갈아앉더니</u> 떠오르질 않는다. (          )


【 답 】

1. 가늘어요  2. 모레  3. 주우러  4. 다르네  5. 짖는  6. 낳는,
낳아  7. 헤치고  8. 녘  9. 뺏으려고, 빼앗으려고  10. 맡고
11. 젓갈  12. 착잡한  13. 쇠퇴, 퇴폐  14. 한소끔  15. 짚이는
16. 설움  17. 십상  18. 헤매는  19. 축농증  20. 맞닥뜨리고
21. 얼기설기  22. 숫돌  23. 짓물러서  24. 언덕배기

78

25. 쪼들린다 26. 헤매다 27. 세뇌 28. 쇄도 29. 쇄신

30. 졸리네요 31. 쇠약 32. 성대모사 33. 연예인 34. 거저

35. 해괴한 36. 줄곧 37. 기장, 길이 38. 딴전, 딴청

39. 긴가민가하다, 기연가미연가하다 40. 엎치락뒤치락하며

41. 배겨 42. 당최 43. 제가 44. 저 자신, 제 자신

45. 얍삽한지 46. 까라진다 47. 빠삭하잖아 48. 찌개 49. 생판

50. 유월, 시월 51. 샐쭉거리고 52. 고즈넉해졌다 53. 철쭉

54. 얼른 55. 뿜어내는 56. 꼬신, 꾄 57. 짚지 58. 까다로운,
까탈스러운 59. 꼰대 60. 가라앉더니


9번은 '빼앗다'가 기본형이고 준말은 '뺏다'죠. 그러니
'빼앗으려고' 또는 '뺏으려고'라고 적어야 맞습니다. 참고
로 한글맞춤법 제16항에서는 "어간의 끝 음절 모음이 'ㅏ,
ㅗ'일 때는 어미를 '-ㅏ'로 적고, 그 밖의 모음일 때는 '-ㅓ'
로 적는다"라고 규정하고 있습니다. 그러니 '뺏다'는 '뺏아'
가 아니라 '뺏어'로 활용해야 맞겠죠. '뱉다'도 '뱉아'가 아
니라 '뱉어'가 되어야 하고요. 단 '빼앗다'는 '빼앗아'가 맞
습니다. 이제까지 문제를 죽 풀어 보며 눈치채셨겠지만 거
의 대부분의 맞춤법 실수들은 소릿값, 즉 발음 때문에 생
기는 현상입니다. '붙임글 1'에서 설명 드린 것처럼 한국어
는 물론 한글 또한 소리문자 가운데에서도 소리 구현 능력
이 가장 뛰어난 문자라서 우리 귀가 구분해 듣고 정확하게

가려 쓰는 데 어려움이 클 수밖에 없습니다. 그러니 이해에 앞서 반복적으로 써 봄으로써 습관화하는 게 중요하겠죠. 앞의 문제들도 마찬가지입니다. 죄다 발음 때문에 생기는 착오들 아닌가요? 전 단계의 문제들을 계속해서 다시 끼워 넣는 것도 다 이런 이유 때문이니 귀찮아하지 마시고 꼼꼼히 풀어 보시기 바랍니다.

그럼 이번엔 띄어쓰기 대신 굳이 쓸 필요가 없는 일본어에서 온 표현을 우리말로 바꾸는 연습을 해 보겠습니다.

1. 오랜만에 기지 바지를 입었다. (                )

2. 나시 차림의 여성들. (                )

3. 차에 기스 나지 않도록 조심해 주세요. (                )

4. 앙꼬 없는 찐빵. (                )

5. 그게 맞는지 안 맞는지 아리까리하다.
   (                )

6. 밭일할 땐 몸뻬가 제일 편하다니까. (                )

7. 여름이라 소데나시 상의를 입은 사람들이 많다.
   (                )

8. 와, 차가 삐까번쩍하네요! (                    )

9. 가서 바케쓰에 물 좀 담아 와. (                    )

10. 옛날 다리미라 쓰려면 도란스가 필요해요. (              )

11. 구루마를 끌고 다니며 폐지를 모으는 노인들.
    (                    )

12. 그래가지곤 가오가 안 서잖아. (                    )

13. 아픈 데도 없어 보이는데 몇 달씩 버티는 게 순 나이
    롱환자지 뭐야. (                    )

14. 이탈리아 여행을 갔다가 공항에서 지갑이며 여권을
    모두 쓰리 당했다. (                    )

15. 오늘은 아나고 회를 먹어 보고 싶네요. (                    )

16. 그렇게 무대뽀로 덤벼들면 어떡해! (                    )

17. 저기 보이는 다라이에 담아라. (                    )

18. 애들이 뗑깡 부릴 땐 정말 난감하다. (                    )

19. 여기 다대기 좀 더 주세요. (                    )

20. 엄마는 낡은 미싱 한 대로 우리 세 자매 옷을 전부 만

들어 주셨다. (                    )

21. 사람이 <u>유도리</u>가 있어야지. (                )

22. 담배 한 <u>보루</u>만 주세요. (                )

23. 천장이 <u>소라색</u>이어서 누우면 꼭 하늘을 보는 것만 같
    다. (                )

24. <u>뗑뗑이</u> 옷이 잘 어울리네요. (                )

25. 아버지 <u>곤색</u> 양복을 입고 면접 보러 간 일이 떠오른
    다. (                )

26. 이 셔츠는 <u>에리</u>가 커서 마음에 든다. (                )

27. <u>우와기</u>는 걸치지도 않고 바지만 입고 나가는 거예요?
    (                )

28. 공사장에 웬 <u>가다마이</u> 차림의 사내들이 왔다 갔다 하
    는 거지? (                )

29. 어머니는 늘 <u>고봉밥</u>을 퍼 주신다. (                )

30. 식당에서 할머니들이 자꾸 <u>오봉, 오봉</u> 그러시던데 무
    슨 말인지 모르겠다. (                )

31. 손님에게 <u>자부동</u> 내드려야지. (                )

32. 덴푸라를 너무 많이 먹었나, 속이 거북하네.
    (                    )

33. 왜 자꾸 쿠사리를 주고 그러세요? (                    )

34. 잉꼬부부가 따로 없을 정도로 금실이 좋다.
    (                    )

35. 옷들은 모두 단스에 넣었고, 찻잔이며 그릇들은 차단
    스에 진열해 두었다. (                    ,                    )

36. '코코넨네'라는 말은 '코 자자'는 말의 '코'와 일본어
    '넨네'가 결합된 말로 보인다. 어떻게 바꿔 쓸 수 있을
    까? (                    )

37. 굴삭기가 땅을 파기 시작했다. (                    )


【 답 】

1. 양복바지  2. 민소매  3. 흠집  4. 팥소  5. 아리송하다

6. 일 바지  7. 민소매  8 번쩍번쩍  9. 양동이  10. 변압기

11. 수레  12. 체면  13. 가짜 환자  14. 소매치기  15. 붕장어

16. 막무가내  17. 함지박  18. 생떼, 떼  19. 다진 양념

20. 재봉틀  21. 융통성  22. 포, 줄  23. 하늘색  24. 물방울무늬

25. 감색  26. 깃  27. 양복저고리, 상의  28. 양복

29. 높게 담은 밥  30. 쟁반  31. 방석  32. 튀김  33. 핀잔
34. 원앙부부  35. 옷장, 찻장  36. 자장자장  37. 굴착기


그럼 외래어 표기를 보실까요.


1. 시위대는 바리케이트를 치고 경찰과 대치 중이다.
   (                    )

2. 일단 타겟부터 정합시다. (                )

3. 입주 전에 샤시 공사를 끝내야 한다. (                )

4. 풍차로 유명한 나라가 네델란드인가? (                )

#5. 레포트는 언제까지 제출하면 되나요? (                )

6. 그들은 스페인을 거쳐 포루투갈로 갔다.
   (                )

7. 오후엔 이디오피아산 커피를 마셨다.
   (                )

8. 싱가폴에서 열린 제1차 북미 정상회담. (                )

9. 호치키스 좀 줄래? (                )

#10. 가수라지만 이렇다 할 <u>힛트</u>곡이 없으니…… (          )

11. 놀러 가서는 <u>렌트카</u>를 이용하기로 했다. (          )

12. 플라스틱 말고 <u>스텐레스</u>로 된 국자를 써야 해요.
    (          )

13. 내각책임제엔 이른바 <u>섀도우</u> 내각이라는 게 있다죠?
    (          )

14. <u>부르조아</u> 민주주의 혁명. (          )

15. 나는 드라마보다 <u>넌픽션물</u>이 더 좋다. (          )

16. <u>프리젠테이션</u>을 준비하느라 밤을 꼬박 새웠다.
    (          )

17. <u>프레젤</u>은 모양도 재미있고 맛도 좋다. (          )

18. <u>루완다</u> 내전. (          )

19. 미국의 <u>하바드</u> 대학과 <u>스탠포드</u> 대학.
    (          ,          )

#20. 요즘은 <u>콘테이너</u> 박스를 이용해 지은 건물들이 많다.
    (          )

21. 영국의 <u>캠브리지</u>와 <u>옥스포드</u> 대학.

(                    ,                    )

22. 담배의 <u>니코친</u>이 사람 몸에 끼치는 악영향들.
    (                    )

23. <u>뎃생</u> 연습만 하고 갈게요. (                    )

24. <u>유니버셜</u> 발레단의 공연이 곧 성사될 예정이다.
    (                    )

#25. 이건 <u>매니아</u>들을 위한 코스라 입문자에겐 맞지 않습
    니다. (                    )


【 답 】

1. 바리케이드  2. 타깃  3. 섀시  4. 네덜란드  5. 리포트

6. 포르투갈  7. 에티오피아  8. 싱가포르  9. 스테이플러

10. 히트  11. 렌터카  12. 스테인리스  13. 섀도  14. 부르주아

15. 논픽션  16. 프레젠테이션  17. 프레첼  18. 르완다

19. 하버드, 스탠퍼드  20. 컨테이너  21. 케임브리지, 옥스퍼드

22. 니코틴  23. 데생  24. 유니버설  25. 마니아

# 언제까지 맞춤법 때문에 머리를 쥐뜯어야 하는가 (                    )

5단계 표기법 문제입니다.

1. COPD는 만성 폐쇄성 폐질환을 말한다. (                )

2. 깡다구로 버티는 거지 뭐. (                )

3. 머리를 쥐뜯으며 괴로워했다. (                )

4. 괄호 안에 동그라미나 엑스표를 해 주세요.
   (                )

5. 월급이 작아서 한 달 살기가 빠듯하다. (                )

#6. 거사를 치루고 나니 맥이 풀린다. (                )

7. 그 일은 벌써 깡그리 잊었다. (                )

8. 개네들은 왜 빠진 거야? (                )

9. 얼굴에 버즘이 펴서 약을 발라야 한다. (                )

10. 가방 안에 든 게 완전히 뭉게진 거야? (                )

11. 정말 쌩뚱맞네요. (                    )

#12. 예전엔 가을이 되면 떨어진 은행 <u>주으러</u> 다니는 사람들이 많았는데. (                    )

13. 정말 <u>오도방정</u>이 따로 없다. (                    )

14. 마침내 우승 트로피를 <u>검어쥐었을</u> 때 우리는 모두 눈물을 쏟았다. (                    )

15. 점심엔 <u>설농탕</u> 어때? (                    )

16. <u>안녕하셔요</u>. (                    )

17. <u>여북허면</u> 그랬겠냐. (                    )

18. 대체 <u>손톱깎기</u>를 어디다 둔 거야? (                    )

19. 슬픔을 <u>가리우는</u> 노래들. (                    )

20. 너는 그 <u>바람끼</u>를 잡지 못하면 제대로 살기 힘들 거야. (                    )

21. 그럼 네가 친구들을 <u>부추킨</u> 거야? (                    )

22. 밥 먹고 나면 바로 <u>설겆이</u>를 해야 마음이 편하다. (                    )

23. 여자친구 부모님의 반대가 심해 결혼 <u>승락</u>을 얻기가 쉽지 않다. (                    )

#24. 해 질 <u>녘</u> 풍경. (                    )

25. 봄볕에 <u>아지랭이</u>가 올라오는 게 보인다.
(                    )

26. 신혼부부가 살기에 <u>안성마춤</u>인 집이다.
(                    )

27. 넌 아직 <u>애숭이</u>야. (                    )

28. 그건 순 <u>어거지</u> 아니야? (                    )

29. 옆집이 이사를 가면서 <u>장농</u>을 두고 갔는데 아직 쓸 만해서 가져다 쓸까 고민 중이다. (                    )

#30. 불량배들이 내 자전거를 <u>뺐</u>으려고 했다.
(                    )

31. 모두들 믹스 커피 한 잔씩 받고 빈 봉지를 접어 휘휘 <u>젖기</u> 시작했다. (                    )

32. 저 봐, 사람들이 얼마나 <u>많어</u>. (                    )

33. 빨리 와서 <u>앉어</u>. (                    )

34. 이참에 쐬기를 박았지. (                    )

35. 색깔이며 모양이 서로 잘 어울어진다.
    (                    )

#36. 까다로운 업무를 맞고 나서야 비로소 인정받았다는
    기분이 들었다. (                    )

37. 오전 내내 비가 오더니 오후가 돼서는 날이 환하게 개
    였다. (                    )

38. 그 친구 선배한테 자꾸 개기더니 결국 한소리 듣고 말
    았다. (                    )

39. 그 일로 집안이 풍지박산이 났다. (                    )

40. 그렇게 드립다 들이대면 어쩌자는 거야. (                    )

41. 가고 싶은 대로 가고 듣고 싶은 데로 듣다.
    (                    ,                    )

#42. 그렇게 게으름을 피우다가는 시험에 또 실패하기 쉽
    상이다. (                    )

43. 내가 좋아하는 색은 빨강색이다. (                    )

44. 놀라기라도 한 것마냥 눈을 크게 뜨고 있다.
    (                    )

45. 사람들은 남자는 <u>의례히</u> 힘이 셀 거라고 생각한다.
( )

46. 아아 <u>으악새</u> 슬피 우는 가을인가요. ( )

47. 모두들 <u>건아하게</u> 취해서 <u>불쾌해진</u> 얼굴로 앉아 있었
다. ( , )

#48. 허리가 정말 <u>얇아요</u>. ( )

49. <u>켸켸묵은</u> 지난일을 자꾸 들먹여서 어쩌자는 건데.
( )

50. 오늘 안에 집에 <u>다을</u> 수 있을까? ( )

51. 장마철에 옷장에 걸어 둔 양복에 곰팡이가 <u>쓸어서</u> 세
탁소에 가져다주었다. ( )

52. 오늘은 커피 맛이 어째 <u>쌉싸레하네</u>. ( )

53. 당장 시험을 치르겠다고 하자 학생들은 입이 <u>대빨</u>이
나 나온 표정으로 연신 투덜거렸다. ( )

#54. 고기를 썰기 전에 <u>숯돌</u>에 칼을 좀 갈아야겠다.
( )

55. 귤 <u>껍데기</u>는 음식물 쓰레기가 아니니 따로 분리 배출
해야 합니다. ( )

56. 이곳에서는 흡연은 물론 음주도 <u>일체</u> 허용되지 않습니다. (                    )

57. 두 사람이 <u>오랜동안</u> 함께 지낸 걸 모르는 사람이 어디 있겠어. (                    )

58. <u>으르고</u> 달래서 겨우 데려왔다. (                          )

59. 페인트 농도가 <u>엷어서</u> 좀 더 섞어야겠네요.
    (                    )

#60. 기지개는 <u>켜는</u> 걸까, <u>펴는</u> 걸까? (                          )


【 답 】

1. 폐쇄성  2. 깡다구, 깡  3. 쥐어뜯으며, 쥐뜯으며  4. 가위표,
가새표  5. 적어서  6. 치르고  7. 깡그리, 모두  8. 걔네들  9. 버짐

10. 뭉개진  11. 생뚱맞네요  12. 주우러  13. 오두방정

14. 거머쥐었을  15. 설렁탕  16. 안녕하셔요, 안녕하세요

17. 여북하면  18. 손톱깎이  19. 가리는  20. 바람기  21. 부추긴

22. 설거지  23. 승낙  24. 녘  25. 아지랑이  26. 안성맞춤

27. 애송이  28. 억지  29. 장롱  30. 뺏으려고, 빼앗으려고

31. 젓기  32. 많아  33. 앉아  34. 쐐기  35. 어우러진다

36. 맡고  37. 개었다  38. 개개더니  39. 풍비박산(風飛雹散)

40. 들입다  41. 데로, 대로  42. 십상  43. 빨간색  44. 것처럼

45. 으레  46. 억새  47. 거나하게, 불콰해진  48. 가늘어요

49. 케케묵은  50. 닳을  51. 슬어서  52. 쌉싸래하네  53. 댓 발

54. 숫돌  55. 껍질  56. 일절  57. 오랫동안  58. 어르고

59. 옅어서  60. 켜는


　　지난번과 이번 표기법 문제엔 복수 표준어로 인정되어 같이 쓰이는 단어 두 개가 답이 된 경우도 제법 있고, 복수 표준어는 아니어도 같은 뜻으로 자주 쓰이는 단어 두 개가 답으로 나열된 경우도 있습니다. 가령 '까탈스러운, 까다로운', '기장, 길이', '딴전, 딴청', '저 자신, 제 자신', '꼬신, 꾈', '쥐어뜯다, 쥐뜯다', '가위표, 가새표', '뺏으려고, 빼앗으려고', '-셔요, -세요' 등입니다. 함께 기억하시면 헷갈리지 않겠죠. 4단계 문제였던 '꼰대'나 2번의 '깡다구, 깡'은 비록 속된 표현이긴 하지만 사전에 등재된 단어입니다. 32번 '많다'와 33번 '앉다'는 어간이 'ㅏ, ㅗ'로 끝나는 경우이므로 '많어'나 '앉어'가 아니라 '많아', '앉아'로 활용하는 게 맞습니다. 37번 '개었다'는 기본형이 '개다'인 데다 날이 개는 건 당하는 일일 수 없어 '개이다'로 쓸 수 없으므로 '개였다'가 아니라 '개었다'가 돼야 맞습니다. 38번의 '개기다'는 속어여서 '개개다'로 쓰는 게 좋겠습니다. 41번의 '데'와 '대로'는 모두 의존명사여서 띄어 써야 맞는데, 의미가 다르므로 헷갈리지 않도록 주의하셔야겠습니다. 42번의

'십상'은 쉽다는 의미로 받아들여서 그런지 '쉽상'으로 잘 못 쓰는 경우가 잦더군요. 43번의 '빨강색'은 '빨강, 파랑, 노랑, 검정' 등이 이미 '빨간색, 파란색, 노란색, 검은색'을 뜻하므로 '빨강'이라고 쓰든가 '빨간색'이라고 써야 맞습니다. 44번의 '마냥'은 '마냥 앉아 있었다'라고 쓰듯 조사가 아니라 부사이므로 '처럼'을 대신해서 쓸 수는 없습니다. 55번의 경우는 '게 껍데기'처럼 주로 딱딱한 건 '껍데기'라고 하고 그렇지 않은 건 '껍질'이라고 씁니다. 57번을 그대로 쓰려면 '오랜 동안'이라고 띄어 써야 합니다. 59번의 '엷다'는 진하지 않거나 두껍지 않을 때 쓰고, 농도나 빛깔, 냄새가 약할 때는 '옅다'를 씁니다.

5단계 띄어쓰기는 지난 단계에서 익혔던 내용을 복습해 보겠습니다. 먼저 띄어쓰기 문제입니다.

1. 내가 지금부터 <u>하려하는</u> 걸 설명해 줄게.
   (                    )

2. 무대가 <u>준비 됐으니</u> 이제 <u>노래 하셔도</u> 됩니다.
   (                ,                )

3. 좋은 <u>건 지</u> 나쁜 <u>건지</u> 알 수 없게 <u>될 지</u>도 몰라.
   (                ,                ,                    )

4. 운전 할 때마다 느끼는 거지만 안전 운전하는 게 가장
   중요하다. (　　　　　　　　,　　　　　　　　)

5. 내가 그걸 하게할지 모르겠네요. (　　　　　　　)

6. 여기 저기 다니면서 이것 저것 둘러봐야 다 뻔하니 여
   기서 사지 그래요? (　　　　　　　,　　　　　　　　)

7. 학교에 다니면서 부터 웃음을 되찾게 된 아이들.
   (　　　　　　　)

8. 나 보고 그걸 하라지 뭐야. (　　　　　　　)

9. 나는 그 사실 조차 모르고 있었는걸. (　　　　　　)

10. 그렇게 나마 해결이 되었다니 다행이다.
    (　　　　　　　)

11. 이제 모두 헤어져야 하는 구나. (　　　　　　　)

12. '해야 하겠다'의 준말은 (　　　　　　　)이다.

13. 최선을 다 한다더니 제 할 일도 다하지 않고 놀고 있
    는 거야? (　　　　　　　,　　　　　　　　)

14. 해가 갈 수록 기력이 달리는 걸 절감한다. (　　　　　)

15. 지금으로선 갈수밖에 없습니다. (　　　　　　　)

16. <u>그럴리가</u> 있겠냐? (                    )

17. 그런 대접을 <u>받는게</u> <u>좋을리</u> 없지. (            ,           )

18. <u>결혼한지</u> 올해로 8년 됐어요. (                    )

19. <u>놀랄까봐</u> 살살 부른 건데. (                    )

20. 모두들 <u>잠들었나봐.</u> (                    )

21. <u>친구 분은</u> 어디 계시나요? (                    )

22. <u>한 명 당</u> <u>만 원</u> 씩 내면 되겠네. (            ,           )

23. <u>너 뿐만</u> 아니라 나도 당했지 뭐야. (                    )

24. 한 명에 하나 꼴로 분배할 예정입니다. (                    )

25. <u>중국 인</u>이 쓰는 <u>중국 어.</u> (            ,           )


【 답 】

1. 하려 하는  2. 준비됐으니, 노래하셔도  3. 건지, 건지, 될지

4. 운전할, 안전 운전 하는  5. 하게 할지  6. 여기저기, 이것저것

7. 다니면서부터  8 나보고  9. 사실조차  10. 그렇게나마

11. 하는구나  12. 해야겠다  13. 다한다더니, 다 하지  14. 갈수록

15. 갈 수밖에  16. 그럴 리가  17. 받는 게, 좋을 리  18. 결혼한 지

19. 놀랄까 봐  20. 잠들었나 봐  21. 친구분  22. 한 명당, 만 원씩
23. 너뿐만  24. 하나꼴  25. 중국인, 중국어


외래어 표기 문제는 지난 단계에서 풀었던 문제와 새
로운 문제를 섞었습니다.


1. 양송이 스프가 좋겠네요. (                    )

2. 쥬스 한 잔 마시고 싶다. (                  )

3. 도어 록의 밧데리가 다 됐는지 소리가 난다.
   (                 )

4. 이럴 땐 어떤 제스처를 취해야 하는 건지 모르겠다.
   (                 )

5. 가수라지만 이렇다 할 힛트곡이 없으니…… (        )

6. 스투디오에서 녹음을 하고 나자 정말 가수가 된 느낌
   이었다. (                 )

7. 이런 걸 컬쳐 쇼크라고 하는 건가. (                )

8. 저기요, 내프킨 좀 가져다주실래요? (                )

9. 저 캡쳐 화면에 등장하는 게 정말 너 맞아? (          )

10. 화덕에 구운 핏자라 확실히 맛이 다르다. (          )

11. 디저트는 뭐니 뭐니 해도 초코렛과 케잌이죠.
    (                ,                )

12. 내년 카렌다가 벌써 나왔나? (               )

13. 헤어 샵에 들러 머리를 좀 하자. (               )

14. 저는 코메디언입니다. (               )

15. 굳모닝, 여러분! (               )

16. 키친타올이 다 떨어졌다. (               )

17. 오늘 야식은 후라이드 치킨 어때? (               )

18. 여긴 로얄 층이 몇 층인가요? (               )

19. 쿠킹 호일이 다 떨어져서 사야 합니다. (               )

20. 내가 텔레비전 리모콘을 어디다 뒀더라? (          )

21. 비둘기가 평화의 심볼이라던데 요즘 같아서는 그냥
    더럽고 지저분한 새에 불과해 보인다. (          )

22. 요즘은 필림 카메라를 통 볼 수가 없다. (          )

23. <u>로얄티</u> 수입만 해도 엄청나다고 하네요. (          )

24. 거실에 놓을 <u>쇼파</u>를 구입하려고요. (          )

25. <u>엘레베이터</u>를 이용하지 않고 계단으로 오르는 습관을
    들여 볼까 합니다. (          )

【 답 】

1. 수프  2. 주스  3. 배터리  4. 제스처  5. 히트  6. 스튜디오

7. 컬처  8. 냅킨  9. 캡처  10. 피자  11. 초콜릿, 케이크

12. 캘린더  13. 숍  14. 코미디언  15. 굿모닝  16. 키친타월

17. 프라이드  18. 로열  19. 포일  20. 리모컨  21. 심벌  22. 필름

23. 로열티  24. 소파  25. 엘리베이터

6단계 표기법 문제부터 보실까요.

1. <u>고냉지</u>에서 재배한 배추는 색도 선명하고 맛도 더 고소하다. (　　　　　　　)

2. 성묘 가서 밥을 먹을 때면 아버지는 늘 <u>고시레</u>를 하시곤 했다. (　　　　　　)

3. <u>넙적한</u> 접시에 구운 고기랑 데친 야채를 내왔다. (　　　　　　)

4. 병사들이 전멸했다는 소식을 듣고 장군은 <u>대노했다</u>. (　　　　　　)

5. 감기 때문에 하루 종일 코가 <u>멩멩하다</u>. (　　　　　　)

#6. 밥 먹고 나면 바로 <u>설겆이</u>를 해야 마음이 편하다. (　　　　　　)

7. <u>매 일요일마다</u> 외식을 한다. (　　　　　　)

8. 애들이 <u>좋아할래니</u> 하고 수제 과자를 준비했는데 모
   두들 라면만 찾았다. (                    )

9. <u>한끝</u> 차이로 안 됐지 뭐야. (                    )

10. 줄곧 <u>2차선</u>으로 차를 몰았다. (                    )

11. <u>들쑥날쑥</u>과 <u>들쭉날쭉</u> 모두 표준어다. (                    )

#12. 색깔이며 모양이 서로 잘 <u>어울어진다</u>.
    (                    )

13. 무슨 일인데 식전 <u>대파람</u>부터 이 난리야. (                    )

14. 어린 시절에 갖고 놀던 <u>헝겊</u> 인형을 아직도 가지고 있
    다. (                    )

15. 여긴 <u>누</u> 집인가? (                    )

16. 정말 꼴 <u>뵈기</u> 싫다. (                    )

17. 사정이 딱하네. <u>그렇지만은</u> 나도 어쩔 수가 없다.
    (                    )

18. 아이, <u>놀래라</u>! (                    )

19. <u>엄한</u> 사람만 바보 된 거지 뭐. (                    )

20. 몸이 아파서 한 학년 꿀었어요. (                )

21. 쟤네들에 비하면 아무래도 우리가 좀 꿇리지 않냐?
(                )

22. 그 순간 슬픈 감정이 복받혀서 눈물이 흐르고 말았다.
(                )

23. 그렇게 뻣대기만 하면 어떡해? (                )

#24. 그의 말엔 어패가 있다. (                )

25. 그런 소리를 들으니 마음이 정말 에리다. (                )

26. 어떻게 살아가야 할지 정말 망막하다. (                )

27. 거기까지 걸어갈 생각을 하니 그야말로 길이 막막했
다. (                )

28. 그 모습을 보고 있으려니 정말 눈꼴시리더라고.
(                )

29. 이놈들, 물럿거라! (                )

#30. 신혼부부가 살기에 안성마춤인 집이다.
(                )

31. 난 피자 꼬다리는 먹지 않을 거야. (                )

32. <u>밀물</u>처럼 빠져나가고, <u>썰물</u>처럼 밀려들어오다

(            ,               )

33. 삶의 <u>희노애락</u>이 작품에 그대로 드러나 있다.

(            )

34. <u>쌍꺼풀</u>이 맞아요, <u>쌍까풀</u>이 맞아요?

(            )

35. <u>맨날</u>과 <u>만날</u> 모두 표준어다. (              )

36. 10초 뒤에 <u>폭팔</u>합니다. (           )

37. 거센소리가 나는 자음은 <u>치읓</u>, <u>키역</u>, <u>티근</u>, <u>피읍</u>, <u>히옿</u>이다. (      ,       ,       ,       ,       )

38. 두 사람은 오랫동안 함께해 온지라 그야말로 <u>막연한</u> 사이라 할 수 있다. (            )

39. 발걸음이 떨어지지 않아 미적거리는 친구들을 <u>마중</u>하기 위해 내가 먼저 일어서서 옷을 입고 친구들을 채근했다. (           )

40. 알고 보니 두 단체가 <u>지양</u>하는 바가 같아 공동 작업은 생각보다 쉽게 이루어질 것 같다. (            )

41. 이 정책의 <u>승패</u>는 예산을 어떻게 쓰느냐에 달려 있다.

(　　　　　　　　　)

#42. 구비구비 고갯길이 이어졌다. (　　　　　　　)

43. 남을 울리고도 저는 좋댄다. (　　　　　　　)

44. 그렇게 밤새지 말라고 말했는데 참…… (　　　　　　)

45. 문을 열고 나가다가 들어오는 남자와 부닥치고 말았다. (　　　　　)

46. 그 친구도 은근 고집쟁이더라고. (　　　　　　)

47. 이 난국을 타계할 묘안이 떠오르지 않는다. (　　　)

#48. 이 책에서 내가 가장 좋아하는 귀절을 읽어 볼게요. (　　　　　)

49. 번번히 그렇게 당하고도 아직 정신을 못 차린 거야? (　　　　　)

50. 사회 초년생일 때 동거동락했던 친구들과 다시 만나기로 했습니다. (　　　　　)

51. 너 내 친구랑 친구라매? (　　　　　　)

52. 쉬고 있을 테니 손님들이 가거덜랑 알려줘. 어제도 술을 많이 마셨걸랑. (　　　　　,　　　　　)

105

53. 혹시 사람들이 놀랄지 <u>모름으로</u> 폭죽 이벤트는 취소하기로 했다. (                    )

#54. 어제는 사과 <u>장사</u>가 골목까지 트럭을 몰고 들어와 사과를 팔았다. (                    )

55. 그의 주장은 우리 중 누구도 받아들일 수 없는 <u>것이였다</u>. (                    )

56. 손님들에게 하도 <u>굽신거리다</u> 보니 허리가 아플 지경이다. (                    )

57. 장식장을 <u>넘어뜨리는</u> 바람에 그릇들을 다 <u>깨트리고</u> 말았다. (                    ,                    )

58. 영화가 끝나자 관객들이 <u>우루루</u> 쏟아져 나왔다. (                    )

59. 고양이가 손등에 <u>생체기</u>를 내고 말았다. (                    )

#60. 하늘을 <u>날으는</u> 원더우먼. (                    )

【답】

1. 고랭지  2. 고수레  3. 넓적한  4. 대로했다  5. 맹맹하다

6. 설거지  7. 매 일요일, 일요일마다  8. 좋아하려니  9. 한 곳

10. 2차로  11. 들쑥날쑥, 들쭉날쭉  12. 어우러진다  13. 댓바람

14. 헝겊  15. 뉘, 누구의  16. 보기  17. 그렇지마는  18. 놀라라

19. 애꿎은, 애먼  20. 끓었어요  21. 꿀리지  22. 복받쳐서

23. 뻗대기만  24. 어폐  25. 아리다  26. 막막하다  27. 망막했다

28. 눈꼴시더라고  29. 물렀거라  30. 안성맞춤  31. 꽁다리

32. 썰물, 밀물  33. 희로애락  34. 쌍꺼풀, 쌍까풀  35. 만날,

맨날  36. 폭발  37. 한글 자음의 이름은 다음과 같습니다. '기역,

니은, 디귿, 리을, 미음, 비읍, 시옷, 이응, 지읒, 치읓, 키읔, 티읕,

피읖, 히읗' 38. 막역한  39. 배웅  40. 지향  41. 성패

42. 굽이굽이  43. 좋단다  44. 밤새우지  45. 부닥치고

46. 은근히  47. 타개  48. 구절  49. 번번이  50. 동고동락

51. 친구라며  52. 가거들랑, 마셨걸랑  53. 모르므로  54. 장수

55. 것이었다  56. 굽신거리다, 굽실거리다  57. 넘어뜨리는,

깨트리고  58. 우르르  59. 생채기  60. 나는


　　3번의 '넙적한'은 '넓적한'으로 써야 맞습니다. 겹받침을 갖는 단어의 경우 뒤의 받침이 발음될 때는 겹받침을 모두 적고, 앞의 받침만 발음될 때는 소리 나는 대로 적는다는 규정에 따라 '넓적하다' 또는 '널찍하다'로 씁니다. 7번의 '매 일요일마다'는 같은 뜻을 갖는 관형사 '매'와 조사 '마다'를 함께 쓴 것입니다. 둘 중 하나만 쓰는 게 맞습니다. 8번의 '좋아하려니'의 어미는 '-ㄹ려니'가 아니라 '-

려니'이므로 '좋아할려니'가 될 수 없습니다. 10번의 '차선'은 도로에 그려진 선을 말하는 것이니 '차로'라고 써야 맞고, 17번은 '너만은'과 헷갈려 '그렇지만은'으로 잘못 쓸 때가 많은데, '너만은'의 '만은'은 조사가 겹쳐 쓰인 것이고, '그렇지마는'의 경우는 조사 '마는'에 종결어미 '-지'나 '-다'가 붙어 '-지마는', '-다마는' 등의 연결어미가 된 것입니다. 그러니 '그렇지마는'이나 '좋긴 좋다마는' 등으로 써야 맞습니다. 26번과 27번의 '막막寞寞하다'와 '망막茫漠하다'는 뜻이 다르므로 가려 써야겠습니다. 34, 35번은 둘 다 쓸 수 있습니다. 37번의 경우 한글 자음의 이름 정도는 알고 계셔야겠죠. 43번에 쓰인 어미는 '-댄다'가 아니라 '-단다'여서 '좋단다'로 써야 맞습니다. 45번의 '부닥치다'는 '세게 부딪치다'는 뜻을 갖는 단어입니다. 46번의 '은근'은 '은근히'라고 써야 온전한 부사가 됩니다. 49번의 '번번이'는 '빈번히'와 헷갈려서 '번번히'로 잘못 쓰는 경우가 많으니 주의하시기 바랍니다('-이'와 '-히'를 구분해 붙이는 방법은 이 책 239쪽 '붙임글 5'를 참고하세요). 52번은 연결어미 '-거들랑'과 그 준말인 '-걸랑'의 쓰임을 묻는 문제였습니다. 그리고 53번은 '-(으)므로'가 까닭을 나타내는 어미인 반면, '-ㅁ으로(써)'는 수단이나 방법을 나타낼 때 쓰는 어미입니다. 굳이 구분하자면 '-(으)므로'는 용언, 곧 동사나 형용사 뒤에 붙는 반면, '-ㅁ으로(써)'는 명사형 뒤에 붙는다고 기억하시면 되겠습니다. 55번은 '-이었다'의 준말 '-였다'의 쓰임과 관련한 문제인데, 앞말에 받침이 있으면 '-이었다'를, 받침이 없으면 '-였다'를 씁니다. 참고로 '그것은 호랑이였다'는 문장은 '이였다'로 잘못 쓰인 게 아니라. '호랑이'까지가 앞말인 데다 받침이 없으므로 '-였다'를 쓴 경우죠. 56번은 '굽신거리다'와 '굽실거리다' 둘 다 표준어이고, 57번 또한 '-뜨리다'와 '-트리다' 모두 강조의 뜻을 더하는 접미사입니다.

6단계에서는 띄어쓰기와 외래어 표기 대신 존칭을 잘못 쓰는 경우를 살펴보겠습니다.

1.  모두 27만 원 나오셨습니다. (                    )

2.  출구는 이쪽이십니다. (                    )

3.  리필 되십니다. (                    )

4.  혈압이 높으시네요. (                    )

5.  결혼한 지 벌써 20년 되셨다고요? (                    )

6.  좋은 하루 되세요. (                    )

7.  어쩜 치아가 이렇게 하야세요. (                    )

8.  주문하신 커피 나오셨습니다. (                    )

9. 할인이 적용되셨습니다. (                    )

10. 할인 행사는 이미 마감되셨습니다. (                    )

11. 포장이신가요? (                    )

12. 음료는 품절이세요. (                    )

13. 그 사이즈가 없으시네요. (                    )

14. 이 제품이 더 좋으세요. (                    )

15. 빨대는 뒤편에 있으세요. (                    )

16. 제가 아시는 분이 알려주시더라구요.
    (                    )

17. 이쪽으로 오실게요. (                    )

18. 여긴 좋으신 분들이 너무 많으셔서 어머님이 적응하
    시기 쉬우실 거예요. (                    ,
                    )

19. 아침에 어머님한테 전화가 오셔서 아버지 소식을 들
    을 수 있었습니다. (                    )

20. 제가 잘 모르시는 분들과 함께하려니 좀 어색하네요.
    (                    )

21. 사장님은 지금 <u>회의 중이십니다</u>. (                    )

22. <u>감사 드려요</u>. (                )

23. 홍보팀에서 오신 분들 <u>아니세요</u>? (                )

24. <u>김정선 고객님 맞으시죠</u>? (                )

25. 어떻게 사장님하고는 <u>연락이 되셨나요</u>?
    (                )


【 답 】

1. 27만 원입니다  2. 이쪽입니다  3. 리필 됩니다

4. 높게 나왔습니다  5. 결혼하신 지 벌써 20년 됐다고요

6. 즐거운 하루 보내세요, 하루를 즐겁게 보내세요

7. 하야세요(간접 높임말이므로 쓸 수 있습니다)

8. 커피 나왔습니다  9. 적용됐습니다  10. 마감됐습니다

11. 포장해 가실 건가요  12. 품절되었습니다  13. 없네요

14. 좋습니다  15. 있습니다  16. 제가 아는 분이

17. 이쪽으로 오시죠  18. 좋은 분들이 많이 계셔서,

적응하시기 쉬울  19. 어머니가 전화하셔서  20. 모르는 분들과

21. 회의하고 계십니다  22. 감사합니다  23. 아닌가요

24. 김정선 손님이시죠  25. 연락이 되었나요

언제부터 존칭을 이렇게 구분 없이 쓰게 되었는지 모르겠네요. 아마도 예전엔 단순명료했던 인간관계가 오늘날엔 감당하기 어려울 정도로 복잡해진 데다 감정노동에 시달리는 사람들이 점점 많아진 결과가 아닐까 추측해 봅니다. 어쩌면 지금 한국어를 쓰는 언중이 존대어 규정을 영 어색하고 부담스러운 압박으로 느껴서인지도 모르겠군요. 아니면 간접 존칭을 허용하고 있는 헐거운 규정 탓으로 돌려야 할까요? 예를 들면 7번의 경우 간접 존칭으로 인정되어 딱히 틀렸다고 할 수 없으니까요. 과도한 존칭은 상대를 기분 나쁘게 만들기도 하는 것처럼, 구분 없는 존칭은 그 의미를 잃게 만들 수도 있습니다. 더군다나 16번과 20번은 상대가 아니라 자신을 높인 경우여서 민망하기까지 합니다.

2011년 8월 31일, 한국 지상파 방송 저녁 프라임 뉴스 앵커들이 전한 첫 소식이 거의 똑같았던 걸로 기억합니다.

"국민 여러분 이제 '짜장면'으로 쓰셔도 될 것 같습니다."

그날 국립국어원에서 39개의 복수 표준어를 발표했는데, 그 가운데 '짜장면'도 포함되는 바람에 이 '사달'이 빚어진 거죠. 이 나라의 이른바 지성인 집단에서 한국어나 한글 표현과 관련한 지식이 어떻게 소비되는지 적나라하게 보여 준 사례가 아닐까 싶네요. 과연 '자장면'뿐만 아니라 '짜장면'도 표준어로 지정된 사실이 지상파 3사의 저녁 뉴스에서 동시에 첫 소식으로 다룰 만한 내용일까요. "국민 여러분 마침내 우리 민족이 해방되었습니다!"도 아니고 말이죠. 게다가 저런 식이라면 단지 흥밋거리로만 다루었다고밖에 달리 설명할 길이 없지 않을까요. 차라리 한국어와 한글에 어떤 특성이 있길래 매번 저렇게 복수 표준어를 발표해야 하는지를 취재를 통해 상세히 보도했어야 하지 않을까 싶네요.

언중은 국립국어원에서 발표하는 내용들이 자신들의

언어 사용과는 아무런 상관이 없다고 착각하기 쉽습니다. 그렇지 않습니다. 언어의 주인은 언중이지 한낱 국가기관이 아니기 때문이죠. '짜장면'도 복수 표준어로 인정한다는 발표를 왜 했겠습니까. 표준어가 아니라고 해도 언중들이 계속 그렇게 써 왔기 때문이죠. 발표만 국립국어원이 할 뿐 그 내용은 언중의 언어생활이 결정하는 거니까요.

가령 '비비다'에는 여러 가지 뜻이 있지만 세 가지 뜻으로 주로 쓰입니다. 첫째, 두 손바닥 사이에 무언가를 넣고 문지를 때, 둘째, 어떤 재료에 다른 재료를 넣고 버무릴 때, 셋째, 두 물체를 맞대어 문지를 때죠. 첫째는 '새끼를 꼬느라 두 손을 비비다'라고 쓸 때고, 둘째는 국수나 밥에 고추장을 넣고 비빌 때이며, 셋째는 눈을 비비거나 또는 아기의 볼에 내 볼을 대고 비빌 때 씁니다.

그런데 이중 셋째 경우에만 우리는 '부비다'라고 잘못 쓰곤 하죠. 언중이 선택적으로 틀리게 쓰는 셈이랄까요. 왜냐하면 다른 경우들처럼 발음하기가 더 쉬워서 '부비다'라고 쓰는 거라면, 다른 뜻의 '비비다'도 '부비다'라고 써야 맞을 테니까요. 가령 '밥 부벼 먹자'라거나 '두 손을 부벼 대며 잘못을 빌었다'라고 말이죠. 하지만 유독 셋째 뜻에 적용해 쓸 때만 우리는 '부비다'라고 일부러 잘못 씁니다. '부비부비춤'이라고 하지 '비비비비춤'이라고는 안 하잖아요. 이는 새끼를 꼬거나 국수나 밥에 고추장을 넣고 버무리는 행위와 내 아기의 볼에 내 볼을 대며 애정을 표시하는 행위를 똑같이 생각할 수 없다는 언중의 생각이 적용된 결과라고 할 수 있죠. 일부러 잘못 쓰면서, 말하자면 시위를 하는 셈이랄까요.

흥미로운 것은 신문에서도 '부비다'를 볼 때가 종종 있다는 겁니다. 신문사의 교열팀은 전문가들이 모인 곳이어서 이 정도를 걸러 내지 못할 리 없는데도 눈에 띄어 자세히 살펴보면 모두 외부 필진이 쓴 칼럼이더라구요. 제 생각인데 이건 아마도 신문사 교열팀에서 국립국어원에 보내는 사인이 아닌가 싶습니다. 이 정도로 언중이 즐겨 쓰는 표현이니 복수 표준어로 인정할 때가 되었다는 사인 말입니다. 제 추측이 맞는다면 몇 년 안에 '부비다'가 '비비다'의 복수 표준어로 인정되어 발표되지 않을까 싶네요.

어색한 문장을 이리저리 고치는 데만 정답이 없는 게 아니라 사실은 표기법에도 정답은 없습니다. 그 시대를 사는 언중이 어떻게 말하고 쓰는지에 따라, 또는 시대 상황에 따라 표기법도 계속 바뀌는 것이니까요. 다만 언중이 국립국어원에서 발표하는 내용에 더 관심을 갖고 비판할 내용은 비판한다면 언어 정책이 보다 많은 사람들의 언어 생활에 불편을 초래하지 않는 방향으로 이어지지 않을까요.

가령 발표 시기만 해도 그렇습니다. 일선에서 학생들을 가르치는 국어 교사들을 위해서라도 방학 때 일괄해서 발표하는 것도 한 방법이지 않을까 싶네요. 어제까지는 틀린 표기라고 가르쳤다가 오늘은 그것도 맞는 표기라고 가르쳐야 하는 상황은 최소한 피하게 해 줘야 하지 않을까요.

**나이 먹고 맞춤법 문제를 푸느라
끙끙대려니 영 쑵슬하다** (                    )

7단계도 역시 표기법 문제부터 시작할까 합니다.

1.  반딧불이 맞아 반딧불이가 맞아?
    (                    ,                    )

2.  그렇게 머리를 디밀고 들어오며 어떡하라 얘기야?
    (                    )

3.  골짜기나 들에 흐르는 작은 물줄기를 여울이라고 부른다. (                    )

4.  걔는 요즘 주식 투자에 맛 들린 모양이야. (                    )

5.  평양감사도 저 싫으면 그만이다. (                    )

#6. 오전 내내 비가 오더니 오후가 돼서는 날이 환하게 개였다. (                    )

7.  청각장애인들의 언어를 수화手話라고 한다. (                    )

8.  배때지에 기름이 껴서 그런 거야, 왜들 일할 생각들을

안 하는 거야? (                    )

9.  이른바 <u>끼어 팔기</u> 관행이 시장 전체로 번지고 있다.
    (                    )

10.  <u>얼시구절시구</u>, 지화자 좋네. (                    )

11.  <u>넙적다리</u>가 보통 굵은 게 아니야. (                    )

#12.  그건 순 <u>어거지</u> 아니야? (                    )

13.  이 자리를 <u>빌어</u> 감사의 말씀을 드립니다. (                    )

14.  쓰러져도 <u>오똑이</u>처럼 다시 일어나 토끼처럼 <u>깡총깡총</u>
    뛴다. (                    ,                    )

15.  한 사람당 하나씩 돌아가게 <u>노느면</u> 되겠다.
    (                    )

16.  <u>귀걸이</u>와 <u>귀고리</u> 모두 표준어이다. (                    )

17.  그렇다고 아이한테 <u>손지검</u>을 하다니. (                    )

#18.  애들이 <u>좋아할래니</u> 하고 수제 과자를 준비했는데 모
    두들 라면만 찾았다. (                    )

19.  밥이 완전 <u>꼬두밥</u>이 되었다. (                    )

20. 그렇게 움추릴 필요 없어. (                    )

21. 멀찌기 떨어져서 걸었다. (                    )

22. 더우기 배가 고플 때는 더 문제죠. (                    )

23. 위험을 무릎쓰다. (                    )

#24. 내가 좋아하는 색은 빨강색이다. (                    )

25. 눈을 부릎뜨고 쳐다보던데. (                    )

26. 구태어 오실 필요는 없죠. (                    )

27. 밥이나 멕이고 일을 시켜야죠. (                    )

28. 너 정말 째째하게 이럴래? (                    )

29. 오지랍도 넓네 정말. (                    )

#30. 놀라기라도 한 것마냥 눈을 크게 뜨고 있다.
    (                    )

31. 체신머리없이 그게 뭐야! (                    )

32. 설합 안에 뭐가 들어 있는 거야? (                    )

33. 완전 빈털털이가 돼 버렸네. (                    )

#34. 그렇게 <u>드립다</u> 들이대면 어쩌자는 거야. (                )

35. <u>멋드러지게</u> 해냈구나. (                    )

#36. 사람들은 남자는 <u>의례히</u> 힘이 셀 거라고 생각한다.
(                )

37. <u>앙간힘</u>을 쓰다. (                )

38. <u>넉쌀</u>을 부리다. (                )

39. <u>말뽄새</u> 하고는. (                )

40. 단풍이 <u>울긋불긋하다</u>. (                )

41. 행색이 <u>꾀제제하다</u>. (                )

#42. 사정이 딱하네. <u>그렇지만은</u> 나도 어쩔 수가 없다.
(                )

43. 속에서 <u>부화</u>가 치밀더라니까. (                )

44. 행동 하고는, 참 <u>본떼없다</u>. (                )

45. <u>우뢰</u>와 같은 박수. (                )

46. <u>구렛나룻</u>이 멋지네요. (                )

47. 자식들 <u>등살</u>에 부모 노릇 하기 힘들어 죽겠다.

(　　　　　　　)

#48. <u>넙적한</u> 접시에 구운 고기랑 데친 야채를 내왔다.
(　　　　　　)

49. <u>눈쌀</u> 찌푸릴 만한 행동은 삼가 주세요. (　　　　　　)

50. <u>찰라</u>의 순간. (　　　　　)

51. <u>아구찜</u> 먹고 싶다. (　　　　　)

52. 해가 <u>누엿누엿</u> 지고 있다. (　　　　　)

53. <u>늠늠해</u> 보여서 좋네요. (　　　　　)

#54. <u>한끝</u> 차이로 안 됐지 뭐야. (　　　　　)

55. 정말 <u>안스러워</u> 보인다. (　　　　　)

56. 다투고 나서는 사이가 영 <u>대면대면하지</u> 뭐.
(　　　　　　　)

57. 뒷맛이 영 <u>씁슬하구먼</u>. (　　　　　)

58. <u>쑥쓰러워서</u> 그래요. (　　　　)

59. 누군가 <u>돌맹이</u>를 던졌다. (　　　　　)

#60. <u>엄한</u> 사람만 바보 된 거지 뭐. (　　　　　)

【 답 】

1. 반딧불, 반딧불이 2. 들이밀다, 디밀다('들이밀다'의 준말)
3. 개울 5. 맛 들인 5. 평안감사 6. 개었다 7. 수어 8. 배때기
9. 끼워 팔기 10. 얼씨구절씨구 11. 넓적다리 12. 억지
13. 빌려 14. 오뚝이, 깡충깡충 15. 노느면, 나누면 16. 귀걸이, 귀고리 17. 손찌검 18. 좋아하려니 19. 고두밥 20. 움츠릴
21. 멀찍이 22. 더욱이 23. 무릅쓰다 24. 빨간색 25. 부릅뜨고
26. 구태여 27. 먹이고 28. 쩨쩨하게 29. 오지랖 30. 것처럼
31. 채신머리 32. 서랍 33. 빈털터리 34. 들입다
35. 멋들어지게 36. 으레 37. 안간힘 38. 넉살 39. 말본새
40. 울긋불긋하다 41. 꾀죄죄하다 42. 그렇지마는 43. 부아
44. 본데없다 45. 우레 46. 구레나룻 47. 등쌀 48. 넓적한
49. 눈살 50. 찰나 51. 아귀찜 52. 뉘엿뉘엿 53. 늠름해
54. 한 곳 55. 안쓰러워 56. 데면데면하지 57. 씁쓸하구먼
58. 쑥스러워서 59. 돌멩이 60. 애먼, 애꿎은

1번은 저도 '반딧불이'는 반딧불이과의 딱정벌레로, '반딧불'은 반딧불이가 내는 빛으로 알고 있었는데 『표준국어대사전』을 찾아보니 2번 항목에 '반딧불이'와 같이 쓰인다고 나와 있네요. 3번의 '여울'은 '강이나 바다의 바닥이 얕거나 폭이 좁아 물살이 세게 흐르는 곳'을 말합니다. 김소월 시인의 시에도 나오는 '개여울'은 개울의 여울목을 말

한다는군요. 7번의 경우 요즘은 수화 대신 수어手語라고 쓴답니다. 8번의 '배때기'는 '배'를 속되게 이르는 말이고, 13번의 경우 예전엔 '빌다'와 '빌리다'를 구분해 썼으나, '빌리다'로 통일해 쓰기로 했으므로, 이제 더는 '이 자리를 빌어'라는 표현은 쓰지 않아야겠습니다. 15번의 '노느다'는 '나누다'와 같은 뜻을 갖는 표준어입니다. 20번은 '움추리다'가 아니라 '움츠리다'입니다. 발음을 몇 번 해 보시고 입에 익히는 것도 좋은 방법일 듯하네요. 반복해서 말씀드리지만 맞춤법 중에 표기법은 대개 소릿값 때문에 헷갈리는 것이니 써 보면서 소리를 내 발음을 해 보시는 것도 도움이 될 듯싶습니다. 7단계 표기법 문제 대부분이 그렇잖아요? 특히 59번의 '돌멩이'는 '알맹이' 때문인지 '돌맹이'로 잘못쓰는 경우가 제법 잦습니다.


7단계 띄어쓰기 문제를 보실까요.


1.  갈 지 안 갈지 얼른 결정해야 한다. 그럴 리 없겠지만,
    고민한지 오래되었기 때문에 어디로 가는 지 왜 가야
    하는 지 잊을지도 모르니까. (                ,

                              ,                ,              ,

                              ,                )

2.  나 그 일 안 할 거 거든. (                                )

3. 갈걸 그랬나? (                    )

4. 그 친구는 이미 가고 없는 걸. (                    )

#5. "정말 그렇게 해야 겠어요?"
   "그럼요 당연하죠."
   "왜요?"
   "왜 겠어요?" (                    ,                    )

6. 모두 열 명 쯤 될 거예요. (                    )

7. 중고로 하시면 비용이 10만 원 가량 들 겁니다.
   (                    )

8. 나한테는 너 밖에 없어. (                    )

9. 나로서는 견딜 밖에 달리 방법이 없지 뭐.
   (                    )

#10. 밥 먹을 때 마다 반찬 투정을 하고 그래? (                    )

11. 통 째로. (                    )

12. 노력 만큼 또는 노력한만큼 성과를 얻지 못했다.
    (                    ,                    )

13. 내가 가니 만큼 확실하게 해결해야지. 날씨가
    좋으니 만큼 행사를 잘 마무리하겠는걸.

(　　　　　　　,　　　　　　　)

14. 흠집 투성이. (　　　　　　)

#15. 중국 인이 쓰는 중국 어. (　　　　　　,　　　　　　)

16. 암 하고 말고. 하다 마다. (　　　　　　,　　　　　　)

17. 10리터 들이. (　　　　　　)

18. 하루 만 빌린다더니 이틀만에 갚았네.
(　　　　　　,　　　　　　)

19. 딱히 갈데가 없어서. (　　　　　　)

#20. 이렇게 무시 당하면서까지 이 일을 해야 하는 거야?
(　　　　　　)

21. 딴사람, 딴 것, 딴세상, 제 딴은. (　　　　　　,
　　　　　　,　　　　　　)

22. 삼촌 뻘, 이모뻘. (　　　　　　,　　　　　　)

23. 뭇사람의 뭇기억들. (　　　　　　,　　　　　　)

24. 상자 안에 든 게 무엇이든간에 난 가질 생각이 없다.
(　　　　　　)

#25. 조각 난 거울. (                    )


【 답 】

1. 갈지, 안 갈지, 그럴 리, 고민한 지, 가는지, 하는지, 잊을지

2. 안 할 거거든 3. 갈 걸 4. 없는걸 5. 해야겠어요, 왜겠어요

6. 열 명쯤 7. 10만 원가량 8. 너밖에 9. 견딜밖에 10. 때마다

11. 통째로 12. 노력만큼, 노력한 만큼 13. 가니만큼, 좋으니만큼

14. 흠집투성이 15. 중국인, 중국어 16. 하고말고, 하다마다

17. 10리터들이 18. 하루만, 이틀 만에 19. 갈 데

20. 무시당하면서 21. 딴사람, 딴것, 딴 세상, 제 딴은

22. 삼촌뻘, 이모뻘 23. 뭇사람, 뭇 기억 24. 무엇이든 간에

25. 조각난


1번의 '지'는 어미로도 쓰이고(주로 '-ㄹ지', '-ㄴ지'의 형태로) 의존명사로도 쓰이는데, 문제는 의존명사로 쓰일 때만 띄어 쓴다는 겁니다. 이걸 어떻게 구분해 써야 할지 막막하게 느껴지실 텐데 방법이 없지 않습니다. 시간의 경과를 나타낼 때 쓰는 '지'만 띄어 쓴다고 알고 계시면 되니까요. 그러니 1번에서는 '고민한 지'의 '지'만 띄어 쓰면 되겠죠. 그리고 '리'는 '-ㄹ 리'의 형태로 쓰일 땐 무조건 의존명사이므로 띄어 써야 합니다. 2번은 '-거든'이 어미여서

'할 거거든'으로 써야 하고, 3번은 '것을'로 쓸 수 있는 '-ㄹ 걸'은 띄어 쓰고, 그렇지 않은 '걸'은 어떤 일에 대한 가벼운 후회나 아쉬움을 나타낼 때 쓰는 종결어미 '-ㄹ걸' 혹은 '-ㄴ걸'이므로 붙여 써야 합니다. 4번의 경우('-ㄴ걸')처럼 말이죠. 7번의 '가량'은 조사이므로 무조건 앞말에 붙여 써야 하고, 9번은 '-ㄹ밖에'가 어미여서 앞말에 붙여 씁니다. 11번의 '통째로'는 붙여 쓰는 건 물론 '통채로'라고 잘못 쓰기 쉬우니 주의하셔야겠습니다. 13번의 경우 '-니만큼', '-니만치', '-으니만큼', '-느니만큼', '-리만치', '-리만큼', '-으리만치', '-으리만큼' 등은 연결어미이므로 모두 앞말에 붙여 씁니다. 14번의 '-투성이'는 접미사입니다. 독립된 낱말이라고 여기고 띄어 쓰는 경우가 워낙 많아서 이참에 무조건 앞말에 붙여 쓴다는 걸 손끝에 익히시는 게 좋겠습니다. 16번의 '-고말고'와 '-다마다' 모두 종결어미여서, 17번의 '-들이'와 22번의 '-뻘'은 접미사여서 각각 앞말에 붙여 씁니다. 18번은 '만'이 각각 조사와 의존명사로 쓰인 경우로, 1번의 '지'처럼 시간이나 거리가 경과된 상황을 나타낼 때는 의존명사로 쓰인 것이므로 띄어 쓴다고 생각하시면 됩니다. 21번과 23번은 '딴'과 '뭇'이 접두사로 쓰일 땐 뒷말에 붙여 쓰고 관형사로 쓰일 땐 띄어 쓰는데 딱히 공식 같은 게 없어서 사전을 확인하고 쓰실 수밖에 없습니다(일단 '뭇사람', '뭇짐승', '뭇소리'는 붙여 씁니다). 24번의 '간에'는 의존명사 '간'에 조사 '에'가 붙은 것으로, 주로

'-고 간에', '-거나 간에', '-든지 간에' 등의 형태로 씁니다.

그럼 외래어 표기를 알아보죠.


1.  전자렌지에 데워 먹자. (                    )

2.  자동차 본넷을 열어야 할까요? (                    )

3.  부저를 누르시면 바로 달려가겠습니다. (                    )

4.  도너츠가 맞는 표기야 도나쓰가 맞는 표기야?
    (                    )

#5.  우리 멤바가 모두 몇 명이지? (                    )

6.  비지니스로 만나는 사이. (                    )

7.  빵은 카스테라지. (                    )

8.  이건 메카니즘의 문제입니다. (                    )

9.  점심엔 부페에 가자. (                    )

#10. 도어 록의 밧데리가 다 됐는지 소리가 난다.
     (                    )

11.  카라멜은 너무 달아서요. (                    )

12. 날이 쌀쌀하니 자켓을 입어라. (                    )

13. 탑클래스의 스타. (                    )

14. 알류미늄으로 만든 캔. (                    )

#15. 우리 팀장은 개인적인 업무 능력은 뛰어난데 리더쉽
이 부족하니 참…… (                    )

16. 책 표지가 하드카바예요. (                    )

17. 캐롤송. (                    )

18. 로케트가 발사되다. (                    )

19. 카페트에 쏟고 말았네. (                    )

#20. 미국 드라마에 보면 그쪽 경찰은 자신이 경찰임을 밝
힐 때 꼭 뱃지를 내민다. (                    )

21. 근처에 수퍼마켓이 있을 텐데. (                    )

22. 화장실에 타올이 없네요. (                    )

23. 달달한 슈가. (                    )

24. 이 부분이 이 드라마의 클라이막스예요.
(                    )

#25. 프리젠테이션을 준비하느라 밤을 꼬박 새웠다.

(                    )


【 답 】

1. 전자레인지  2. 보닛  3. 버저  4. 도넛  5. 멤버  6. 비즈니스

7. 카스텔라  8. 메커니즘  9. 뷔페  10. 배터리  11. 캐러멜

12. 재킷  13. 톱클래스  14. 알루미늄  15. 리더십  16. 커버

17. 캐럴  18. 로켓  19. 카펫  20. 배지  21 슈퍼마켓  22. 타월

23. 슈거  24. 클라이맥스  25. 프레젠테이션

**왠일로 문제를 다 맞혔네!** (                    )

8단계 표기법 문제입니다.

1. <u>임마</u>라뇨? (                    )

2. <u>고히</u> 보내 드리리다. (                    )

3. 웬일로 이렇게 <u>으젓한</u> 거야? (                    )

4. <u>칠흙</u> 같은 어둠. (                    )

5. <u>철썩같이</u> 믿고 있었는데. (                    )

#6. 허리가 정말 <u>얄아요</u>. (                    )

7. 뭔가 <u>찝찝한</u>데. (                    )

8. <u>일찌기</u> 없었던 일이다. (                    )

9. <u>실랄한</u> 비판에 마음이 아팠다. (                    )

10. <u>휴유증</u>이 만만치 않네. (                    )

11. <u>상치</u>와 <u>양상치</u>. (              ,               )

#12. 이참에 <u>쐬기</u>를 박았지. (              )

13. 찌개가 <u>쫄아붙었다</u>. (              )

14. 남은 재산이라곤 <u>몸뚱아리</u> 하나뿐이다.
    (              )

15. <u>느즈막하게</u> 꽃이 핀 인생. (              )

16. <u>밀대</u>로 바닥을 한번 닦아야 할 것 같은데. (              )

17. 우리 <u>애기</u>. (              )

#18. <u>넙적다리</u>가 보통 굵은 게 아니야. (              )

19. <u>옻칠한</u> 칠기를 보면 제대로 광택이 나는 걸 볼 수 있
    다. (              )

20. 어쩐지 <u>으시시하다</u> 이거. (              )

21. 몸이 <u>으실으실한</u> 게 몸살 걸린 것 같아.
    (              )

22. 국을 <u>데펴</u> 먹자. (              )

23. 처신하는 게 좀 <u>약싹빠른</u> 면이 있다.

(                    )

#24. 그 모습을 보고 있으려니 정말 눈꼴시리더라고.
(                         )

25. 누군가 나꿔채 가 버렸다. (                  )

26. 여름에 먹는 모밀국수 한 그릇. (                )

27. 그 분야에 대해서는 이미 온갖 책을 섭녑했습니다.
(                )

28. 흠찟 하고 놀라다. (                )

29. 키가 짝달막하던데요. (                )

#30. 그의 주장은 우리 중 누구도 받아들일 수 없는 것이였
다. (                )

31. 반성하는 기색이 역녁하다. (                )

32. 살인자의 얼굴은 흉칙하기 이를 데 없었다.
(                )

33. 여름엔 어폐류를 조심해야 한다. (                )

34. 궤넘치 마세요. (                )

35.  <u>괘도에</u> 안정적으로 들어선 인공위성. (                    )

#36.  그 일로 집안이 <u>풍지박산</u>이 났다. (                    )

37.  <u>눈꼽</u> 때문에 <u>눈섭</u>이 붙어 버렸다. (          ,          )

38.  <u>엥간히</u> 힘들었던 모양이구먼. (                    )

39.  <u>일사분란</u>하게 움직이는 행군 대열. (                    )

40.  참 <u>짖굿네</u> 정말. (                    )

41.  술 한 잔 <u>들이키고</u> 나니 속이 좀 풀리네요.
    (                    )

#42.  놀라기라도 한 <u>것마냥</u> 눈을 크게 뜨고 있다.
    (                    )

43.  언제 한번 <u>들릴게요</u>. (                    )

44.  그거 만지면 <u>안 되</u>. (                    )

45.  곧 <u>갈께</u>. (                    )

46.  내내 <u>뒤쳐지더니</u> 막판에 따라잡았네. (                    )

47.  <u>가엾다</u>와 <u>가엽다</u> 중 어느 게 표준어일까?
    (                    )

#48. 영화가 끝나자 관객들이 <u>우루루</u> 쏟아져 나왔다.
( )

49. 누워서 <u>천정</u>을 쳐다보았다. ( )

50. 그릇을 던져서 다 <u>부신다고</u> 화가 풀리나.
( )

51. 외출해야 하니까 얼른 <u>차비해</u>. ( )

52. 얼굴이 금방 <u>발게졌네요</u>. ( )

53. 일단 콘센트에 플러그를 <u>꼽아</u> 주세요. ( )

#54. 그 친구도 <u>은근</u> 고집쟁이더라고. ( )

55. <u>반드시</u> 앉아야지 왜 맨날 삐딱하게 앉는 거니.
( )

56. 넥타이를 <u>메고</u>, 가방을 <u>매다</u>. ( , )

57. <u>작렬</u>하는 태양일까, <u>작열</u>하는 태양일까? ( )

58. <u>정렬</u>해 있는 군인들일까, <u>정열</u>해 있는 군인들일까?
( )

59. 이게 <u>왠일</u>이야. ( )

#60. 한글 자음 열네 개의 이름을 써 보세요.


【 답 】

1. 인마  2. 고이  3. 의젓한  4. 칠흑  5. 철석같이  6. 가늘어요

7. 찝찝한, 찜찜한  8. 일찍이  9. 신랄한  10. 후유증  11. 상추,

양상추  12. 쐐기  13. 졸아붙었다  14. 몸뚱어리  15. 느지막하게

16. 대걸레  17. 아기  18. 넓적다리  19. 옻칠한  20. 으스스하다

21. 으슬으슬한  22. 데워  23. 약삭빠른  24. 눈꼴시더라고

25. 낚아채  26. 메밀국수  27. 섭렵  28. 흠칫

29. 작달막하던데요  30. 것이었다  31. 역력하다  32. 흉측하기

33. 어패류  34. 괘념치  35. 궤도  36. 풍비박산  37. 눈곱, 눈썹

38. 엔간히  39. 일사불란  40. 짓궂네  41. 들이켜고  42. 것처럼

43. 들를게요  44. 안 돼  45. 갈게  46. 뒤처지더니  47. 가엾다,

가엽다  48. 우르르  49. 천장  50. 부순다고  51. 차비해, 채비해

52. 밝개졌네요  53. 꽂아  54. 은근히  55. 반듯이  56. 매고,

메다  57. 작열  58. 정렬  59. 웬일  60. 기역, 니은, 디귿, 리을,

미음, 비읍, 시옷, 이응, 지읒, 치읓, 키읔, 티읕, 피읖, 히읗



　　4번의 '칠흑'은 '흙'이 아니라 한자 '漆黑'을 한글로 적
은 것으로, 옻칠의 검은 광택을 뜻합니다. 5번의 '철석'도
한자 '鐵石', 즉 쇠와 돌이라는 의미라 '철썩'이라고 쓸 이유

가 없습니다. 16번의 '밀대'는 비표준어여서 '대걸레'로 써야겠습니다. 39번의 일사불란은 한자로 '一絲不亂'입니다. '아니 불'不 자라 '분란'으로 쓸 이유가 없겠죠. 이것도 발음 때문입니다. '분란'紛亂이 '불란'으로 발음되기 때문이죠. 41번은 '들이켜다'가 기본형이라는 걸 염두에 두시면 혼동하지 않을 겁니다. 43번 또한 '들르다'가 기본형이라 '들러, 들르니, 들르는, 들른, 들를, 들렀다'로 활용됩니다. 44번의 '안 돼'는 '되'와 '돼'가 헷갈리실 텐데, '돼'는 '되어'의 준말이니 '되어'라고 쓸 수 있으면 '돼'라고 써야 하고 그렇지 않으면 '되'라고 쓰는 게 맞습니다. 꼼수를 알려 드리자면 '하'를 집어넣어 말이 되면 '되'를, '해'를 집어넣어 말이 되면 '돼'를 쓰는 방법도 있습니다. '안 돼(해)', '해선 안 되(하)는 일이다'처럼 말이죠. '안되다'라는 형용사도 있으니 띄어쓰기도 유의하시기 바랍니다. 가령 '그 사람 참 안됐어'라고 쓸 때는 붙여 씁니다. 46번의 '뒤처지다'는 '뒤쳐지다'로 쓰지 않도록 조심하셔야 하고, 47번의 '가엾다'와 '가엽다' 둘 다 표준어라는 것도 잊지 마세요. 49번의 '천장'은 한자로 '天障', 즉 보꾹을 말합니다. 지붕의 안쪽을 뜻하죠. 천정은 '天井'으로 전혀 다른 말이니 쓰실 때 주의하시기 바랍니다. 단 '천정부지로 치솟는다'라고 쓸 때는 '천정'을 씁니다. 50번은 '부수다'가 기본형입니다. 그러니 '부숴, 부수니, 부수는, 부순, 부술, 부쉈다'로 활용됩니다. 다만 '부서지다'와 '부서뜨리다'만 예외가 적용됩니다. '부시다'는 그릇 따위를 씻을 때 쓰는 단어이니 헷갈리지 않도록 주의해야겠습니다. 52번은 '발개지다' 또는 '벌게지다'라고 써야 합니다. 모음의 변화가 흥미롭죠? 53번은 은근히 헷갈려 하시는 말인데, '꼽다'는 손가락으로 하나씩 헤아릴 때 쓰고, '꽂다'는 뭔가를 어딘가에 끼우거나 박아 넣을 때 쓰는 말이니 가려 써야겠습니다. 55번은 '반듯이'로 써야 맞지만, '꼭 해야 돼'라는 의미로 쓸 때는 '반드시'를 써야 한다는 것도 알아두세요. 57번의 경우 '작렬'은 무언가가 폭발해서 파편 따위가 사방으로 흩어질 때 씁니다. 59번은 '왠'과 '웬'을 가려 쓰는 문제인데, '왠'은 '왠지'라고 쓸 때 말고는 딱히 쓸 일이 없습니다. 나머지는 다 '웬일, 웬 말, 웬 떡, 웬 사람들' 등으로 '웬'을 씁니다. 60번은 각각의 자음이 받침에 들어간다고 생각하면 기억하시기 쉬울 겁니다.

    그럼 8단계 띄어쓰기 문제를 풀어 보시죠.


1.  의자에 앉아서 일하고 있을라 치면 어느새 엉덩이가 들썩들썩한다. (                    )

2.  선배의 지적 마따나 오늘은 조심해야 할 것 같네요.
    (                    )

3.  제가 일전에 말씀드렸다 시피 이번엔 좀 곤란하겠습

니다. (                        )

4. 내가 좀 <u>게으를망정</u> 매사에 나태하진 않다.
   (                   )

#5. <u>그렇게 나마</u> 해결이 되었다니 다행이다.
   (                 )

6. 지금 시도하지 않으면 나중에 후회할 <u>듯 싶다</u>.
   (                   )

7. 그 마라토너는 마침내 뒤처진 선수들을 <u>뒤로 하고</u>
   <u>앞서 가기</u> 시작했다. (            ,             )

8. 오늘은 개인적으로 <u>볼 일</u>도 좀 있고 <u>할일</u>도 많아서 바
   쁜 하루가 될 것 같다. (            ,             )

9. 내게 주어진 <u>갈길</u>을 묵묵히 가는 것만이 <u>살 길</u>이다.
   (            ,             )

#10. <u>결혼한지</u> 올해로 8년 됐어요. (               )

11. <u>되는 대로</u> 만들었는데 <u>그런 대로</u> 먹을 만하다.
   (            ,             )

12. 30년간 <u>몸 담아</u> 온 학교를 떠나다. (               )

13. 안 그래도 마음에 들지 않는 상사에겐 아예 <u>책 잡힐</u>

일을 하지 않는 것이 바람직하다. (                )

14. 남자는 어디서 <u>주워 들었는지</u> 황당한 얘기들을 <u>주워</u>
    <u>섬기기</u> 시작했다. (                ,                )

#15. <u>놀랄까봐</u> 살살 부른 건데. (                )

16. <u>보잘 것 없는</u> 저를 이렇게까지 보살펴 주시니 몸 둘
    바를 모르겠습니다. (                )

17. 친구의 충고를 <u>귀 담아 들을</u> 걸 하고 후회했지만 이미
    늦은 뒤였다. (                )

18. <u>한 시가</u> 급한 일이긴 하지만 그래도 <u>한치의</u> 어긋남 없
    이 처리해야 한다. (                ,                )

19. <u>별 다를</u> 것도 없는, 그야말로 <u>별 것</u> 아닌 일인데 유난
    을 떠는 걸 보니 너도 <u>별 수</u> 없는 모양이구나.
    (                ,                ,                )

#20. 그 친구는 이미 가고 <u>없는 걸</u>. (                )

21. <u>맨처음</u>엔 누구나 <u>맨 손</u>으로 시작하는 거죠 뭐.
    (                ,                )

22. <u>수 틀리면</u> 아예 안 하는 수가 있어. (                )

23. <u>내친 김</u>에 우승까지 노려 보자. (                )

24. 내가 여러 모로 따져 봤는데 아무래도 이번엔 안 되겠어. (                )

#25. 삼촌 뻘, 이모뻘. (                ,                )


【 답 】

1. 있을라치면  2. 지적마따나  3. 말씀드렸다시피  4. 게으를망정

5. 그렇게나마  6. 듯싶다  7. 뒤로하고, 앞서가기  8. 볼일, 할 일

9. 갈 길, 살길  10. 결혼한 지  11. 되는대로, 그런대로  12. 몸담아

13. 책잡힐  14. 주워들었는지, 주워섬기기  15. 놀랄까 봐

16. 보잘것없는  17. 귀담아들을  18. 한시가, 한 치의  19. 별다를,
별것, 별수  20. 없는걸  21. 맨 처음, 맨손  22. 수틀리면

23. 내친김에  24. 여러모로  25. 삼촌뻘, 이모뻘


1번은 '-ㄹ라치면', '-을라치면'이 연결어미여서 앞말에 붙여 씁니다. 3번의 '-다시피', 4번의 '-ㄹ망정', '-을망정'도 마찬가지입니다. 2번의 '마따나'와 5번의 '나마'는 조사라 역시 앞말에 붙여 써야 하죠. 6번의 '듯싶다'는 그 자체로 보조형용사입니다. '듯하다'와 '성싶다'도 마찬가지고요. 7번의 '뒤로하다', '앞서가다', 11번의 ' 되는대로', '그런대로'는 한 단어로 붙여 씁니다. 앞에서 '대로'가 의존명사

여서 가령 '지칠 대로 지친 마음'이나 '돌아가는 대로 연락할게'처럼 띄어 써야 맞는다고 했으면서, 여기선 왜 붙여 쓰느냐고 불만을 표하실 것도 같은데, 언어라는 게 그렇잖아요. 오랫동안 쓰면서 한 단어가 돼 버린 경우도 있죠. 그냥 눈과 손끝에 익히시기 바랍니다. 12번의 '몸담다', 13번의 '책잡히다', 14번의 '주워듣다', '주워섬기다', 16번의 '보잘것없다', 17번의 '귀담아듣다', 19번의 '별다르다', '별것', '별수'('별일'까지) 모두 한 단어로 붙여 씁니다. 참고로 '볼품없다', '쓸데없다', '쓸모없다'도 붙여 씁니다. 17번의 경우 '귀담아듣다'는 한 단어로 붙여 쓰지만, '귀 기울여 듣다'는 띄어 쓴다는 것도 기억해 두시면 좋겠네요. 21번은 '맨'이 관형사로 쓰일 때와 접두사로 쓰일 때를 가리는 문제입니다. '가장'이라는 수식어가 어울릴 땐 관형사로 쓰인 것이니 띄어 쓰고, '그것만으로'라는 뜻이면 접두사라 붙여 쓴다고 기억하시면 괜찮지 않을까요?

외래어 표기 보실까요.


1. 셋팅 끝나면 바로 촬영 들어갑니다. (                    )

2. 나레이터가 나레이션을 하는 시간.
   (                    ,                    )

3. 차에 네비게이션을 새로 달았어요. (　　　　　　　)

4. 시그날이 울렸다. (　　　　　　)

#5. 그 길이 도시의 메인 스트릿 역할을 한다.
(　　　　　　)

6. 저기 해드폰 쓴 젊은 청년한테 물어보세요.
(　　　　　　)

7. 대쉬 한번 해 보는 거지 뭐. (　　　　　　　)

8. 군부 구테타. (　　　　　　)

9. 옷이 칼라는 괜찮은데 카라가 영 이상한데.
(　　　　　　, 　　　　　　)

#10. 시위대는 바리케이트를 치고 경찰과 대치 중이다.
(　　　　　　)

11. 같이 일하는 스텝들과 스탭을 맞춰 주세요.
(　　　　　　, 　　　　　　)

12. 플록코트야, 프록코트야? (　　　　　　)

13. 넌센스 퀴즈입니다! (　　　　　　)

14. 뉴튼의 만유인력. (　　　　　　)

#15. <u>비지니스</u>로 만나는 사이. (                )

16. 저기 간판에 <u>윈도우</u>, <u>스노우</u>, <u>옐로우</u>라고 써 있는 거,
    저게 맞는 표기인가?
    (                ,                ,                )

17. 한국어엔 <u>액센트</u>가 따로 없다고 하지만 사투리엔 독
    특한 억양이나 강세가 있는 게 아닐까?
    (                )

18. <u>알콜</u> 중독자 모임. (                )

19. 참으로 <u>미스테리</u>한 일이다. (                )

#20. 이건 <u>메카니즘</u>의 문제입니다. (                )

21. 영화 보고 영화 <u>팜플렛</u>도 한 장 얻어 왔다.
    (                )

22. 빵은 역시 <u>크로아상</u>이지. (                )

23. <u>소세지</u> 야채 볶음을 안주로 맥주 한잔 마셨다.
    (                )

24. 내게 온 <u>메세지</u>가 있나요? (                )

#25. 날이 쌀쌀하니 <u>자켓</u>을 입어라. (                )

【 답 】

1. 세팅  2. 내레이터, 내레이션  3. 내비게이션  4. 시그널

5. 스트리트  6. 헤드폰  7. 대시  8. 쿠데타  9. 컬러, 칼라

10. 바리케이드  11. 스태프, 스텝  12. 프록코트  13. 난센스

14. 뉴턴  15. 비즈니스  16. 윈도, 스노, 옐로  17. 악센트

18. 알코올  19. 미스터리  20. 메커니즘  21. 팸플릿

22. 크루아상  23. 소시지  24. 메시지  25. 재킷


16번은 장음을 표기하지 않는 규정에 따라 '윈도우'라고 쓰지 않고 '윈도'라고 씁니다. '스노, 옐로'도 마찬가지고요. 하지만 예외는 있습니다. 18번의 '알코올'이 그런 경우입니다. 원칙에 따르면 '알콜'이 돼야 맞지만, 화학 용어의 경우 예외가 적용되는 것들이 더러 있으니 유의하시기 바랍니다. 예를 들면 '셀룰로오스(셀룰로스), 말토오스, 리보오스(리보스), 락타아제(락테이스), 말타아제(말테이스), 요오드(아이오딘)' 등입니다.

# 9 <sub>단계</sub> 주구장창 외운다고 될 일이 아니로군

(                    )


어느덧 9단계까지 왔군요. 단계가 뭐 그렇게 중요한 건 아니지만 그래도 기분은 그게 아니잖아요.

역시 표기법부터 살펴보겠습니다.


1. 언제 한 번 뽄때를 보여줘야겠어. (                    )

2. 설레임 가득한 눈빛. (                    )

3. 단촐한 식구. (                    )

4. 아니오, 아직 안 했어요. (                    )

5. 골아떨어져서는 코를 있는 대로 곯며 자고 있다.
   (                ,                    )

#6. 두 사람은 오랫동안 함께해 온지라 그야말로 막연한 사이라 할 수 있다. (                    )

7. 그래도 나는 빠른 90이라 친구하기에는 좀……

(                    )

8. 범인이 마침내 모습을 들어냈다. (                    )

9. 유래를 찾아볼 수 없을 정도로 독특한 사건이네요.
(                    )

10. 차라리 일찍 출발하는 게 낮지 않을까? (                    )

11. 정말이지 천상 배우네, 천상 배우야. (                    )

#12. 애들이 좋아할래니 하고 수제 과자를 준비했는데 모
두들 라면만 찾았다. (                    )

13. 그 친구가 사과를 하던지 말던지 난 상관 안 하기로
했다. (                    )

14. 오늘까지 통털어 다섯 번째네요. (                    )

15. 그 드라마를 본따 만든 게 바로 이 영화입니다.
(                    )

16. 몇 날 몇 일이 지났는지 알 수가 없다. (                    )

17. 쟤는 왜 저런 뻘소리를 하고 그런다니. (                    )

#18. 번번히 그렇게 당하고도 아직 정신을 못 차린 거야?
(                    )

148

19. 그 소식을 듣고 밤새 심난해서 잠 한숨 못 잤다.
( )

20. 둘이 거의 치고박고 싸우기 일보 직전이었다니까요.
( )

21. 검사 결과가 나올 때까지 내내 안절부절했다.
( )

22. 그 가족은 빚쟁이들을 피해 야밤도주했다.
( )

23. 왜들 희희덕거리는 건데? ( )

#24. 위험을 무릎쓰다. ( )

25. 어쩌구저쩌구…… ( )

26. '보따리를 끌러'와 '넥타이를 풀러' 중 어느 게 맞는 표현이지? ( , )

27. 김치 담아서 냉장고 박스에 가득 담아 두었다.
( , )

28. 한쪽에선 테이블을 뒤집어업는가 하면, 한쪽에선 부상자를 들쳐업고 나가는 사람도 있었다.
( , )

29. 몸에 털이 너무 많아서 거의 <u>털복숭</u>이라 할 만하다.
（　　　　　　　　）

#30. 너 정말 <u>째째하게</u> 이럴래? （　　　　　　　　）

31. 쌀 씻어서 <u>앉히고</u> 국 끓일 준비를 했다. （　　　　　　　）

32. <u>소고기</u>와 <u>쇠고기</u> 모두 표준어다. （　　　　　）

33. 부사 '<u>모두</u>' 대신에 '<u>죄다</u>' 혹은 '<u>죄</u>'를 써도 괜찮을까?
（　　　　　　　）

34. 추위에 손가락이 <u>곱는다.</u> （　　　　　）

35. 요즘은 <u>널판지</u> 구하기가 쉽지 않다. （　　　　　）

#36. <u>느즈막하게</u> 꽃이 핀 인생. （　　　　　）

37. <u>귓볼</u>이 크고 두툼한 게 좋은 관상을 타고났다.
（　　　　　）

38. <u>늑장</u> 부리다와 <u>늦장</u> 부리다 중 어느 게 맞는 표현인가
요? （　　　　　）

39. 부장님께 올린 서류가 <u>결제</u>되면 바로 비용을 <u>결재</u>해
드릴게요. （　　　　　，　　　　　）

40. 옆으로 열고 닫는 문이 <u>미닫이문</u>인가, <u>여닫이문</u>인가?

(　　　　　　　　)

41. 도서관에서는 웃고 떠드는 일은 <u>삼가해 주세요</u>.
(　　　　　　　　　)

#42. <u>우뢰</u>와 같은 박수. (　　　　　　　　)

43. 어둠 속에서 <u>발자국 소리</u>가 점점 다가오고 있었다.
(　　　　　　　)

44. 여기저기서 이런저런 문장들을 <u>짜집기한</u> 걸 논문이라
고 발표하다니 어처구니가 없다. (　　　　　　　)

45. 맛이 영 <u>슴슴하다</u>. (　　　　　　　)

46. 서너 시간 기다렸으면 <u>한나절</u> 기다린 거지.
(　　　　　　　)

47. 아팠다더니 정말 눈이 <u>때꾼하구나</u>.
(　　　　　　　　)

#48. <u>실랄한</u> 비판에 마음이 아팠다. (　　　　　　　)

49. 난 그 제안이 <u>그닥</u> 마음에 들지 않는다. (　　　　　　　)

50. 상사라는 사람이 직원들 욕만 <u>주구장창</u> 해 대고 있다.
(　　　　　　　)

51. 햇빛에 잔뜩 <u>그슬린</u> 피부. (                    )

52. 시간을 그렇게 <u>허투로</u> 쓰면 되겠니. (                    )

53. <u>시레기</u>를 넣은 된장국으로 맛있게 식사를 했다.
（                    ）

#54. <u>휴유증</u>이 만만치 않네. (                    )

55. 애가 뭐 때문에 화가 났는지 하루 종일 <u>뽀료통해</u> 있
다. (                    )

56. 매번 저러니 내가 학을 <u>띠겠다</u> 정말. (                    )

57. 마지막 붓 터치가 <u>화룡정점</u>이었다. (                    )

58. <u>환골탈퇴</u>하여 새사람이 되었다. (                    )

59. <u>쌍전벽해</u>라더니 동네가 완전히 바뀌었네.
（                    ）

#60. 남은 재산이라곤 <u>몸뚱아리</u> 하나뿐이다.
（                    ）

【 답 】

1. 본때  2. 설렘  3. 단출한  4. 아니요  5. 곯아떨어져서, 곯며

6. 막역한 7. 이른 8. 드러냈다 9. 유례 10. 낫지 11. 천생

12. 좋아하려니 13. 하든지 말든지 14. 통틀어 15. 본떠

16. 몇 날 며칠 17. 허튼소리 18. 번번이 19. 심란해서

20. 치고받고 21. 안절부절못했다 22. 야반도주

23. 시시덕거리는 24. 무릅쓰다 25. 어쩌고저쩌고 26. 끌러,
풀어 27. 담가서, 담아 28. 뒤집어엎는, 둘러업고 29. 털북숭이

30. 쩨쩨하게 31. 안치고 32. 소고기, 쇠고기 33. 모두, 죄다,
죄 34. 곱다, 곱았다 35. 널빤지 36. 느지막하게 37. 귓불

38. 늑장, 늦장 39. 결재, 결제 40. 미닫이문 41. 삼가 주세요

42. 우레 43. 발걸음 소리 44. 짜깁기한 45. 심심하다

46. 반나절 47. 떼꾼하구나 48. 신랄한 49. 그다지

50. 주야장천 51. 그을린, 그은 52. 허투루 53. 시래기

54. 후유증 55. 뾰로통해 56. 떼겠다 57. 화룡점정

58. 환골탈태 59. 상전벽해 60. 몸뚱어리


4번의 '아니요'는 '예, 아니요'라고 쓸 때입니다. '그런
게 아니오'라고 쓸 때는 '아니오'라고 쓰죠. 7번은 '빠른, 느
린', '이른, 늦은'의 짝을 이해하고 있는지 묻는 문제입니다.
8번을 '들어냈다'로 쓴다면 뭔가를 거둬 냈다는 뜻이 됩니
다. '드러나다'와는 전혀 다른 말이 되겠죠. 9번의 '유래'由來
는 과거로부터 이어져 오는 걸 뜻하니 '비슷한 예'나 '전례'
를 뜻하는 '유례'類例와는 다른 말입니다. 10번은 '나다, 낫

다, 낮다, 낳다'를 구분해 쓸 줄 아신다면 쉽게 해결할 수 있는 문제겠죠. 11번의 천생은 한자로 '天生', 즉 타고났다는 뜻입니다. 그러니 '천상天上 배우야'하고 말한다면 '하늘나라에서 배우를 하고 있다'는 황당한 표현이 될 수 있습니다. 16번의 경우 '몇 일'이라고 쓰지 않고 '며칠'이라고 쓴다는 걸 기억하셔야겠습니다. 가령 '오늘 며칠이지?' '며칠 동안 통 보이지 않네'라고 씁니다. 19번의 '심난'과 '심란'은 한자로 '甚難'과 '心亂'으로 각각 '매우 어렵다'와 '마음이 어수선하다'라는 뜻을 갖는 전혀 다른 단어입니다. 21번의 '안절부절'은 부사로 쓸 수 있지만('그이는 내내 안절부절 어쩔 줄 몰라 했다'), 동사로 쓸 때는 '안절부절못했다'로 써야만 합니다. 22번의 '야반도주'는 한자로 '夜半逃走'이므로 한자가 아닌 '밤'이 중간에 들어갈 이유가 없겠죠. 25번은 종결어미 '-고'를 '-구'로 잘못 쓰는 경우가 잦아 문제로 집어넣었습니다. 26번은 각각 '끄르다'와 '풀다'가 기본형이므로, '끌러, 끄르니, 끄르는, 끄른, 끌렀다'와 '풀어, 푸니, 푸는, 푼, 풀었다'로 활용됩니다. 27번은 김치는 '담그는' 것이고 통 안에는 '담는' 것이죠. 28번은 '들쳐업다'가 아니라 '둘러업다'가 표준어입니다. 29번은 '털복숭이'가 아니라 '털북숭이'라는 걸 기억하셔야겠습니다. 31번의 '안치다'는 쌀이나 닭 따위를 씻어 담아 불 위에 올리는 걸 말합니다. 34번의 '곱다'는 형용사입니다. 손가락이나 발가락이 얼어서 놀리기 어려운 상태를 말하죠. 형용사는 시간의 경과나 과정을 담을 수 없으므로 어미 '-는'을 붙일 수 없습니다('좋는?', '짧는?'). 따라서 현재형으로 쓰려면 기본형인 '곱다'를 쓰거나 과거형이라면 '곱았다'라고 써야겠죠. 35번은 '널판'은 표준어이지만, '널판지'는 표준어가 아닙니다. '널빤지'라고 쓴다는 걸 염두에 두셔야겠습니다. 39번은 '결제'決濟와 '결재'決裁의 차이를 묻는 문제입니다. '결제'는 '대금을 주고받고 거래를 끝내는 일'이고 '결재'는 '허가하거나 승인하는 행위'를 말합니다. 41번은 기본형이 '삼가하다'가 아니라 '삼가다'입니다. 그러니 '삼가 주세요'가 되는 게 당연하겠죠. 43번은 발자국은 소리를 낼 수 없으니 '발걸음 소리'나 '발소리'로 써야겠습니다. 46번은 '나절', '한나절', '반나절'의 의미를 묻는 문제죠. '나절'은 말 그대로 '낮의 절반'을 뜻합니다. 낮이 12시간이니 6시간쯤 되겠네요. 그러니 '한나절'은 6시간쯤이고 그의 절반인 '반나절'은 서너 시간쯤 되겠군요. 50번의 '주구장창'은 '주야장천'晝夜長川을 잘못 쓴 말입니다. '밤낮없이' 정도의 뜻이겠네요. 그런데 어쩐지 한자어 '주야장천'보다 '주구장창'이 뭔가 밤낮없이 이루어진다는 뜻으로 더 어울려 보이지 않나요? 한자어 원어가 분명한 경우 달리 쓰는 말을 복수 표준어로 인정할 수 없다는 규칙은 이미 깨진 지 오래이니 조만간 '주구장창'도 표준어로 인정되지 싶네요. '만날'(萬날)이 원어인 '맨날'도 복수 표준어로 인정되었으니까요. 51번은 '그을리다'와 '그슬리다'의 차이를 묻는 문제입니다. 햇볕이나 불, 연기 따위를 오래 쬐어 검게 된 것은 그을 린 것이고, 고기 따위가 불에 검게 탄 것은 그슬린 것입니 다. 기본형 '그을다'와 '그슬다'를 관형형으로 활용할 땐 '그 을은'이나 '그슬은'이 아니라 '그은', '그슨'으로 써야 한다는 것도 참고로 알아 두시죠. 57, 58, 59번은 각각 '화룡점정' 畫龍點睛, '환골탈태'換骨奪胎, '상전벽해'桑田碧海입니다.

다음은 띄어쓰기입니다.

1.  피곤한지 오자마자 곯아 떨어지던데.
    ( )

2.  벼랑에서 굴러 떨어졌다지 뭐야. ( )

3.  하루 종일 아무 데도 가지 않고 아무 것도 하지 않았
    다. ( , )

4.  화재시 방화벽이 내려오는 곳. ( )

#5. 내친 김에 우승까지 노려 보자. ( )

6.  산해진미에 둘러싸인 꿈을 꾸었는데 깨고 보니 그 많
    은 음식들은 온 데 간 데 없었다. ( )

7.  궤를 달리 하다. ( )

8. 저런 덜 떨어진 놈 같으니라고. (                    )

9. 도배를 해달라는 세입자의 요구에 집주인은 못 마땅
한 표정을 지었다. (                    )

#10. 되는 대로 만들었는데 그런 대로 먹을 만하다.
(                    ,                    )

11. 볼썽 사납게 옷차림이 그게 뭐냐. (                    )

12. 아이는 세상 모르고 자고 있다. (                    )

13. 날 바람 맞히고 다른 여자랑 영화를 봤단 말이야?
(                    )

14. 그렇게 바람 피우고는 한사코 아니라더니 결국 들통
이 나고 말았지 뭐야. (                    )

#15. 하루 만 빌린다더니 이틀만에 갚았네.
(                    ,                    )

16. "오늘 오후에 뭐해? 별일 없으면 술이나 한잔 하자."
"몸도 안 좋다면서 뭐 하러 술을 마시려는 거야."
(                    ,                    )

17. 사람들의 눈길이 자연스럽게 그 연예인의 얼굴에
가 닿았다. (                    )

18. 이번 승리엔 팀의 막내가 크게 한몫 했다.
   (                    )

19. 사람들이 줄 지어 선 곳은 하나같이 맛집들이다.
   (                    )

#20. 상자 안에 든 게 무엇이든간에 난 가질 생각이 없다.
   (                        )

21. 요즘은 누구나 온오프 양쪽에서 얽히고 설킨 인간관
   계를 맺고 있기 때문에 공동체라는 말이 무색해졌다.
   (                    )

22. 못 다 한 얘기는 만나서 다시 하자. (                    )

23. 한 번은 또 이런 일이 있었어. (                    )

24. 한 때는 그이도 외국깨나 오가곤 했다. (                    )

#25. 별 다를 것도 없는, 그야말로 별 것 아닌 일인데 유난
   을 떠는 걸 보니 너도 별 수 없는 모양이구나.
   (              ,              ,              )

【 답 】

1. 곯아떨어지던데  2. 굴러떨어졌다  3. 아무 데, 아무것  4. 화재 시

158

5. 내친김에  6. 온데간데없었다  7. 달리하다  8. 덜떨어진

9. 못마땅한  10. 되는대로, 그런대로  11. 볼썽사납게

12. 세상모르고  13. 바람맞히고  14. 바람피우고  15. 하루만,

이틀 만에  16. 뭐 해, 뭐하러  17. 가닿았다  18. 한몫했다

19. 줄지어  20. 무엇이든 간에  21. 얽히고설킨  22. 못다 한

23. 한번은  24. 한때는  25. 별다를, 별것, 별수

3번의 '아무것'은 한 단어이므로 늘 붙여 쓴다는 걸 염두에 두시기 바랍니다. 4번은 '비상시', '유사시', '평상시'처럼 한 단어가 되어 붙여 쓰는 경우도 있지만 그렇지 않은 경우엔 '화재 시'처럼 띄어 써야 합니다. 16번의 '뭐 해'는 지금 뭘 하는지 몰라 묻는 상황이라면 띄어 쓰고, '공연히 왜?'라는 의도로 묻는 거라면 '뭐해', '뭐하러', '뭣해', '뭣하러' 등으로 붙여 씁니다. 22번의 '못다'는 용언 앞에서 용언을 꾸미는 부사입니다. 따라서 '못다 한', '못다 핀', '못다 쓴' 등으로 '못다'는 붙여 쓰고 뒷말은 띄어 써야 하죠. 25번은 '별것, 별수, 별일, 별다르다' 모두 한 단어로 인정되어 붙여 씁니다. 다만 '별 탈'은 띄어 씁니다.

외래어 표기 풀어 보시죠.

1. 캠퍼스 앞에 붓을 들고 선 화가. (                    )

2. 플래폼으로 기차가 들어오고 있다. (                    )

3. 바디감이 아주 풍부하군요. (                    )

4. 색스폰 연주자가 독주를 시작했다. (                    )

#5. 나레이터가 나레이션을 하는 시간.
   (                    ,                    )

6. 샤쓰와 셔츠 중 어떤 게 표준어일까? (                    )

7. 발렌타인데이 선물로 뭘 하는 게 좋을까?
   (                    )

8. 점퍼라고도 하고 잠바라고도 한다. (                    )

9. 자스민 차 한 잔 하실래요? (                    )

#10. 차에 네비게이션을 새로 달았어요. (                    )

11. 투수에겐 투구 발란스가 가장 중요하다.
    (                    )

12. 오늘 카센터에 가서 차 마후라를 손봤다.
    (                    )

13. 아무래도 차의 <u>캬브레타</u>가 문제인 것 같은데.
   (                    )

14. <u>캬바레</u>에 가 본 적 있나요? (                    )

#15. 군부 <u>구테타</u>. (                    )

16. <u>쉐프</u>가 만든 음식이라고 다 고급인 건 아니다.
   (                    )

17. 낙원은 영어로 <u>패러다이스</u>다. (                    )

18. <u>샐러리</u>를 마요네즈에 찍어 먹으면 그만이죠.
   (                    )

19. 어느 <u>셀러리맨</u>의 죽음. (                    )

#20. <u>도너츠</u>가 맞는 표기야 <u>도나쓰</u>가 맞는 표기야?
   (                    )

21. <u>런닝셔츠</u> 바람으로 외출할 수는 없지. (                    )

22. 외국 생활을 오래 하다 보면 <u>노스탈지아</u>를 느낄 때가
   많다. (                    )

23. <u>신디사이저</u> 덕분에 연주와 녹음이 한결 편해졌다.
   (                    )

24. 매년 10월 31일이 할러윈 데이다. (　　　　　　)

#25. 카페트에 쏟고 말았네. (　　　　　　)


【 답 】

1. 캔버스  2. 플랫폼  3. 보디  4. 색소폰  5. 내레이터, 내레이션

6. 샤쓰, 셔츠  7. 밸런타인데이  8. 점퍼, 잠바  9. 재스민

10. 내비게이션  11. 밸런스  12. 머플러  13. 카뷰레터  14. 카바레

15. 쿠데타  16. 셰프  17. 파라다이스  18. 셀러리  19. 샐러리맨

20. 도넛  21. 러닝셔츠  22. 노스탤지어  23. 신시사이저

24. 핼러윈  25. 카펫


　　　12번의 '머플러'는 '소음기'이고, 13번의 '카뷰레터'는 '기화기'로 순화해 쓰기도 합니다. 21번의 '러닝셔츠'는 '러닝샤쓰'라고 써도 괜찮습니다. 다만 '런닝'으로 쓰지 않는다는 걸 기억해 두세요.

## 사이시옷은 언제 어디에 붙여야 하나

'막내동생'이 맞는 표기일까요 '막냇동생'이 맞는 표기일까요? '햇님'이 정확한 표기일까요 '해님'이 정확한 표기일까요?

답부터 말하자면 각각 '막냇동생', '해님'이 맞는 표기입니다. '막냇동생'엔 사이시옷이 들어가고, '해님'엔 사이시옷이 들어가지 않아서죠. 맞습니다. 바로 그 문제의 사이시옷입니다!

사이시옷은 정말이지 골칫거리예요. 붙여야 하는지안 붙여도 되는지 몰라 난감해질 때가 한두 번이 아니거든요. 공식 같은 게 있다면 누가 알려 줬으면 좋겠다 싶기도하다가, 언어라는 게 공식에 대입하기만 하면 문제가 다해결되는 게 아니라는 걸 생각하면 금세 제자리로 돌아가곤 합니다. 말의 쓰임이 공식대로만 이루어지길 바라는 것자체가 무리잖아요. 우리가 인공지능은 아니니까요.

서론이 길어졌네요. 골치 아픈 이 문제를 해결하려면우선 사이시옷의 정체가 무엇인지부터 알아봐야겠죠.

사이시옷은 한국어에 유일하게 남아 있는 '발음 지시기호'라고 이해하시면 편할 겁니다. 혹은 발음을 강하게 하라는 이른바 '강세 기호'라고 불러도 무방하겠고요. '막냇동생'이라고 적는다면 발음을 '막내똥생'이라고 발음하라는 지시나 마찬가지인 셈이죠. '동'이 '똥'으로, 그러니까 된소리로 발음되었잖아요. 이걸 이른바 '사잇소리 현상'이라고 부릅니다.

국립국어원에서는 '사잇소리 현상'을 다음과 같이 규정하고 있습니다.

"합성 명사에서, 앞말의 끝소리가 울림소리이고 뒷말의 첫소리가 안울림 예사소리이면 뒤의 예사소리가 된소리로 변하는 현상, 또는 앞말이 모음으로 끝나는데 뒷말이 'ㅁ, ㄴ'으로 시작되면 앞말의 끝소리에 'ㄴ' 소리가 하나 덧나고, 모음 'ㅣ'나 반모음 'ㅣ'로 시작되면 앞말의 끝소리와 뒷말의 첫소리에 'ㄴ'이 둘 덧나는 현상을 이르는 말."

한 번 읽어서는 무슨 말인지 알 수가 없는 문장들입니다. 풀어 보자면 이렇습니다. 두 개의 명사가 합해져서 하나의 낱말을 이룰 때, 앞에 오는 명사의 받침이 울림소리, 그러니까 'ㄴ, ㅁ, ㅇ'처럼 니은은은은은, 하고 울림이 이어지는 받침이거나 받침이 아예 없는 경우(모음으로 끝날 때), 뒤에 오는 명사의 첫 자음이 예사소리 중 'ㄱ, ㄷ, ㅂ, ㅅ, ㅈ'이면 각각 된소리인 'ㄲ, ㄸ, ㅃ, ㅆ, ㅉ'으로 발음되고, 'ㄴ, ㅁ, ㅇ'이면 앞말의 받침만 'ㄴ' 발음이 나거나 앞말의 받침과 뒷말의 첫소리가 모두 'ㄴ' 발음이 나는 현상을 말합니다.

    무슨 말인지 모르겠는 건 비슷한가요? 이럴 땐 예를 드는 게 가장 확실하겠죠.

    우선 뒷말의 첫소리가 된소리로 발음되는 경우 중에서 뒷말의 첫 자음이 'ㄱ'이 올 때는,

    감잣국, 고춧가루, 계핏가루, 고양잇과, 귀갓길, 기삿거리, 나뭇가지, 난롯가, 머릿결, 먹잇감, 며느릿감, 바닷가, 방앗간, 호숫가, 후춧가루, 덩칫값, 사윗감, 시빗거리, 죗값, 최댓값, 최솟값, 등굣길, 하굣길, 이야깃거리, 핑곗거리, 출셋길, 뒷간, 뒷거래, 뒷감당, 북엇국, 선짓국, 순댓국, 만둣국, 윗길, 아랫길, 뱃길, 콧구멍, 햇과일, 햇곡식 등이고,

    'ㄷ'이 올 때는,

    윗도리, 막냇동생, 고깃덩이, 노잣돈, 여윳돈, 귓등, 오랫동안 등이며,

    'ㅂ'이 올 때는,

    연둣빛, 우윳빛, 장밋빛, 나룻배, 낚싯바늘, 시곗바늘, 주삿바늘, 빗방울, 핏방울, 공깃밥, 뒷부분, 아랫부분, 공붓벌레, 윗분, 햇병아리, 햇빛, 햇볕, 대팻밥, 먼젓번, 어젯밤, 텃밭 등이고,

    'ㅅ'이 올 때는,

    귓속, 뒷산, 머릿속, 안갯속, 장삿속, 뼛속, 노랫소리, 마릿수, 뱃속, 우스갯소리, 빗속, 핏속, 콧소리, 콧속, 아랫사람, 햇살, 뱃사공, 뱃사람 등이며,

    'ㅈ'이 올 때는,

처갓집, 종갓집, 상갓집, 기왓장, 꼭짓점, 낚싯줄, 날갯짓, 소싯적, 날갯죽지, 뼛조각, 시곗줄, 찻잔, 찻주전자, 찻집, 맥줏집, 횟집, 뒷전, 뒷정리, 귓전, 뱃전, 태곳적, 도낏자루

등입니다. 각각 뒷말의 첫 자음인 'ㄱ, ㄷ, ㅂ, ㅅ, ㅈ'이 'ㄲ, ㄸ, ㅃ, ㅆ, ㅉ'로 발음되는 걸 알 수 있을 겁니다.

그리고 앞말의 받침만 'ㄴ' 발음이 나거나 앞말의 받침과 뒷말의 첫소리 모두 'ㄴ' 발음이 나는 경우 가운데 뒷말의 첫 자음이 'ㄴ'인 것은,

단옷날, 동짓날, 이삿날, 제삿날, 윗니, 아랫니, 콧노래 등이고,

'ㅁ'이 오는 것은,

시냇물, 존댓말, 혼잣말, 시쳇말, 잇몸, 뒷말, 뒷모습, 잇몸, 양잿물, 수돗물, 윗목, 아랫목, 뱃머리, 뱃멀미 등이며,

'ㅇ'이 오는 경우는,

나뭇잎, 베갯잇, 뒷이야기, 뒷일, 예삿일

등입니다. 이것들도 직접 발음해 보면 앞말의 받침만 'ㄴ' 발음이 나거나(잇몸, 뒷말), 앞말의 받침과 뒷말의 첫 자음 모두 'ㄴ' 발음이 난다는 걸(윗니, 나뭇잎, 베갯잇) 금방 알 수 있을 겁니다.

어떤가요? 전체적으로 그림이 그려지시나요? 아니면 늘어놓으니 더 헷갈리기만 한가요? 문법적으로 정확하게

이해할 필요는 없습니다. 우리가 국어학자가 될 것도 아니니까요. 중요한 건 사잇소리 현상에 필요한 것이 바로 사이시옷이라는 사실입니다. 그러니 원칙대로 하자면 해당 낱말이 사잇소리 현상대로 발음된다면 무조건 사이시옷을 붙여 주면 해결되는 문제죠. 다만 우리 모두가 발음 규칙에 따라 발음하면서 언어생활을 영위하지는 않는다는 데 문제가 있을 뿐입니다.

가령 이 꼭지를 쓰면서 벌써 여러 번 쓴 바 있는 '예사소리'의 경우 언뜻 생각하기엔 [예사쏘리]로 발음될 것 같아 '예삿소리'로 적는 게 맞지 않나 싶지만, 사전을 찾아보면 [예:사소리]로 나옵니다. '예'를 길게 발음하고 '사소리'를 따로 발음한다는 거죠. '인사말'도 마찬가집니다. [인사-말]로 발음한다고 나와 있습니다. [인산말]이 아닌 거죠. 물론 '머리말'도 마찬가지고요. '뱃멀미'는 더하죠. 이 단어를 이렇게 발음할 줄은 상상도 못 했으니까요. 이러니 우리 발음에만 기대서 사이시옷을 쓸 수는 없겠죠.

그렇다면 해결 방법은 하나밖에 없습니다. 꼼수를 쓰는 거죠. 발음은 잊어버리고 사이시옷에 대한 규정을 살펴서, 거꾸로 해당되지 않는 항목들을 제외하는 겁니다.

사이시옷에 대해 사전은 이렇게 규정하고 있습니다.

"한글맞춤법에서, 사잇소리 현상이 나타났을 때 쓰는 'ㅅ'의 이름. 순우리말 또는 순우리말과 한자어 명사로 된 합성어 가운데 앞말이 모음으로 끝날 때 뒷말의 첫 소리가 된소리로 나거나, 뒷말의 첫 소리 'ㄴ, ㅁ' 앞에서 'ㄴ' 소리가 덧나거나, 뒷말의 첫 소리 모음 앞에서 'ㄴㄴ' 소리가 덧나는 것 따위에 받치어 적는다."

그럼 여기서 사이시옷을 넣을 필요가 없는, 그러니까 해당 사항이 아닌 것들을 추려 볼까요.

우선 순우리말, 즉 고유어와 고유어 혹은 고유어와 한자어 명사가 결합된 합성어라고 했으니 한자어와 한자어가 결합된 합성어는 사이시옷과는 관련이 없겠군요. 맞습니다. 다만 국어 시간에 배우신 대로 한자어와 한자어가 결합된 합성어 중 사이시옷이 들어가는 예외의 낱말이 여섯 개 있습니다.

곳간(庫間), 셋방(貰房), 숫자(數字), 찻간(車間),
툇간(退間), 횟수(回數)

기억나십니까? 그런데 가만히 들여다보면 이 여섯 개의 낱말 가운데 지금 우리가 자주 쓸 만한 낱말은 '숫자'와 '횟수'뿐이라는 걸 알 수 있습니다. 나머지는 사실 오늘날 쓸 낱말들은 아니죠. 그러니 '숫자, 횟수'를 제외한 한자어끼리의 합성어엔 사이시옷이 절대로 들어가지 않는다고 기억하시면 됩니다.

댓가, 잇점, 칫과, 홋과

168

예전엔 이렇게 썼습니다. 요즘도 가끔 '대가'代價를 '댓가'라고 쓴 원고를 볼 때가 있긴 합니다만 대체로 '대가, 이점, 치과, 효과'라고 제대로 쓰는 편이죠.

그럼 '칫솔'엔 왜 사이시옷이 들어갔을까요? 한자어 '치'齒와 고유어 '솔'이 결합된 합성어인 데다 '솔'이 '쏠'로 발음되기 때문이죠.

맥줏잔, 맥줏집

두 낱말 중 어느 게 맞는 표기일까요? '맥줏집'이 맞는 표기입니다. 한자어 '맥주'麥酒와 고유어 '집'이 결합된 합성어니까요. 반면 '맥주'와 '잔'盞은 모두 한자어인 데다 저 위의 여섯 개의 예외에도 해당되지 않으니 당연히 사이시옷이 들어가지 않아야 맞는 거죠.

그럼 '호프'와 '집'이 결합된 '호프집'은 '호픗집'이라고 써야 맞는 걸까요? 아닙니다. 앞말이든 뒷말이든 외래어가 결합된 경우엔 사이시옷을 집어넣지 않습니다. 이것도 해당되지 않는 사항으로 체크할 만하겠죠? 그러니 '뒷범퍼'가 아니라 '뒤 범퍼'가 맞는 표기겠죠.

그렇다면 '해'와 '님'의 결합은 왜 '햇님'이 아니고 '해님'이 되는 걸까요? 저 위의 규정을 보면 사이시옷은 명사와 명사가 결합된 합성어일 때 요구된다고 했는데, '님'은 명사가 아니라 접미사라서 관련이 없는 거죠. 접미사는 독립된 낱말이 아니라 말 그대로 체언 뒤에 붙이는 거니까요. '-님'의 경우 '선생님' '어머님'이라고 할 때 붙이듯이 말이죠.

사이시옷과 관련이 없는 사항들을 체크하고 있는데, 가장 중요한 게 남았죠. 맞습니다. 바로 된소리로 발음되는 현상! 뒷말의 첫소리, 즉 뒷말의 첫 자음이 예사소리로 발음되는 자음이면서 그 예사소리가 된소리로 발음되는 현상이라고 했으니, 합성어의 뒷말 첫 자음이 이미 된소리로 발음되는 겹자음이거나 거센소리(ㅋ, ㅊ, ㅌ, ㅍ, ㅎ)로 발음되는 자음이라면 사이시옷을 넣을 필요가 전혀 없는 거죠.

이를테면 '뒤꼍'은 뒷말의 첫 자음이 'ㄲ'이니 굳이 사이시옷을 넣어서 뒷말의 첫소리를 된소리로 발음하게 만들 필요가 없겠죠. '뒤풀이'도 마찬가집니다. 뒷말의 첫 자음이 'ㅍ'으로 이미 거센소리로 발음되는 자음이니 굳이 사이시옷을 넣을 필요가 없습니다.

나무껍질, 나무꾼, 아래쪽, 위쪽, 아래층, 위층, 위칸, 아래칸, 뒤꼍, 뒤꿈치, 뒤끝, 뒤뜰, 뒤처리, 뒤편, 뒤태, 뒤통수, 뒤풀이, 해콩, 해쑥, 해팥, 햅쌀 등등.

'햅쌀'이 유난히 눈에 띄죠? 원래는 '해'와 '쌀'의 결합으로 그해에 수확된 쌀을 가리키는 말인데 쌀을 예전엔 '뽤'이라고 표기했다네요. 그래서 뒷말의 'ㅂ'이 앞말 받침으로 내려가고 'ㅅ'은 'ㅆ'이 된 거죠. 글쎄요, 아무래도 오랫동안 농경 사회였으니 '쌀'에 대해 그 나름대로 대우를 해 주었다고 해야 할까요.

자 그러면 정리를 해 볼까요.

사이시옷을 넣어야 할지 고민이 될 때는 넣지 말아야 할 경우를 먼저 따져서 제외하는 방법을 써 봅시다.

첫째 제외 항목은 명사와 명사의 결합이 아닌 경우. '해님, 수놈' 등.

둘째는, 한자어와 한자어의 결합이면서 여섯 가지 예외 낱말이 아닌 경우. '대가, 이점, 맥주잔, 소주잔' 등.

셋째는, 뒷말이 겹자음이나 거센소리로 발음되는 자음으로 시작되는 경우. '뒤꼍, 뒤풀이, 해콩' 등.

넷째는, 앞말이든 뒷말이든 외래어가 포함된 경우. '호프집' 등.

이 정도면 일상생활에서 사이시옷이 들어가는 말을 헷갈리지 않고 쓰는 데 큰 어려움이 없으리라 보이네요.

참고로 '숫양, 숫염소, 숫쥐'라고 쓸 때 '숫-'은 접두사여서 '수'에 사이시옷이 붙은 것은 아닙니다. 원래 수컷을 이르는 접두사는 '수'로 통일해 쓰는 게 원칙이어서, '수개미, 수거미, 수고양이, 수기린, 수꿩, 수나비, 수능대, 수모기, 수벌, 수범, 수사슴, 수산양, 수여우, 수오리, 수용, 수이리, 수자라, 수제비, 수할미새' 등으로 쓰죠. 다만 앞에 적은 '숫양, 숫염소, 숫쥐' 세 개만 접두사 '숫-'을 인정하고 있습니다. 또한 옛말 '숳-'이 변형된 경우는 거센 소리를 인정해 쓰기도 합니다. '수캉아지(암캉아지), 수캐(암캐), 수컷(암컷), 수키와(암키와), 수탉(암탉), 수탕나귀(암탕나귀), 수톨쩌귀(암톨쩌귀), 수퇘지(암퇘지), 수평아리(암평아리)'처럼 말이죠.

**자꾸 틀리니 괜시리 짜증이 난다**

(                    )

10단계 표기법 문제입니다.

1.  남에게 책임을 떼밀다. (                    )

2.  금슬 좋은 부부와 금실 좋은 부부 가운데 어떤 게 맞는 표현이지? (                    )

3.  평생 죽으라 일하고도 집 한 채 구하지 못했다.
    (                    )

4.  소꼽놀이를 하는 아이들. (                    )

5.  어머, 생얼이 더 예쁘시네요. (                    )

#6.  살인자의 얼굴은 흉칙하기 이를 데 없었다.
    (                    )

7.  저 앞에 둔턱이 있으니 서행하세요. (                    )

8.  '두루뭉술하다'와 '두리뭉실하다' 모두 표준어다.
    (                    )

9. <u>두루마리</u>를 입은 어르신. (                    )

#10. 그거 만지면 <u>안 되</u>. (                    )

11. 10년을 입었더니 바지가 다 <u>헤어지고</u> 말았다.
   (                    )

12. <u>날래다</u>와 <u>날쌔다</u> 모두 표준어이다. (                    )

13. 실을 바늘귀에 <u>꽤서</u> <u>꿰메다</u>.
   (                    ,                    )

14. <u>숟하다</u>는 수두룩하다라는 뜻으로 쓸 수 있다.
   (                    )

15. 감기몸살을 앓고 나니 얼굴이 <u>핼쑥해졌다</u>.
   (                    )

16. 동네에 이런저런 약재를 <u>다려</u> 파는 집이 있다.
   (                    )

17. 할아버지가 <u>흐믓한</u> 표정으로 손녀를 바라보고 있다.
   (                    )

#18. <u>일사분란</u>하게 움직이는 행군 대열. (                    )

19. 나이가 드니까 별일 아닌데도 <u>괜시리</u> 눈물이 나곤 한
   다. (                    )

20. 그러다가 국물 엎질면 큰일 난다. (                    )

21. 왕년에 한가닥 하지 않은 사람이 어디 있어.
    (                        )

22. 한옥의 특징은 너까래가 있다는 것이다.
    (                )

23. 이런 무례한들이 있나! (                )

#24. 언제 한번 들릴게요. (                    )

25. 밤이 으슥해져서 이슥한 곳은 꽤나 어둡다.
    (                ,                 )

26. 감정이 격양되어 눈물을 쏟고 말았다. (                )

27. 윗어른께 먼저 인사를 드리는 게 도리겠죠.
    (                )

28. 언제까지 그렇게 울궈먹을 텐가? (                )

29. 닭을 통채로 구우니 통닭이지 뭐. (                )

#30. 그릇을 던져서 다 부신다고 화가 풀리나.
    (                )

31. 이번 사건에 연류된 인사들이 하나같이 그 사실을 부

인하고 있다. (                    )

32. 어머니는 <u>가게</u>에 도움이 된다면 어떤 부업도 마다하
    지 않았다. (                    )

33. 왜 이렇게 <u>어리버리하게</u> 구는 거야?
    (                         )

34. 남의 말 하기 좋아하는 사람들은 온오프를 가리지 않
    고 어디서나 <u>소근소근</u>, <u>수근수근</u> 떠들어 댄다.
    (              ,                  )

35. 그는 매사에 <u>티미해서</u> 큰일을 맡길 수가 없다.
    (                    )

#36. 곧 <u>갈께</u>. (                    )

37. <u>괴발개발</u> 썼다고 해야 맞는 걸까, <u>개발새발</u> 썼다고 해
    야 맞는 걸까? (                ,                    )

38. <u>콧망울</u>에 땀이 고슬고슬 맺혔다. (                 )

39. 몸과 마음에 <u>멍우리</u>가 생겼다. (                 )

40. 누굴 세상물정 모르는 <u>무지랭이</u>로 아나.
    (                    )

41. 한국전쟁 때 <u>홀홀단신</u>으로 남쪽으로 내려온 터라 가

족이라곤 한 명도 없다. (                    )

#42. 이게 <u>왠일</u>이야. (                )

43. 약간 <u>모자르다</u> 싶을 때 숟가락을 내려놓는 게 좋다.
(                )

44. 사람들이 <u>왁짜한</u> 시장. (                )

45. <u>소시쩍</u>엔 나도 힘 좀 썼는데 말이지. (                )

46. <u>절대절명</u>의 순간에 처한 주인공. (                )

#47. 제발 <u>뻘짓</u> 좀 하고 다니지 마. (                )

#48. 그렇게 <u>움추릴</u> 필요 없어. (                )

49. 썰물이어서 바닷가에 온통 <u>뻘</u>이 드러났다. (                )

50. 내내 <u>별르고</u> 있던 일이다. (                )

51. <u>밑둥</u>을 드러내고 쓰러진 나무. (                )

52. 어서 <u>오십시요.</u> (                )

53. 한때는 나도 <u>힘꽤나</u> 썼다고. (                )

#54. <u>더우기</u> 배가 고플 때는 더 문제죠. (                )

177

55. 그렇게 말하니 영 쑥스럽구만. (          )

56. 이게 바로 그 모자에요. (          )

57. 이게 제가 쓴 책예요. (          )

58. 여기 술이요. (          )

59. 화장빨, 안경빨. (          ,          )

#60. 멀찌기 떨어져서 걸었다. (          )

【답】

1. 떠밀다  2. 금슬, 금실  3. 죽어라  4. 소꿉놀이  5. 민얼굴, 민낯

6. 흉측하기  7. 둔덕  8. 두루뭉술하다, 두리뭉실하다

9. 두루마기  10. 안 돼  11. 해어지다, 해지다  12. 날래다, 날쌔다

13. 꿰서, 꿰매다  14. 숱하다  15. 핼쑥해졌다  16. 달여

17. 흐뭇한  18. 일사불란  19. 괜스레  20. 엎지르면

21. 한가락 하지  22. 서까래  23. 무뢰한  24. 들를게요

25. 이슥해져서, 으슥한  26. 격앙되어  27. 웃어른  28. 우려먹을

29. 통째로  30. 부순다고  31. 연루된  32. 가계

33. 어리바리하게  34. 소곤소곤, 수군수군  35. 투미해서

36. 갈게  37. 괴발개발, 개발새발  38. 콧방울  39. 멍울

40. 무지렁이  41. 혈혈단신  42. 웬일  43. 모자라다  44. 왁자한

178

45. 소싯적  46. 절체절명  47. 허튼짓  48. 움츠릴  49. 펄, 갯벌

50. 벼르고  51. 밑동  52. 오십시오  53. 힘깨나  54. 더욱이

55. 쑥스럽구먼  56. 모자예요  57. 책이에요  58. 술이오, 술요, 술이요  59. 화장발, 안경발  60. 멀찍이

1번의 경우 '떠밀다'와 '떼밀다'는 비슷하면서도 미묘한 차이를 갖습니다. '떠밀다'는 '힘껏 힘을 주어 앞으로 나아가게 하다, 어떤 일이나 책임을 남에게 넘기다'라는 뜻을 갖는 반면, '떼밀다'는 '남의 몸이나 어떤 물체 따위를 힘을 주어 밀다'는 뜻만 갖습니다. 그러니 1번 문장에는 '떠밀다'를 써야 맞겠습니다. 7번은 '둔턱'이 아니라 '둔덕'이라고 써야 한다는 걸 기억해 두시고, 15번은 '핼쑥하다'와 '해쓱하다'가 '쑥'과 '쓱'으로 가려진다는 것도 잊지 마시기 바랍니다. 17번은 의외로 '흐뭇하다'로 잘못 알고 계신 분이 많더군요. '흐뭇하다'가 맞는다는 걸 이참에 다시 한 번 확인하시기 바랍니다. 25번은 '이슥하다'와 '으슥하다'의 뜻 차이를 묻는 문제입니다. '이슥하다'는 밤이 꽤 깊을 때, '으슥하다'는 무서움을 느낄 만큼 깊숙하고 후미진 상태를 말할 때 씁니다. 27번은 접두사 '웃-'과 '위'에 사이시옷이 붙은 '윗-'의 쓰임을 묻는 문제입니다. '웃-'은 아래위가 따로 없는 경우에만 씁니다. '아래어른'이 있을 수 없으니 '웃어른'이라고 쓰듯이 말이죠. '윗옷'은 '아래옷'과 함께 입는 옷

을 말하고, '웃옷'은 코트나 두루마기처럼 '윗옷'에 더해 입는 옷을 가리킵니다. 32번의 '가게'는 상점을 말하고 '가계'는 집안 경제를 뜻합니다. 41번의 '혈혈단신'은 한자로 '孑孑單身'이어서 '홀홀단신'으로 쓸 이유가 없습니다. 46번의 '절체절명'도 마찬가지죠. '絕體絕命'이니 '절대절명'이라고 쓰지 않습니다. 43번은 '모자르다'로 잘못 쓰는 경우가 많은데, '모자라다'가 기본형입니다. 그러니 '모자라, 모자라니, 모자란, 모자랄, 모자랐다'로 활용되죠. 52번은 종결어미 '-ㅂ시오'가 결합된 말이라 '오십시요'가 아니라 '오십시오'라고 써야 맞습니다. 53번은 조사 '깨나'를 앞말에 붙여 써야겠죠. 부사 '꽤나'를 쓰려면 '힘을 꽤나 썼다'로 고쳐 써야 합니다. 55번은 어미 '-구먼'의 쓰임과 관련된 문제입니다. 흔히 '쑥스럽구만'처럼 '-구만'을 붙이곤 하는데 표준어가 아닙니다. 56, 57번은 어미 '-(이)에요'와 '-예요'의 쓰임과 관련된 문제들입니다. '-(이)에요'는 받침이 있는 체언이나 '아니' 뒤에 붙여 쓰고('책이에요', '아니에요'), '-예요'는 받침이 없는 체언 뒤에 붙여 씁니다('모자예요', '-거예요'). 58번은 종결어미 '-이오'와 그 준말인 '-요'의 쓰임을 묻는 문제입니다. '-이오'는 받침이 있는 체언 뒤에 붙여 쓰고('책이오', '가슴이오'), '-요'는 받침이 있는 체언 뒤에 쓰는 '-이오'를 줄여 쓸 때나 받침이 없는 체언 뒤에 썼습니다('책요', '가슴요', '사과요'). 그러다가 2020년 '-이요'도 표준어로 인정되었습니다. 단 나열할 때 쓰는 연결어미

'-요'와는 다르니 주의해야겠습니다('이것은 책이요, 의자요, 책장입니다').

그럼 띄어쓰기를 볼까요.

1. 그까짓 것 흔하디 흔한 걸 가지고 자랑은.
   (                    )

2. 과장으로 진급하자 마자 결혼까지 하게 되었다.
   (                      )

3. 결국 차랑 우리 단 둘만 남았네. 그런데 둘다 운전면
   허가 없으니 참…… (              ,              )

4. 난생 처음으로 로또 3등에 당첨되었다.
   (                    )

#5. 맨처음엔 누구나 맨 손으로 시작하는 거죠 뭐.
   (              ,              )

6. 독재정권에 맞서 마침내 국민들이 들고 일어났다.
   (                    )

7. 기술을 갈고 닦은 결과 장인 소리를 듣게 되었다.
   (                    )

8. 발표만 안 했다 뿐 이미 결정은 난 것이나 다름없다.
   (                    )

9. 한번 사레 들리자 기침이 그치질 않았다.
   (                    )

#10. 내친 김에 우승까지 노려 보자. (                    )

11. 그것 참 신기한 노릇일세. (                    )

12. 나참, 아니 왜 그걸 나한텐 떠넘기려는 거야.
    (                    )

13. 친척집에 얹혀 살면서 십 대를 보냈다.
    (                    )

14. 마치 야생에서 처럼 사는 사람들. (                    )

#15. 내가 여러 모로 따져봤는데 아무래도 이번엔 안 되겠
    어. (                    )

16. 국 커녕 밥도 못 먹었다. (                    )

17. 국은 커녕 밥도 못 먹었다. (                    )

18. 국을 먹기는 커녕 구경도 못 했다. (                    )

19. 장작에 불 붙도록 장작 사이에 끼워 넣은 검불과 종이

에 불 붙였다. (                    ,                    )

#20. 궤를 달리 하다. (                    )

21. 오늘 따라 기분이 영 별로네. (                    )

22. 눈에 가시처럼 여기던 팀원이 스스로 떠나 버리자 팀
    장은 표정 관리하느라 정신이 없는 눈치였다.
    (                    )

23. 집에 도착하는대로 전화해 줘. (                    )

24. 지칠대로 지친 몸과 마음. (                    )

#25. 못 다 한 얘기는 만나서 다시 하자. (                    )

【 답 】

1. 흔하디흔한  2. 진급하자마자  3. 단둘, 둘 다  4. 난생처음

5. 맨 처음, 맨손  6. 들고일어났다  7. 갈고닦은  8. 했다뿐

9. 사레들리자  10. 내친김에  11. 그것참  12. 나 참

13. 얹혀살면서  14. 야생에서처럼  15. 여러모로  16. 국커녕

17. 국은커녕  18. 먹기는커녕  19. 불붙도록, 불붙였다

20. 달리하다  21. 오늘따라  22. 눈엣가시  23. 도착하는 대로

24. 지칠 대로  25. 못다 한

1번의 '-디-'는 형용사의 어간에 붙여 쓰는 연결어미입니다. 따라서 '흔하디흔한', '차디찬', '길디긴' 등으로 붙여 씁니다. 2번의 '-자마자'는 동사의 어간에 붙는 연결어미입니다. '진급하자마자', '가자마자' 등으로 붙여 씁니다. 3번은 '단둘'은 한 단어고, '둘 다'는 그렇지 않아 띄어 씁니다. 4, 6, 7, 9, 10, 11, 13, 15, 19, 20번은 모두 한 단어로 인정돼 붙여 씁니다. 8번은 '뿐'이 조사로 쓰인 것이고, 14번의 '처럼'도 조사인데 '에서'라는 조사와 함께 쓰였습니다. 조사는 두 개가 되었든 세 개가 되었든 무조건 다 붙여 쓴다는 걸 염두에 두셔야겠습니다. 16, 17, 18번도 마찬가지입니다. '커녕'은 조사여서 어떤 경우에도 앞말에 붙여 씁니다. 21번의 '따라'도 조사라 붙여 쓰고, 22번은 사이시옷을 넣어서 '눈엣가시'라고 쓰죠.

외래어 표기 문제로 넘어갈까요.


1.  사업 홍보를 위해 <u>애드밸룬</u>을 띄웠다. (                )

2.  <u>플라터너스</u>는 버짐나무라고 부르기도 한다.
    (                )

3.  무선으로 네트워크에 접속해 초고속 인터넷 서비스를

받을 수 있는 지역을 <u>핫스팟</u>이라고 부른다.
(                    )

4. 환경을 위해 <u>스치로폼</u> 사용을 줄여야 한다.
(                    )

#5. <u>플래폼</u>으로 기차가 들어오고 있다. (                    )

6. <u>류마티즘</u>을 오래 앓아 손가락이 굽었다.
(                    )

7. 어디 <u>가제</u>가 있을 텐데, 찾아볼 테니까 넌 지혈부터
해. (                    )

8. 올여름에 <u>티벳</u>으로 휴가를 갈 생각이다. (                    )

9. <u>몽고</u>의 수도는 울란바토르이다. (                    )

#10. <u>샤쓰</u>와 <u>셔츠</u> 중 어떤 게 표준어일까? (                    )

11. <u>로스엔젤리스</u>, <u>라스베가스</u>, <u>메사추세츠</u>는 모두 미국
의 도시 이름이다. (                    ,                    ,
                    )

12. 파리 <u>몽마르트</u> 언덕. (                    )

13. <u>마르세이유</u>는 프랑스 남부의 항구 도시다.
(                    )

14. 루이 16세의 왕비는 그 유명한 마리 앙트와네트다.
( )

#15. 점퍼라고도 하고 잠바라고도 한다. ( )

16. 요즘은 환경을 생각해서 종이나 옥수수로 만든 스트
로우를 쓰기도 한다. ( )

17. 뉴욕 센추럴 파크. ( )

18. 영국 여왕은 매리 1세(Mary I)부터 시작되었다.
( )

19. 보트의 스크류에 해초처럼 생긴 것이 걸렸다.
( )

#20. 런닝셔츠 바람으로 외출할 수는 없지.
( )

21. 이번 실험에선 요드 용액을 쓰게 될 겁니다.
( )

22. 도전자의 주먹에 챔피언은 완전 넉다운되고 말았다.
( )

23. 선수들은 라커 룸에서 감독의 말을 들었다.
( )

24. 나는 한 번도 <u>애나멜</u> 구두라는 걸 신어 본 적이 없다.
( )

#25. <u>카페트</u>에 쏟고 말았네. ( )

【 답 】

1. 애드벌룬  2. 플라타너스  3. 핫스폿  4. 스티로폼  5. 플랫폼

6. 류머티즘  7. 가제, 거즈  8. 티베트  9. 몽골  10. 샤쓰, 셔츠

11. 로스앤젤레스, 라스베이거스, 매사추세츠  12. 몽마르트르

13. 마르세유  14. 앙투아네트  15. 점퍼, 잠바  16. 스트로

17. 센트럴  18. 메리  19. 스크루  20. 러닝셔츠  21. 요오드

22. 녹다운  23. 로커 룸  24. 에나멜  25. 카펫

**11** 단계

아까 맞힌 문제를 틀리다니 정말이지
얼척없다 (　　　　　　　)

11단계 표기법 문제입니다.


1. 새로운 류의 상품. (　　　　　　　)

2. 오이소배기 먹고 싶네. (　　　　　　　)

3. 사람들은 폭력배들이 피를 흘리는 시민 한 명을 차 안
   으로 쳐넣는 것을 겁에 질린 채 처다보고 있었다.
   (　　　　　　　,　　　　　　　)

4. 백설공주와 일곱 난장이. (　　　　　　　)

5. 쇠부치나 금부치를 모으고 있습니다.
   (　　　　　　　,　　　　　　　)

#6. 둘이 거의 치고박고 싸우기 일보 직전이었다니까요.
   (　　　　　　　)

7. 나는 서울나기여서 촌뜨기라는 말은 들어 본 적 없다.
   (　　　　　　　)

8. 뚝빼기에 나오는 음식도 곱배기가 가능한가요?
   (                ,                )

9. 부엌때기, 상판때기 같은 말은 되도록 쓰지 않는 것이
   좋다. (                ,                )

10. 자 다들 먹자구나. (                )

11. 오늘은 그냥 집에서 일할련다. (                )

#12. 왜들 희희덕거리는 건데? (                )

13. 난들 좋은 집에서 살고 싶지 않겠냐만은 내 처지도 고
    려해야 하니까. (                )

14. 날 끼워 준다길래 냉큼 제안을 받아들였죠.
    (                )

15. 계절이 바뀌자마자 이불 호청을 뜯어 빨아 널었다.
    (                )

16. 모두의 나라이건만 소수의 기득권층이 좌지우지하고
    있으니 참······ (                )

17. 그이야말로 멋쟁이구료. (                )

#18. 요즘은 널판지 구하기가 쉽지 않다. (                )

19. '베풀다'의 명사형은 '베품'이다. (                    )

20. 스승의 은혜는 <u>가이</u> 없다. (                    )

21. <u>쓰잘데기 없는</u> 소리 좀 하지 마. (                    )

22. 나보고 나이가 들어 뵌다니 정말 <u>얼척없다</u>.
    (                    )

23. 너무 추워서 <u>귀떼기</u>가 얼얼하다. (                    )

#24. 부장님께 올린 서류가 <u>결제</u>되면 바로 비용을 <u>결재</u>해
    드릴게요. (                ,                )

25. <u>거적떼기</u> 같은 옷을 입고 왔더라니까. (                    )

26. 휴 <u>십년감수했네</u>. 정말 다행이지 뭐야.
    (                                        )

27. <u>가능한</u> 참석하는 방향으로 고려해 보겠습니다.
    (                    )

28. 최근 두각을 나타낸 신인 배우가 무대에 오르자 <u>각광</u>
    이 내리비쳤다. (                    )

29. 그 가수는 동료 가수에게 욕을 하는 바람에 <u>구설수</u>에
    올랐다. (                    )

#30. 몸에 털이 너무 많아서 거의 <u>털복숭이</u>라 할 만하다.
（　　　　　　　）

31. 생선을 먹고 나니 비린내가 옷에 <u>베고</u> 말았다.
（　　　　　　　）

32. 아무리 친구 사이라지만 나이 먹고 너나들이하려니
<u>남새스럽다</u>. （　　　　　　　）

33. 내 생일은 정월 <u>사흘날</u>이다. （　　　　　　　）

34. 김치를 담그려고 풀을 쑤었는데 잘 풀리지 않아 몽울
이 많이 져 있다. （　　　　　　　）

35. 가을걷이가 끝난 들판에 여기저기 <u>낱알</u>들이 흩어져
있다. （　　　　　　　）

#36. 햇빛에 잔뜩 <u>그슬린</u> 피부. （　　　　　　　）

37. 발바닥에 붙은 모래 <u>알맹이</u>들을 손으로 털어 냈다.
（　　　　　　　）

38. 지금 <u>시간</u>은 2시 30분이고 약속 <u>시간</u>까지 한 <u>시간</u> 남
았다. （　　　　　，　　　　　，　　　　　）

39. 체면 <u>불구하고</u> 부탁을 좀 드려야겠네요.
（　　　　　　　）

40. 며칠 깎지 않았더니 수염이 어느새 <u>더부룩해졌다</u>.
    (                    )

41. <u>저 같은 경우는요</u>······ (                    )

#42. 어둠 속에서 <u>발자국</u> 소리가 점점 다가오고 있었다.
    (                    )

43. 사람을 보고 <u>아는 체</u>를 하지 않는 이유가 뭐야?
    (                    )

44. 나는 그냥 <u>모른 체하고</u> 자리를 떴다. (                    )

45. 누구도 내게 가르쳐 주지 않았기에 나는 그 모든 걸
    스스로 <u>깨우칠</u> 수밖에 없었다. (                    )

46. 피곤했던 모양인지 소파에 <u>널부러진</u> 채로 잠이 들고
    말았다. (                    )

47. <u>허울은</u> 멀쩡한 사람이 왜 그런 짓을 저지르고 다닌대?
    (                    )

#48. 오늘까지 <u>통털어</u> 다섯 번째네요. (                    )

49. 15는 5의 세 <u>갑절</u>이다. (                    )

50. <u>어리숙한</u> 거야 <u>어수룩한</u> 거야? (                    )

51. 아이들은 <u>한참</u> 자랄 때 잘 먹어야 한다. (                    )

52. <u>허구헌</u> 날 야근에 술이니 몸이 배겨 나겠어?
（                    ）

53. 평소와 달리 <u>점잖</u>을 빼고 앉아 있는 아이의 모습이 귀엽기 짝이 없다. (                    )

#54. 그 드라마를 <u>본따</u> 만든 게 바로 이 영화입니다.
（                    ）

55. 늘 손님으로 붐비는 국숫집인데 오늘은 웬일인지 <u>한적하다</u>. (                    )

56. 그동안 밤낮으로 노력했는데 적어도 그에 상응하는 <u>배상</u>을 받았다는 생각에 뿌듯하다. (                    )

57. 지방정부는 하천을 <u>매설</u>하기 전에 퇴적된 흙과 모래의 양을 조사해야만 한다. (                    )

58. 아마도 저를 다른 사람과 <u>혼돈</u>한 모양이네요.
（                    ）

59. 지난 정권의 <u>비위</u>들이 속속 밝혀지고 있다.
（                    ）

#60. 범인이 마침내 모습을 <u>들어냈다</u>. (                    )

【 답 】

1. 유  2. 오이소박이  3. 처넣는, 쳐다보고  4. 난쟁이

5. 쇠붙이, 금붙이  6. 치고받고  7. 서울내기  8. 뚝배기, 곱빼기

9. 부엌데기, 상판대기  10. 먹자꾸나  11. 일하련다

12. 시시덕거리는  13. 않겠냐마는  14. 준다길래, 준다기에

15. 홀청  16. 나라이건마는, 나라건마는  17. 멋쟁이구려

18. 널빤지  19. 베풂  20. 가없다  21. 쓰잘머리 없는

22. 어처구니없다  23. 귀때기  24. 결재, 결제  25. 거적때기

26. 십년감수할 뻔했지 뭐야  27. 가능한 한  28. 조명  29. 구설

30. 털북숭이  31. 배고  32. 남사스럽다, 남세스럽다  33. 사흗날

34. 멍울  35. 낱알  36. 그을린  37. 알갱이  38. 시각, 시간,

시간 39. 불고하고  40. 더부룩해졌다, 덥수룩해졌다

41. 제 경우는요, 저는요  42. 발걸음 소리, 발소리  43. 알은체

44. 모르는 체하고  45. 깨칠  46. 널브러진  47. 허우대는

48. 통틀어  49. 세 곱절  50. 어리숙한, 어수룩한  51. 한창

52. 허구한  53. 점잔  54. 본떠  55. 한산하다  56. 보상

57. 준설  58. 혼동  59. 비위, 비리  60. 드러냈다


1번은 접미사로 앞말에 붙여 쓸 때 '-류'로 쓰지만(갑
각류, 금속류 등), 명사로 쓸 때 '유'를 씁니다('그런 유의
사람과는 상종하고 싶지 않다'). 2번은 '오이'와 '소'에 접
미사 '-박이'가 붙은 말이죠. '-배기'라는 접미사도 있습니

다. '두살배기'처럼 주로 '그 나이를 먹은 아이'라는 뜻으로 쓰죠. 3번의 '처넣다'의 '처-'는 '마구, 많이'를 뜻하는 접두사고, '쳐다보다'는 '치어다보다'의 준말로 여기서 '치어'는 '위를 향하다'라는 뜻을 갖습니다. 4번은 관련된 기술을 가진 사람을 뜻할 때는 접미사 '-장이'를, 관련된 속성만 가진 사람을 낮잡아 이를 때는 '-쟁이'를 씁니다. 5번은 접미사 '-붙이'가 붙는 말들이죠. 9번은 접미사 '-데기'가 붙어서 관련된 일을 하거나 그런 성질을 가진 사람을 뜻하는 말입니다. '부엌데기'나 '새침데기'처럼요. 하지만 '상판대기'는 '얼굴 상'相에 '판대기'가 붙은 말입니다. 10번은 종결어미 '-자꾸나'가 붙은 것이니 '-자구나'로 쓰지 않도록 조심해야겠습니다. 14번은 '-기에'와 '-길래'가 다 표준어 표기입니다. 17번의 경우 종결어미 '-구려'를 '-구료'라고 쓰지 않도록 유의해야겠습니다. 19번은 어간에 ㄹ받침이 들어간 용언의 명사형을 만들 땐 겹받침인 'ㄻ'을 붙여 줘야 합니다('머물다, 머묾', '흔들다, 흔듦' 등). 20번의 '가이 없다'는 '가없다'를 잘못 쓴 것입니다. 21번의 '쓰잘데기 없다'는 '쓰잘머리 없다'가, 22번의 '얼척없다'는 '어처구니없다'가 각각 표준어입니다. 23, 25번은 모두 '-때기'를 붙여야 맞고, 26번의 '십년감수'十年減壽는 한자어 뜻 그대로 수명이 십 년 단축되었다는 뜻이므로 '다행'이라는 말과는 어울리지 않습니다. 27번은 '가능한'이 '가능하다'의 관형형, 즉 뒤에 오는 명사를 수식하는 형태인지라 '가능한 일(이다)'

처럼 수식을 받는 말이 필요한데 27번 문장에서는 빠져 있으므로 '가능한 한'으로 명사 '한'을 붙여 써야 합니다. '관한 한'도 마찬가지고요. 28번의 '각광'脚光은 한자 뜻 그대로 발밑에서 위로 비추는 빛을 말합니다. 그러니 위에서 내리 비추는 빛을 '각광'이라고 할 수는 없겠죠. 29번의 '구설수'는 '구설에 오르게 될 운수'를 말하므로 '구설에 오르다'라고 표현해야 합니다. 33번은 끝소리가 'ㄹ'인 말이 다른 말과 어울릴 때 'ㄹ' 소리가 'ㄷ' 소리로 나면 'ㄷ'으로 적는다는 규칙에 따라 '사흘+날=사흗날'이 됩니다. 다른 예로는 '이튿날, 삼짇날, 숟가락' 등이 있습니다. 35번은 '낱알'은 '하나하나의 알'이고, '낟알'은 '곡식의 알'을 말합니다. 37번의 경우 '알맹이'는 '껍질을 벗기고 남은 속 부분'이고 '알갱이'는 '작고 동그랗고 단단한 물질'을 말하므로 여기선 '알갱이'가 맞겠죠. 38번은 '사과 같은 얼굴'처럼 '같은'의 앞뒤에 오는 말은 은유로 연결되어야 하는데, '저 같은 경우'라고 쓰면 '저'와 '경우'가 이어져서 말이 되지 않습니다. 가령 '중국 같은 나라'라고는 쓸 수 있지만 '중국 같은 경우'라고는 쓸 수 없는 셈이죠. '중국은' 혹은 '중국의 경우는'이라고 써야 맞겠죠. 39번의 '불구不拘하다'는 '얽매이거나 거리끼지 않는다'는 뜻입니다. 반면 '불고不顧하다'는 '돌아보지 않는다'는 뜻이고요. 그러니 '체면 불구하고'가 아니라 '체면 불고하고'가 어울리는 표현입니다. 41번의 '시각'은 '시간의 구체적인 어느 한 시점'을 가리킵니다. 시간과 구분해 가려 써야 할 때 씁니다. 44번은 '모르다'의 활용과 관계있습니다. '몰라, 모르니, 모른, 모르는, 모를, 몰랐다'. '모른'은 과거를 나타내므로 '아무것도 모른 채로 지나갔다'처럼 쓸 수 있습니다. 이 경우엔 '체'가 아니라 '채'를 쓴다는 것도 잊지 마시기 바랍니다. 45번은 스스로 깨닫게 된 경우는 '깨치다'이고 누군가를 깨닫게 만드는 경우는 '깨우치다'입니다. 46번은 '널브러지다'와 '너부러지다'가 같이 쓰여서 '널부러지다'로 잘못 쓸 때가 잦으니 유의하시기 바랍니다. 47번의 '허울'은 '실속이 없는 겉모양'을 말하므로 이 문장엔 '허우대'가 어울리겠네요. 49번은 '갑절'은 '더한 양이나 수'고 '곱절'은 '곱한 양이나 수'를 말합니다. 55번은 '한적하다', '한산하다', '한갓지다' 모두 비슷한 뜻을 갖는데 여기서는 '한산하다'가 어울려 보입니다.

　설명이 길어졌네요. 단계가 높아질수록 설명할 게 많아지는군요.


　띄어쓰기 보겠습니다. 이번엔 특별히 '없이'를 붙여 쓰거나 띄어 쓰는 문제들로만 모아 봤습니다.


1.　모두들 <u>너나 없이</u> 손을 흔들며 응원을 해 주었다.
　　(　　　　　　　　)

2.　<u>간단 없이</u> 울리는 전화벨 소리. (　　　　　　　　)

3. 참으로 어처구니 없는 일이다. (                    )

4. 어이 없어서 웃음도 나오지 않는다. (                    )

5. 전화를 받자마자 지체 없이 병원으로 달려갔다.
   (                    )

6. 정처 없이 떠도는 삶. (                    )

7. 그런 돈은 필요 없다. (                    )

8. 밀가루 음식만 아니면 뭘 드셔도 상관 없습니다.
   (                    )

9. 관계 없는 사람들은 나가 주시기 바랍니다.
   (                    )

10. 거리낌 없는 태도가 좋았다. (                    )

11. 쓸모 없는 것들은 좀 버려. (                    )

12. 말하는 걸 보면 정말이지 거침 없다. (                    )

13. 이번 모임에는 모두 빠짐 없이 참석해 주시기 바랍니
    다. (                    )

14. 그래 봐야 소용 없어, 포기하자고. (                    )

15.  이렇게 보니 영락 없이 닮았는걸. (              )

16.  정말 쓸데 없는 짓을 하고 있구나. (               )

17.  공고를 보자마자 주저 없이 신청했습니다.
     (                )

18.  쉴새 없이 퍼붓는 포격. (               )

19.  밤새 비가 끊임 없이 왔다. (               )

20.  어림 없는 소리! (               )

21.  출근 시간은 몰라도 퇴근 시간은 대중 없어요.
     (                )

22.  아낌 없이 주는 나무. (               )

23.  무람 없이 반말로 말을 거는 게 기분 나빴다.
     (                )

24.  정말 버릇 없이 구는구나 너! (               )

25.  아니 난데 없이 나타나서 돈을 달라고 하더라니까.
     (                )

26.  옷차림이 정말 볼품 없다. (               )

200

27. 소리 없이 다가오는 공포. (                    )

28. 주책 없이 눈물이 흐르지 뭐야. (                    )

29. 정말 빈틈 없이 꽉 메꿨구나. (                )

30. 말 없이 가만히 앉아 있었다. (                )

31. 이번에 원없이 먹어 봤다. (                )

32. 정말 그렇게 철 없이 굴래? (                )

33. 괜찮아 나는 문제 없어! (                )

34. 별일 없지? (                )

35. 군말 없이 하겠다고 했다. (                )

36. 힘 없이 돌아서는 뒷모습. (                )

37. 그렇게 서슴 없이 나설 줄은 정말 몰랐네요.
    (                )

38. 다 부질 없는 짓이다. (                )

39. 죄다 물색 없는 소리나 하고 앉아 있으니 원……
    (                )

40. 채신머리 없이 아무 데나 끼고 그래.

(　　　　　　　　)

41. 가뭇 없이 사라져 버린 청춘의 시간들.
(　　　　　　　)

42. 어디에 내놓아도 손색 없는 친구지. (　　　　　　)

43. 날 믿어 봐, 틀림 없다니까. (　　　　　)

44. 저 두 사람은 형제나 다름 없어요. (　　　　　　)

45. 어디로 갔는지 온데간데 없더라니까요.
(　　　　　　　　　)

46. 하루아침에 오갈 데 없는 신세가 되고 말았네요.
(　　　　　　　)

47. 행동이며 말하는 거며 참 본데 없다. (　　　　　)

48. 약속이 취소돼서 나는 하릴 없이 서성이다가 돌아왔
다. (　　　　　)

49. 무안해서 열 없이 떠들어 댄 것에 불과하다.
(　　　　　)

50. 그렇게 맥 없이 앉아서 기다리고만 있을 거야?
(　　　　　　)

51. 제발 <u>실 없는</u> 소리 좀 그만해. (                    )

52. <u>끝 없이</u> 펼쳐진 수평선. (                    )

53. <u>맛 없는</u> 음식은 아무리 저렴해도 사 먹고 싶지 않아.
    (                    )

54. <u>이름 없이</u> 스러져 간 무명용사들. (                    )

55. 그렇게 <u>멋 없게</u> 굴래? (                    )

56. 사제지간인데도 서로 <u>스스럼 없이</u> 대하는 걸 보면 놀
    랍다. (                    )

57. 사내는 <u>시름 없이</u> 노랫가락을 읊조렸다.
    (                    )

58. 정말 <u>터무니 없는</u> 소리로군. (                    )

59. 말하는 게 영 <u>정신 없더라고</u>. (                    )

60. <u>자신 없는</u> 태도를 보이는 이유가 뭐야?
    (                    )

61. 그 친구가 <u>이유 없이</u> 그랬을 리는 없는데.
    (                    )

62. 그저 <u>기약 없이</u> 떠나고 말았다. (                    )

63. 여지 없이 걸려들더구먼. (                    )

64. 정말이지 안타깝기 그지 없다. (                    )

65. 이렇게 느닷 없이 들이닥치면 어쩌라는 거요?
    (                    )

66. 사는 게 참으로 덧 없는 일이다. (                    )

67. 정말 뜬금 없이 그 자리에 나타나더라니까.
    (                    )

68. 물샐 틈 없이 지키고 있으니 걱정 마세요.
    (                    )

69. 지난 시간을 되돌리려는 것처럼 속절 없는 일이 또 있
    으랴. (                    )

70. 오늘도 어김 없이 같은 시각에 도착했다.
    (                    )

71. 나도 얼마나 염치 없는 부탁인지 잘 알고 있어.
    (                    )

72. 유감 없이 실력을 발휘하도록! (                    )

73. 하염 없이 기다리고만 있더란다. (                    )

74. 남김 없이 처리하겠습니다. (                    )

75. 숨김 없이 다 말씀하셔야 합니다. (                    )

76. 그이의 꾸밈 없는 말에서 진정성을 느꼈다.
(                    )

77. 참 가차 없는 사람이네요. (                    )


【 답 】

1. 너나없이  2. 간단없이  3. 어처구니없는  4. 어이없어서

5. 지체 없이  6. 정처 없이  7. 필요 없다  8. 상관없습니다

9. 관계없는  10 거리낌 없는  11. 쓸모없는  12. 거침없다

13. 빠짐없이  14. 소용없어  15. 영락없이  16. 쓸데없는

17. 주저 없이  18. 쉴 새 없이  19. 끊임없이  20. 어림없는

21. 대중없어요  22. 아낌없이  23. 무람없이  24. 버릇없이

25. 난데없이  26. 볼품없다  27. 소리 없이  28. 주책없이

29. 빈틈없이  30. 말없이  31. 원 없이  32. 철없이  33. 문제없어

34. 별일 없지  35. 군말 없이  36. 힘없이  37. 서슴없이

38. 부질없는  39. 물색없는  40. 채신머리없이  41. 가뭇없이

42. 손색없는  43. 틀림없다  44. 다름없어요

45. 온데간데없더라니까  46. 오갈 데 없는  47. 본데없다

48. 하릴없이  49. 열없이  50. 맥없이  51. 실없는  52. 끝없이

53. 맛없는  54. 이름 없이  55. 멋없게  56. 스스럼없이

57. 시름없이  58. 터무니없는  59. 정신없더라고  60. 자신 없는

61. 이유 없이  62 기약 없이  63. 여지없이  64. 그지없다

65. 느닷없이  66. 덧없는  67. 뜬금없이  68. 물샐틈없이

69. 속절없는  70. 어김없이  71. 염치없는  72. 유감없이

73. 하염없이  74. 남김없이  75. 숨김없이  76. 꾸밈없는

77. 가차 없는


이 모든 표현들을 다 머릿속에 담아 두실 필요는 없습니다. 다만 붙여 쓰는 표현도 있고 그렇지 않은 표현도 있다는 것만 알아 두고 필요할 때마다 사전을 찾아보면서 익히시면 되겠죠.


그럼 외래어 표기 살펴보겠습니다.


1.   말레이시아의 수도는 <u>콸라룸푸르</u>이다.
      (                    )

2.   가벽으로 쓸 <u>판넬</u>이 열 개쯤 필요합니다. (            )

3.   생크림을 발효시킨 걸 <u>샤워크림</u>이라고 한다.
      (                    )


206

4. 딜레탕티즘은 프랑스어에서 온 단어다.
   (                )

#5. 환경을 위해 스치로폼 사용을 줄여야 한다.
   (                )

6. 호머는 호메로스의 영어식 표기다. (                )

7. 비엔나는 빈의 영어식 표기다. (                )

8. 플로렌스는 피렌체의 영어식 표기다. (                )

9. 플랜더스는 플랑드르의 영어식 표기다.
   (                )

#10. 로스엔젤리스, 라스베가스, 메사추세츠는 모두 미국
   의 도시 이름이다. (                ,                ,
                      )

11. 요즘은 모택동이라고 하지 않고 마오저뚱이라고 한
   다. (                )

12. 『죄와 벌』을 쓴 러시아의 문호는 도스토예프스키이
   다. (                )

13. 시베리아 횡단 철도의 동쪽 끝은 블라디보스톡이다.
   (                )

14. 요즘 같아서는 혼자 사는 여자는 <u>도어 락</u>만으로는 안심할 수가 없다. (　　　　　　　)

#15. 뉴욕 <u>센추럴</u> 파크. (　　　　　　　)

16. 저 유명한 엠파이어스테이트 빌딩이 있는 곳이 바로 뉴욕의 <u>맨하탄</u>이다. (　　　　　　　)

17. 미국 뉴욕에 있는 대학은 <u>콜롬비아</u> 대학이다.
   (　　　　　　　)

18. 벨기에의 영어식 표기는 <u>벨지움</u>이다. (　　　　　　　)

19. 프로이트의 영어식 표기는 <u>프로이드</u>다.
   (　　　　　　　)

#20. 도전자의 주먹에 챔피언은 완전히 <u>넉다운</u>되고 말았다. (　　　　　　　)

21. 알렉산드로스 대왕의 영어식 표기는 <u>알렉산더</u> 대왕이다. (　　　　　　　)

22. 컴맹한테 <u>앨고리즘</u>에 대해 물으면 어떡하라는 거예요 대체. (　　　　　　　)

23. 아마포를 <u>린넨</u>이라고 한다. (　　　　　　　)

24. 내가 사는 동네에도 <u>프라자</u>라는 이름의 복합 상가 건

208

물이 있다. (                    )

#25. 외국 생활을 오래 하다 보면 <u>노스탈지아</u>를 느낄 때가
많다. (                    )


【 답 】

1. 쿠알라룸푸르  2. 패널  3. 사워크림  4. 딜레탕티슴

5. 스티로폼  6. 호메로스, 호머  7. 빈, 비엔나  8. 피렌체,
플로렌스  9. 플랑드르, 플랜더스  10. 로스앤젤레스,
라스베이거스, 매사추세츠  11. 마오쩌둥  12. 도스토옙스키

13. 블라디보스토크  14. 도어 록  15. 센트럴  16. 맨해튼

17. 컬럼비아  18. 벨기에, 벨지움  19. 프로이트, 프로이드

20. 녹다운  21. 알렉산드로스, 알렉산더  22. 알고리듬,
알고리즘  23. 리넨  24. 플라자  25. 노스탤지어


4번처럼 프랑스에서 온 외래어는 '-즘'이 아니라 '-슴'
이라고 씁니다. '오르가슴'처럼요.

표기법 중간 점검.

1.  정말 <u>으아하네요</u>. (                    )

2.  <u>구지</u> 갈 필요까지 있을까요? (                    )

3.  벌써 <u>실증</u>이 난 거야? (                    )

4.  그러다가 <u>미끌어졌다</u>. (                    )

5.  화재로 인해 건물은 금세 연기에 <u>휩쌓였다</u>.
    (                    )

6.  다리 좀 <u>오무려</u> 줄래? (                    )

7.  <u>실컫</u> 먹고는 배고프다고? (                    )

8.  <u>몬내</u> 아쉽다. (                    )

9.  그럴 거면 <u>숧제</u> 시작도 하지 않는 게 낫지 않겠어.
    (                    )

10. 머리를 참 곱게 <u>따았구나</u>. (                    )

11. 눈 덮힌 풍경. (                    )

12. 그 난리를 치고도 <u>버저시</u> 나타났다. (                    )

13. 미끼를 <u>덥썩</u> 물다. (                    )

14. 까무룩 <u>갈아앉더니</u> 떠오르질 않는다.
    (                    )

15. 불 <u>키고</u> 나면 잘 보일걸요. (                    )

16. <u>짜투리</u> 시간엔 주로 뭘 하시나요? (                    )

17. 행사 참여율을 <u>높히기</u> 위해 이런저런 고민을 하고 있
    습니다. (                    )

18. 아니 그걸 <u>낸들</u> 알겠니? (                    )

19. 창문 <u>넘어</u> 어렴풋이 보이는 산 경치. (                    )

20. 왜 이렇게 <u>해매는</u> 거야? (                    )

21. 눈을 <u>부비고</u> 다시 보다. (                    )

22. 거사를 <u>치루고</u> 나니 맥이 풀린다. (                    )

23. 해 질 <u>녁</u> 풍경. (                    )

24. 불량배들이 내 자전거를 <u>뺐으려고</u> 했다.

(                    )

25. 그렇게 게으름을 피우다가는 시험에 또 실패하기 쉽
상이다. (                    )

26. 달리 할 일도 없는데 제 녀석이 그 일을 안 하고 베겨.
(                    )

27. 기차표를 예매를 했는지 안 했는지 긴가밍가하다.
(                    )

28. 밥 먹고 나면 바로 설겆이를 해야 마음이 편하다.
(                    )

29. 색깔이며 모양이 서로 잘 어울어진다.
(                    )

30. 왜 이렇게 메가리가 없어? (                    )

31. 오전 내내 비가 오더니 오후가 돼서는 날이 환하게 개
였다. (                    )

32. 그렇게 드립다 들이대면 어쩌자는 거야. (                    )

33. 가고 싶은 대로 가고, 듣고 싶은 데로 듣다.
(                    ,                    )

34. 매 일요일마다 외식을 한다. (                    )

35. 애들이 좋아할래니 하고 수제 과자를 준비했는데 모두들 라면만 찾았다. (                    )

36. 그렇게 밤새지 말라고 말했는데 참…… (                    )

37. 그 친구도 은근 고집쟁이더라고. (                    )

38. 번번히 그렇게 당하고도 아직 정신을 못 차린 거야?
   (                    )

39. 이 자리를 빌어 감사의 말씀을 드립니다. (                    )

40. 그의 주장은 우리 중 누구도 받아들일 수 없는 것이었다. (                    )

41. 멀찌기 떨어져서 걸었다. (                    )

42. 위험을 무릅쓰다. (                    )

43. 구태어 오실 필요는 없죠. (                    )

44. 구렛나룻이 멋지네요. (                    )

45. 칠흙 같은 어둠. (                    )

46. 어쩐지 으시시하다 이거. (                    )

47. 살인자의 얼굴은 흉칙하기 이를 데 없었다.

(             )

48. 언제 한번 들릴게요. (          )

49. 그거 만지면 안 되. (         )

50. 곧 갈께. (         )

51. 검사 결과가 나올 때까지 내내 안절부절했다.
(           )

52. 어쩌구저쩌구…… (         )

53. 요즘은 널판지 구하기가 쉽지 않다. (         )

54. 부장님께 올린 서류가 결제되면 바로 비용을 결재해
드릴게요. (       ,         )

55. 어둠 속에서 발자국 소리가 점점 다가오고 있었다.
(        )

56. 나이가 드니까 별일 아닌데도 괜시리 눈물이 나곤 한
다. (       )

57. 밤이 으슥해져서 이슥한 곳은 꽤나 어둡다.
(      ,       )

58. 윗어른께 먼저 인사를 드리는 게 도리겠죠. (     )

59. 닭을 <u>통채로</u> 구우니 통닭이지 뭐. (                    )

60. 어서 <u>오십시요</u>. (                    )


【 답 】

1. 의아하네요  2. 굳이  3. 싫증  4. 미끄러졌다  5. 휩싸였다

6. 오므려  7. 실컷  8. 못내  9. 숫제  10. 땋았구나  11. 덮인

12. 버젓이  13. 덥석  14. 가라앉더니  15. 켜고  16. 자투리

17. 높이기  18. 난들  19. 너머  20. 헤매는  21. 비비고

22. 치르고  23. 녘  24. 뺏으려고, 빼앗으려고  25. 십상

26. 배겨  27. 긴가민가하다  28. 설거지  29. 어우러진다

30. 매가리  31. 개었다  32. 들입다  33. 데로, 대로

34. 매 일요일, 일요일마다  35. 좋아하려니  36. 밤새우지

37. 은근히  38. 번번이  39. 빌려  40. 것이었다  41. 멀찍이

42. 무릅쓰다  43. 구태여  44. 구레나룻  45. 칠흑

46. 으스스하다  47. 흉측하기  48. 들를게요  49. 안 돼

50. 갈게  51. 안절부절못했다  52. 어쩌고저쩌고  53. 널빤지

54. 결재, 결제  55. 발걸음 소리, 발소리  56. 괜스레

57. 이슥해져서, 으슥한  58. 웃어른  59. 통째로  60. 오십시오

띄어쓰기 중간 점검.


1. 이제 모두 헤어져야 <u>하는 구나</u>. (                    )

2. 좋은 <u>건 지</u> 나쁜 <u>건지</u> 알 수 없게 될 <u>지</u>도 몰라.
   (                ,                ,                )

3. 내가 잘못했으니 나한테 욕을 <u>한 대도</u> 할 수 없지 뭐.
   (                )

4. 뭘 <u>해야할지</u>도 모르겠고 어디로 <u>가야할지</u>도 모르겠
   다. (              ,              )

5. "정말 그렇게 <u>해야 겠어요</u>?"
   "그럼요 당연하죠."
   "왜요?"
   "<u>왜 겠어요</u>?" (              ,              )

6. 이제 <u>마무리 하자</u>! (              )

7. <u>운전 할</u> 때마다 느끼는 거지만 <u>안전 운전하는</u> 게 가장
   중요하다. (              ,              )

8. <u>여기 저기</u> 다니면서 <u>이것 저것</u> 둘러봐야 다 뻔하니 여
   기서 사지 그래요? (              ,              )

9. 학교에 다니면서 부터 웃음을 되찾게 된 아이들.

   (                    )

10. 나 보고 그걸 하라지 뭐야. (                )

11. 밥 먹을 때 마다 반찬 투정을 하고 그래? (            )

12. 이렇게 무시 당하면서까지 이 일을 해야 하는 거야?

    (                    )

13. 최선을 다 한다더니 제 할 일도 다하지 않고 놀고 있

    는 거야? (              ,              )

14. 남자친구의 변명을 들으니 더욱 더 화가 난다.

    (                )

15. 해가 갈 수록 기력이 달리는 걸 절감한다. (            )

16. 그런 대접을 받는게 좋을리 없지.

    (                ,                )

17. 결혼한지 올해로 8년 됐어요. (                )

18. 한 명 당 만 원 씩 내면 되겠네. (            ,            )

19. 놀랄까봐 살살 부른 건데. (                )

20. 갈지 안 갈지 얼른 결정해야 한다. 그럴 리 없겠지만,

고민한지 오래되었기 때문에 어디로 가는 지 왜 가야
하는 지 잊을지도 모르니까. (                    ,

                ,                ,                ,

                ,                ,                )

21. 나 그 일 안 할 거 거든. (                    )

22. 갈걸 그랬나? (            )

23. 그 친구는 이미 가고 없는 걸. (                )

24. 모두 열 명 쯤 될 거예요. (                )

25. 중고로 하시면 비용이 10만 원 가량 들 겁니다.
    (                )

26. 나한테는 너 밖에 없어. (                )

27. 나로서는 견딜 밖에 달리 방법이 없지 뭐.
    (                )

28. 내가 가니 만큼 확실하게 해결해야지. 날씨가 좋으니
    만큼 행사를 잘 마무리하겠는걸.
    (                ,                )

29. 흠집 투성이. (                )

30. 암 하고 말고. 하다 마다. (                ,                )

31. <u>10리터 들이</u>. (                    )

32. <u>하루 만</u> 빌린다더니 <u>이틀만에</u> 갚았네.
    (                    ,                    )

33. 딱히 <u>갈데</u>가 없어서. (                    )

34. 날 믿어 봐, <u>틀림 없다</u>니까. (                    )

35. 저 두 사람은 형제나 <u>다름 없어요</u>. (                    )

36. <u>뭇사람</u>의 <u>뭇기억</u>들. (                    ,                    )

37. 상자 안에 든 게 <u>무엇이든간에</u> 난 가질 생각이 없다.
    (                    )

38. 의자에 앉아서 일하고 <u>있을라 치면</u> 어느새 엉덩이가
    들썩들썩한다. (                    )

39. 선배의 지적 <u>마따나</u> 오늘은 조심해야 할 것 같네요.
    (                    )

40. 제가 일전에 <u>말씀드렸다 시피</u> 이번엔 좀 곤란하겠습
    니다. (                    )

41. 내가 좀 <u>게으를 망정</u> 매사에 나태하진 않다.
    (                    )

42. 지금 시도하지 않으면 나중에 후회할 듯 싶다.
    (                    )

43. 되는 대로 만들었는데 그런 대로 먹을 만하다.
    (              ,              )

44. 보잘 것 없는 저를 이렇게까지 보살펴 주시니 몸 둘 바를 모르겠습니다. (                    )

45. 별 다를 것도 없는, 그야말로 별것 아닌 일인데 유난을 떠는 걸 보니 너도 별 수 없는 모양이구나.
    (              ,              ,              )

46. 맨처음엔 누구나 맨 손으로 시작하는 거죠 뭐.
    (              ,              )

47. 내친 김에 우승까지 노려 보자. (                    )

48. 내가 여러 모로 따져봤는데 아무래도 이번엔 안 되겠어. (              )

49. 궤를 달리 하다. (              )

50. "오늘 오후에 뭐해? 별일 없으면 술이나 한잔 하자."
    "몸도 안 좋다면서 뭐 하러 술을 마시려는 거야."
    (              ,              )

51. 이번 승리엔 팀의 막내가 크게 <u>한몫 했다</u>.
    (                    )

52. <u>못 다 한</u> 얘기는 만나서 다시 하자. (                    )

53. <u>한 번은</u> 또 이런 일이 있었어. (                    )

54. 그까짓 것 <u>흔하디 흔한</u> 걸 가지고 자랑은.
    (                    )

55. 결국 차랑 우리 <u>단 둘만</u> 남았네. 그런데 <u>둘다</u> 운전면
    허가 없으니 참…… (                    ,                    )

56. <u>난생 처음</u>으로 로또 3등에 당첨되었다.
    (                    )

57. 국을 <u>먹기는 커녕</u> 구경도 못 했다. (                    )

58. <u>지칠대로</u> 지친 몸과 마음. (                    )

59. <u>거리낌 없는</u> 태도가 좋았다. (                    )

60. <u>쓸모 없는</u> 것들은 좀 버려. (                    )

【 답 】

1. 하는구나  2. 건지, 건지, 될지  3. 한대도  4. 해야 할지,

가야 할지  5. 해야겠어요, 왜겠어요  6. 마무리하자  7. 운전할,

안전 운전 하는  8. 여기저기, 이것저것  9. 다니면서부터

10. 나보고  11. 때마다  12. 무시당하면서  13. 다한다더니,

다 하지  14. 더욱더  15. 갈수록  16. 받는 게, 좋을 리

17. 결혼한 지  18. 한 명당, 만 원씩  19. 놀랄까 봐  20. 갈지,

안 갈지, 그럴 리, 고민한 지, 가는지, 하는지, 잊을지

21. 안 할 거거든  22. 갈 걸  23. 없는걸  24. 열 명쯤

25. 10만 원가량  26. 너밖에  27. 견딜밖에  28. 가니만큼,

좋으니만큼  29. 흠집투성이  30. 하고말고, 하다마다

31. 10리터들이  32. 하루만, 이틀 만에  33. 갈 데  34. 틀림없다

35. 다름없어요  36. 뭇사람, 못 기억  37. 무엇이든 간에

38. 있을라치면  39. 지적마따나  40. 말씀드렸다시피

41. 게으를망정  42. 듯싶다  43. 되는대로, 그런대로

44. 보잘것없는  45. 별다를, 별것, 별수  46. 맨 처음, 맨손

47. 내친김에  48. 여러모로  49. 달리하다  50. 뭐 해, 뭐하러

51. 한몫했다  52. 못다 한  53. 한번은  54. 흔하디흔한

55. 단둘, 둘 다  56. 난생처음  57. 먹기는커녕  58. 지칠 대로

59. 거리낌 없는  60. 쓸모없는

외래어 표기 중간 점검.


1. 양송이 스프가 좋겠네요. (                    )

2. 쥬스 한 잔 마시고 싶다. (                    )

3. 도어 록의 밧데리가 다 됐는지 소리가 난다.
   (                    )

4. 이럴 땐 어떤 제스쳐를 취해야 하는 건지 모르겠다.
   (                    )

5. 가수라지만 이렇다 할 힛트곡이 없으니…… (          )

6. 저기요, 내프킨 좀 가져다주실래요? (                    )

7. 세수하고 로숀을 안 발랐더니 얼굴이 땅긴다.
   (                    )

8. 우리 팀장은 개인적인 업무 능력은 뛰어난데 리더쉽
   이 부족하니 참…… (                    )

9. 맛사지를 받고 나니 그제야 몸이 좀 풀리는 것 같다.
   (                    )

10. 디저트는 뭐니 뭐니 해도 초코렛과 케잌이죠.
    (                    ,                    )

11. <u>사라다</u>엔 <u>케찹</u>이 안 들어가죠?
    (                    ,                    )

12. 헤어 <u>샵</u>에 들러 머리를 좀 하자. (                    )

13. <u>키친타올</u>이 다 떨어졌다. (                    )

14. 오늘 야식은 <u>후라이드</u> 치킨 어때? (                    )

15. 여긴 <u>로얄</u> 층이 몇 층인가요? (                    )

16. 비둘기가 평화의 <u>심볼</u>이라던데 요즘 같아서는 그냥
    더럽고 지저분한 새에 불과해 보인다. (                    )

17. 요즘은 <u>필림</u> 카메라를 통 볼 수가 없다. (                    )

18. 요즘은 <u>콘테이너</u> 박스를 이용해 지은 건물들이 많다.
    (                    )

19. 이건 <u>매니아</u>들을 위한 코스라 입문자에겐 맞지 않습
    니다. (                    )

20. 설거지용 <u>스폰지</u>. (                    )

21. 신용카드는 영어로 <u>크레딧</u> 카드다. (                    )

22. 머리 기른 김에 <u>퍼머</u>도 한번 해 볼까? (                    )

23. 영국 런던의 타워 브릿지. (               )

24. 현대 미술 콜렉션. (              )

25. 프로포즈를 제대로 하지 못한 게 내내 걸린다.
    (               )

26. 미국 영화 산업의 메카 헐리우드. (               )

27. 시위대는 바리케이트를 치고 경찰과 대치 중이다.
    (               )

28. 일단 타겟부터 정합시다. (               )

29. 입주 전에 샤시 공사를 끝내야 한다. (               )

30. 놀러 가서는 렌트카를 이용하기로 했다. (               )

31. 플라스틱 말고 스텐레스로 된 국자를 써야 해요.
    (               )

32. 부르조아 민주주의 혁명. (               )

33. 프리젠테이션을 준비하느라 밤을 꼬박 새웠다.
    (               )

34. 카플을 이용해서 출퇴근하고 있습니다. (               )

35. 화덕에 구운 <u>핏자</u>라 확실히 맛이 다르다. (            )

36. <u>전자렌지</u>에 데워 먹자. (            )

37. <u>부저</u>를 누르시면 바로 달려가겠습니다. (            )

38. <u>도너츠</u>가 맞는 표기야 <u>도나쓰</u>가 맞는 표기야?
    (            )

39. <u>비지니스</u>로 만나는 사이. (            )

40. 빵은 <u>카스테라</u>지. (            )

41. 이건 <u>메카니즘</u>의 문제입니다. (            )

42. 점심엔 <u>부페</u>에 가지. (            )

43. <u>카라멜</u>은 너무 달아서요. (            )

44. 날이 쌀쌀하니 <u>자켓</u>을 입어라. (            )

45. <u>셋팅</u> 끝나면 바로 촬영 들어갑니다. (            )

46. <u>나레이터</u>가 <u>나레이션</u>을 하는 시간.
    (            ,            )

47. 차에 <u>네비게이션</u>을 새로 달았어요. (            )

48. 군부 <u>구테타</u>. (            )

49. 옷이 칼라는 괜찮은데 카라가 영 이상한데.
   (          ,          )

50. 넌센스 퀴즈입니다! (          )

51. 한국어엔 액센트가 따로 없다고 하지만 사투리엔 독
   특한 억양이나 강세가 있는 게 아닐까? (          )

52. 알콜 중독자 모임. (          )

53. 참으로 미스테리한 일이다. (          )

54. 영화 보고 영화 팜플렛도 한 장 얻어 왔다.
   (          )

55. 소세지 야채 볶음을 안주로 맥주 한잔 마셨다.
   (          )

56. 내게 온 메세지가 있나요? (          )

57. 플래폼으로 기차가 들어오고 있다. (          )

58. 샤쓰와 셔츠 중 어떤 게 표준어일까? (          )

59. 점퍼라고도 하고 잠바라고도 한다. (          )

60. 샐러리를 마요네즈에 찍어 먹으면 그만이죠.
   (          )

61. 어느 셀러리맨의 죽음. (                )

62. 런닝셔츠 바람으로 외출할 수는 없지. (                )

63. 환경을 위해 스치로폼 사용을 줄여야 한다.
    (                )

64. 올여름에 티벳으로 휴가를 갈 생각이다. (            )

65. 몽고의 수도는 울란바토르이다. (               )

66. 로스엔젤리스, 라스베가스, 메사추세츠는 모두 미국
    의 도시 이름이다. (             ,             ,
                  )

67. 도전자의 주먹에 챔피언은 완전히 넉다운되고 말았
    다. (            )

68. 가벽으로 쓸 판넬이 열 개쯤 필요합니다. (            )

69. 컴맹한테 앨고리즘에 대해 물으면 어떡하라는 거예요
    대체. (            )

70. 저 유명한 엠파이어스테이트 빌딩이 있는 곳이 바로
    뉴욕의 맨하탄이다. (             )

229

【 답 】

1. 수프  2. 주스  3. 배터리  4. 제스처  5. 히트  6. 냅킨  7. 로션

8. 리더십  9. 마사지  10. 초콜릿, 케이크  11. 샐러드, 케첩

12. 숍  13. 키친타월  14. 프라이드  15. 로열  16. 심벌  17. 필름

18. 컨테이너  19. 마니아  20. 스펀지  21. 크레디트  22. 파마

23. 브리지  24. 컬렉션  25. 프러포즈  26. 할리우드

27. 바리케이드  28. 타깃  29. 섀시  30. 렌터카  31. 스테인리스

32. 부르주아  33. 프레젠테이션  34. 카풀  35. 피자

36. 전자레인지  37. 버저  38. 도넛  39. 비즈니스  40. 카스텔라

41. 메커니즘  42. 뷔페  43. 캐러멜  44. 재킷  45. 세팅

46. 내레이터, 내레이션  47. 내비게이션  48. 쿠데타  49. 컬러,

칼라  50. 난센스  51. 악센트  52. 알코올  53. 미스터리

54. 팸플릿  55. 소시지  56. 메시지  57. 플랫폼  58. 샤쓰,

셔츠  59. 점퍼, 잠바  60. 셀러리  61. 샐러리맨  62. 러닝셔츠

63. 스티로폼  64. 티베트  65. 몽골  66. 로스앤젤레스,

라스베이거스, 매사추세츠  67. 녹다운  68. 패널  69. 알고리듬,

알고리즘  70. 맨해튼

한글은 기본적으로 열네 개의 자음과 열 개의 모음으로 구성되어 있습니다. 각각의 이름은 다음과 같습니다.

자음(닿소리):

기역(ㄱ), 니은(ㄴ), 디귿(ㄷ), 리을(ㄹ), 미음(ㅁ), 비읍(ㅂ), 시옷(ㅅ), 이응(ㅇ), 지읒(ㅈ), 치읓(ㅊ), 키읔(ㅋ), 티읕(ㅌ), 피읖(ㅍ), 히읗(ㅎ)

모음(홀소리):

아(ㅏ), 야(ㅑ), 어(ㅓ), 여(ㅕ), 오(ㅗ), 요(ㅛ), 우(ㅜ), 유(ㅠ), 으(ㅡ), 이(ㅣ)

자음의 경우 각각의 글자가 해당 이름의 받침에 들어간다는 사실을 잊지 않는다면 '지옷, 키역, 티귿' 같은 이상한 이름을 대는 일은 없을 겁니다.

한글의 모음은 기본 모음 열 개만으로도 영어의 두 배에 해당하는데 이중모음까지 합치면 그야말로 모음 천국인 셈이죠. 어디 그뿐인가요. 자음도 겹자음까지 표기할 수 있어 소리글자로는 당할 글자가 없다고나 할까요.

이런 글자들이 어떤 품사가 되어 한국어 문장에서 그 역할을 하는지 알아볼까요.

한글 문장의 구성 성분은 모두 5언 9품사로 이루어져 있습니다.

체언—명사, 대명사, 수사
수식언—관형사, 부사
관계언—조사
용언—동사, 형용사
독립언—감탄사

우선 체언과 용언이 있죠. 체언은 명사, 대명사, 수사로 이루어지고, 용언은 동사와 형용사로 이루어집니다. 체언 앞에서 체언을 꾸미는 역할을 하는 관형사가 있고, 용언 앞에서 용언을 꾸미는 부사가 있습니다. 이 두 가지를 수식언이라고 부르죠. 체언 바로 뒤에 바짝 붙어서 수행비서 역할을 하는 조사는 관계언이라고 부릅니다. 그리고 마지막으로 감탄사가 빠지면 안 되겠죠. 독립언이라고 따로 이름 붙인 항목에 속하죠. 이렇게 해서 모두 5언 9품사입니다.

이 밖에 알아 두어야 할 구성 성분으로 접사와 어미 그리고 의존명사가 있습니다. 접사는 독립적으로 쓰이지 못하고 다른 어근이나 단어에 붙어 역할을 하는데 단어의 앞에 붙으면 머리 두頭 자를 써서 접두사라고 부르고, 뒤에 붙으면 꼬리 미尾 자를 써서 접미사라고 부르고, 중간에 붙으면 접사라고 부릅니다.

어미는 용언인 동사와 형용사 또는 서술격 조사가 활용될 때 변화를 맡는 부분을 말합니다. 그리고 다른 말에 기대어 쓰는 의존명사가 있죠. 이 정도면 이 책에서 반복되는 품사와 그 밖의 구성 성분들의 용어는 거의 다 거론된 셈입니다.

그럼 체언은 뻔하니까 용언부터 살펴볼까요. 동사와 형용사는 9품사 중에서 유이하게 기본형과 활용형을 갖는 품사들입니다. 가령 기본형이 '가다'인 동사가 '가니, 가서, 간, 갈, 갈망정, 갈뿐더러'처럼 활용되는 식이랄까요. 용언의 활용은 우리말에서 시제 역할까지 맡기 때문에 단순한 활용이라고만 치부할 수는 없죠. 가령 '가다'의 경우 '간, 가는, 갈'로 과거와 현재, 미래를 표현할 수 있으니까요. 다만 형용사는 그 자체로 과정과 변화를 품고 있지 못한 품사여서 현재형은 불가능합니다. '좋다'가 '좋은, 좋을'까지는 가능해도 '좋는'은 불가능한 것처럼요. 그래서 '크다'라는 단어는 동사로 쓰이기도 하고 형용사로 쓰이기도 하는데 해당 문장에서 어떤 품사로 쓰였는지 확인하려면 '고 있는'을 붙여 보면 됩니다. '크고 있는'이 가능하면 동사니까요. 그러니 '걸맞는'이나 '알맞는'은 각각 '걸맞은' '알맞은'으로 표기해야 맞는 표현이 되겠죠.

요즘은 이 용언의 활용을 헷갈려 하는 분들이 제법 많습니다. 텔레비전 예능 프로그램에 나오는 자막을 봐도 예전엔 곧잘 틀리곤 하던 어려운 표기들도 다 제대로 가려 쓰면서 오히려 용언 활용, 특히나 'ㄹ' 받침을 갖는 동사의 경우 대부분 틀리게 쓰는 걸 보게 됩니다.

꽁꽁 얼은 물
돌돌 말은 종이
가늘게 썰은 고기
잘게 갈은 마늘
빨랫줄에 널은 빨래

처음엔 재미있게 보이려고 일부러 저렇게 썼나 보다 했는데 계속 보고 있으니 그게 아니더군요. '얼다'는 '얼어, 어니, 어는, 언'으로 활용되니 당연히 '꽁꽁 언 물'이어야 하고, '말다' 또한 '말아, 마니, 마는, 만'이니 '돌돌 만 종이'여야 하겠죠. 나머지 것들도 다 마찬가지고요.

'라면이 불은 뒤에 먹으면 맛이 없다'가 맞을까요, 아니면 '라면이 분 뒤에 먹으면 맛이 없다'가 맞을까요? '체중이 불은 뒤로 옷이 맞지 않는다'와 '체중이 분 뒤로 옷이 맞지 않는다' 중 어느 쪽이 맞는 표현일까요? 기본형은 뭘까요?

기본형은 '붇다'죠. 'ㄷ' 받침을 가지면서 불규칙 변화를 하는 동사의 경우 뒤에 모음이 올 때 'ㄷ' 받침이 'ㄹ' 받침으로 바뀌고, 자음이 올 때 'ㄷ' 받침을 유지합니다. 따라서 '붇다'는 '불어, 불으니, 붇게, 붇는, 붇지, 불을, 불었다'로 활용되죠. 그러니 '라면이 불은 뒤에 먹으면 맛이 없다'와 '체중이 불은 뒤로 옷이 맞지 않는다'가 각각 맞는 표현이죠.

뭐가 이렇게 헷갈리는 거야, 하고 불만을 표하실지도 모르겠네요. 하지만 그러실 필요 없습니다. 왜냐하면 여러분이 이미 잘 알고 있을 뿐만 아니라 정확하게 활용해 쓰고 있는 변화이기 때문입니다. '걷다'를 생각해 보시죠. '내가 걸은 길'인지 '내가 건 길'인지 헷갈려 하시는 분은 안 계시겠죠. '걷다'는 '붇다'와 활용이 똑같습니다. 그러니 '붇다'의 활용형이 어려워서 잘 모르는 게 아니라 자주 접하면서 고민할 기회가 적었기 때문이겠죠.

동사에서 문제가 되는 것은 또 있습니다. 바로 피동, 즉 당하는 말인데요. 한국어 동사는 영어 동사처럼 문법적인 요구에 따라 당하는 말을 만드는 경우는 없습니다. 의미가 맞을 때만 당하는 말을 만들 수 있죠. 대개 '-이-, -히-, -리-, -기-' 등의 접사를 붙이거나 '-아(어)지다'를 붙여 만듭니다. 가령 '나누다'에 접사 '-이-'를 붙여 '나뉘다'를 만들거나, '-어지다'를 붙여 '나누어지다'로 만드는 식이죠.

그런데 문제는 당하는 말을 이중으로 만들어 쓰는 경우입니다. 이를테면 '보다'에 접사 '-이-'를 붙여 '보이다'를 만들었는데, 그 당하는 말에 다시 '-어지다'를 붙여 '보여지다'라고 쓰면 이중으로 당하는 말이 되겠죠. '잊혀지다, 불려지다, 찢겨지다' 등도 마찬가지입니다.

보다-보이다-보여지다
잊다-잊히다-잊혀지다
부르다-불리다-불려지다
찢다-찢기다-찢겨지다

'잊혀진 계절'이나 '잊혀진 역사'를 '잊힌 계절'이나 '잊힌 역사'로 바로 쓰는 게 너무 어색하다며 규칙을 바꿔 달라고 요구하는 댓글을 본 적이 있는데, '잊혀지다'만 허용해 주는 식으로 바꿀 수는 없겠죠. 아마도 언중이 계속 이중으로 당하는 말을 쓴다면 어느 시점엔 이중으로 당하는 말을 강조의 의미로 쓸 수 있다는 식으로 규칙이 바뀔 수도 있을 겁니다.

다음은 관형사를 알아볼까요. 말씀드린 대로 체언 앞에서 체언을 꾸미는 역할을 하는 품사입니다. '새 옷', '헌 옷' 할 때 '새'와 '헌'이 바로 관형사죠. 뒤의 체언 '옷'을 꾸미는 역할을 하고 있죠. 그 밖에도 '맨 처음' 할 때 '맨', '모든 사람' 할 때 '모든', '옛 친구' 할 때 '옛' 등이 관형사입니다. '옛스럽다'가 아니라 '예스럽다'가 맞고, '옛부터'가 아니라 '예부터'가 맞는 이유도 그 때문이죠. 왜냐하면 '옛'은 관형사인지라 뒤에 '-스럽다'라는 어미나 '부터' 같은 조사가 붙을 수 없으니까요. 어미나 조사는 체언인 '예'에 붙어야 맞습니다.

새 옷
헌 옷
맨 처음
모든 사람
옛 친구
별 뜻 없이
어느 지역
웬 사람들이야
한다하는 집안의 자제들

물론 관형사 말고 용언의 관형형이 체언을 꾸미는 관형사처럼 쓰이기도 합니다. 가령 '좋은 사람', '날아간 거리'에서처럼 형용사 '좋다'의 활용형 '좋은'이 '사람'을 꾸미거나 동사 '날아가다'의 활용형 '날아간'이 '거리'를 꾸미는 관형형으로 쓰일 수 있으니까요. 요즘은 관형사보다 용언의 관형형이 체언을 꾸미는 역할을 더 많이 하는 듯합니다. 그렇다 보니 용언이 체언을 꾸미는 역할에 그칠 뿐 문장

안에서 제 역할을 하지 못해 체언 위주의 문장만 늘어나는 추세를 보이기도 하죠.

그래서일까요. 자연스럽게 용언을 꾸미는 부사가 잘 쓰이지 않습니다. '빨리, 느리게' 같은 부사형 말고 그 자체로 부사인 낱말들, 즉 '그냥, 사뭇, 짐짓, 매우, 못다' 같은 말들 말입니다. 쓰이더라도 한 가지로 몰리는 경향이 강해서 '너무'의 경우 비슷한 정도 부사가 '매우, 퍽, 아주, 꽤, 무척, 되게, 몹시' 등 한두 가지가 아닌데 '너무'만 너무 많이 쓰다 보니 글에 '너무'만 보이기도 하죠.

심지어는 '못다'가 부사인지 모르고 '못 다 한 이야기'처럼 띄어 쓰기도 하죠.

못다 한
못다 핀
못다 이룬

'못다'는 뒤에 오는 용언 '하다, 피다, 이루다'를 꾸미는 부사인데 말이죠.

**'-이'를 붙여야 하나,
'-히'를 붙여야 하나?**

한글맞춤법 51항에서는 "부사의 끝 음절이 분명히 '이'로 나는 것은 '-이'로 적고, '히'로만 나거나 '이'나 '히'로 나는 것은 '-히'로 적는다"라고 규정해 놓았는데 이것만 가지고는 구분해 쓰기가 쉽지 않습니다. 따라서 세부적인 기준을 따져봐야 할 것 같네요.

우선 '-이'를 붙이는 경우는,

1. 접미사 '-하다'가 붙는 어근의 끝소리가 'ㅅ'인 경우: '깨끗, 남짓, 빠듯'처럼 받침이 'ㅅ'으로 끝난다는 뜻이겠죠.

깨끗이, 남짓이, 빠듯이, 나긋나긋이, 반듯이, 버젓이, 번듯이, 산뜻이, 의젓이, 지긋이 등.

2. 'ㅂ' 불규칙 용언의 어간 뒤: '가볍다, 괴롭다' 같은 형용사라는 말이겠죠.

가까이, 가벼이, 고이, 괴로이, 기꺼이, 날카로이, 너그러이, 대수로이, 번거로이, 부드러이, 새로이, 쉬이, 외로이, 즐거이 등.

3. '-하다'가 붙지 않는 용언 어간 뒤.

같이, 굳이, 길이, 깊이, 높이, 많이, 실없이, 적이, 헛되이 등.

4. 첩어 또는 준첩어인 명사 뒤: 첩어는 같은 글자가 이어져서 이루어진 '간간, 겹겹' 등을 말하고, 준첩어는 그에 준하는, 즉 '나날, 다달' 등을 말합니다.

간간이, 겹겹이, 골골이, 곳곳이, 길길이, 나날이, 다달이, 땀땀이, 몫몫이, 번번이, 샅샅이, 알알이, 앞앞이, 일일이, 줄줄이, 집집이, 짬짬이, 철철이, 틈틈이 등.

5. 부사 뒤.

곰곰이, 더욱이, 생긋이, 오뚝이, 일찍이, 히죽이 등.

6. '-하다'가 붙는 어근의 끝소리가 'ㄱ'인 경우: '깊숙하다'처럼 'ㄱ' 받침을 갖는다는 뜻이겠죠.

깊숙이, 고즈넉이, 끔찍이, 가뜩이, 길쭉이, 멀찍이, 느직이, 두둑이 등.

이들 경우에 해당하지 않는 것은 모두 '-히'를 붙여 적어야 하지만 간혹 예외가 없지 않으니 수시로 사전을 찾아보시는 것이 좋을 듯하네요.

### 반복된 문제까지 또 틀리니 정말 곤욕스럽다 (              )

어느덧 12단계까지 왔군요. 여기까지 오시느라 애쓰셨네요. 반복의 힘을 믿고 지겨우시더라도 끝까지 함께하시길 바랍니다.

그럼 표기법부터 살펴볼까요.

1. 국가의 원수로서 대통령은 국가의 영토를 <u>보존</u>할 의무를 갖는다. (              )

2. 자금을 <u>운영</u>하는 데 어려움을 겪는 금융 회사들.
   (              )

3. 토지의 효율적인 <u>계발</u>을 위한 정책. (              )

4. 극장에서 연극이 <u>상영</u>되는 동안 근처 영화관에서는 똑같은 내용의 영화가 <u>상연</u>되었다. (      ,      )

5. 집을 구할 땐 자격증을 가진 <u>중계인</u>의 도움을 받는 것이 좋다. (              )

#6.  왕년에 <u>한가닥</u> 하지 않은 사람이 어디 있어.
(                    )

7.  모두의 기대에 <u>상응</u>하는 결과를 내지 못해 마음이 아
프네요. (            )

8.  매번 <u>딴지</u> 걸 생각만 하지 도와줄 생각은 전혀 하지
않으니 동료라고 할 수 있겠나. (            )

9.  멀쩡하게 생긴 사람이 행동거지는 <u>추레하기</u> 이를 데
없다. (            )

10. 왜 결혼 안 하느냐는 질문을 받을 때면 어떻게 대답해
야 할지 몰라 정말 <u>곤욕스럽다</u>. (            )

11. 온라인에서만 알고 지내던 사람을 직접 만나 <u>실재</u> 모
습을 보니 느낌이 묘했다. (            )

#12. 밤이 <u>으슥해져서</u> <u>이슥한</u> 곳은 꽤나 어둡다.
(            ,            )

13. 불을 켜지 않아 집 안도 <u>어두침침하고</u> 바깥도 날이 어
두워져 <u>어둠침침하다</u>.
(            ,            )

14. 인질범은 끈으로 인질의 손을 <u>친친</u> 감고 두 발도 역시
<u>칭칭</u> 감았다. (            ,            )

242

15. 너 그 말 맹서할 수 있어? (                    )

16. 그래서 다쳤다고? 어머 어떻게! (                    )

17. 늘 겉돌기만 하는 아이를 다잡아 보겠다고 야단을 쳤
    다가 외려 더 겉잡을 수 없게 되어 버렸다.
    (                    ,                    )

#18. 윗어른께 먼저 인사를 드리는 게 도리겠죠.
    (                    )

19. 병 때문에 고통 받는 아이들을 보면 가슴이 메어진다.
    (                    )

20. 거주 지역별로 구별하는 방법과 성별로 구별하는 방
    법이 있다. (                    ,                    )

21. 편리 시설을 이용하는 사람들. (                    )

22. 교통편은 지하철을 사용하겠습니다. (                    )

23. 의심의 눈꼬리를 보내다. (                    )

#24. 닭을 통채로 구우니 통닭이지 뭐. (                    )

25. 아기 배냇옷이 참 앙증맞네요. (                    )

26. 웃옷을 벗어부치고 상대를 구석으로 몰아부쳤다.

（　　　　　　，　　　　　　　）

27. 가려야 갈 수 없다가 맞을까, 갈래야 갈 수 없다가 맞을까? (　　　　　，　　　　　　)

28. 그 소식을 듣고 가족들 모두 애닳아서 안절부절못했다. (　　　　　)

29. 출판사는 대형 서점에 책 판매를 의탁하는 셈이다.
（　　　　　　）

#30. 괴발개발 썼다고 해야 맞는 걸까, 개발새발 썼다고 해야 맞는 걸까? (　　　　　，　　　　　　)

31. 변명을 하느라 정말 식은땀깨나 흘렸다. (　　　　　)

32. 원고를 완성하는 데 좋이 3개월은 걸린다. (　　　　　)

33. 갑상선에 문제가 생긴 것 같다는 진단이 나와서 정밀 검사를 받기로 했다. (　　　　　)

34. 간간히 들려오는 찻소리에 어둠이 몸을 뒤치곤 했다.
（　　　　　　）

35. 책임을 완성하기 위해서는 잠시도 쉴 틈이 없다.
（　　　　　　）

#36. 한국전쟁 때 홀홀단신으로 남쪽으로 내려온 터라 가

족이라곤 한 명도 없다. (                    )

37. <u>면면이</u> 이어져 내려오는 전통. (                    )

38. 머리를 감고 나면 머리카락이 <u>한 웅큼</u>씩 빠진다.
    (                    )

39. 총리 후보자들을 두고 <u>적역</u> 여부를 꼼꼼히 따지고 있
    다. (                    )

40. 지금은 인수 합병을 논할 <u>게재</u>가 아니다. (                    )

41. 무슨 <u>꿍꿍잇속</u>으로 날 만나자고 하는지 모르겠네요.
    (                    )

#42. 약간 <u>모자르다</u> 싶을 때 숟가락을 내려놓는 게 좋다.
    (                    )

43. 살 빠져 보인다는 <u>둥</u>, 예뻐졌다는 <u>둥</u> 오늘따라 듣기
    좋은 말만 늘어놓는 이유가 뭐야?
    (                ,                    )

44. 그 <u>부대</u> 자루에 든 게 뭐야? (                    )

45. <u>곰곰히</u> 생각해 보니 그이의 말이 옳네요. (                    )

46. 사회에 <u>경종을</u> 올린 사건이었다. (                    )

47. 가만히 생각해 보면 그이의 행동에 <u>미심적은</u> 점이 한 두 가지가 아니다. (                    )

#48. <u>절대절명</u>의 순간에 처한 주인공. (                    )

49. 시내에 나갔다가 <u>우연찮게</u> 고등학교 때 친구를 만났다. (                    )

50. 차도의 <u>넓이</u>가 차폭보다는 길어야 한다. (                    )

51. 너무 오랫동안 만나지 못해 친구의 얼굴이 분명하게 기억나지 않고 그저 <u>얼핏</u> 떠오를 뿐이다. (                    )

52. 소파에 앉아서 텔레비전을 보다가 나도 모르게 <u>얼핏</u> 잠이 들어 버렸다. (                    )

53. 수배자를 <u>은익</u>한 행위도 처벌 대상이 된다. (                    )

#54. 내내 <u>별르고</u> 있던 일이다. (                    )

55. 술은 좀 <u>있다가</u> 시킬게요. (                    )

56. 사내는 고통을 참기 위해 이를 <u>앙물었다</u>.
(                    )

57. 술에 취해 눈을 <u>게슴추레하게</u> 뜨고 쳐다보는 꼴이 아주 가관이었다. (                    )

58. 축하 파티에 정작 주인공은 <u>콧빼기</u>도 내비치지 않았다. (                    )

59. 주먹다짐까지 했다면 <u>볼짱</u> 다 본 거 아니야?
    (                    )

#60. 어서 <u>오십시요</u>. (                    )

【 답 】

1. 보전  2. 운용  3. 개발  4. 상연, 상영  5. 중개인  6. 한가락 하지

7. 부응  8. 딴지, 딴죽  9. 추접하기  10. 곤혹스럽다  11. 실제

12. 이슥해져서, 으슥한  13. 어두침침하고, 어둠침침하다

14. 친친, 칭칭  15. 맹서, 맹세  16. 어떡해  17. 겉돌기만, 걷잡을

18. 웃어른  19. 미어진다  20. 구분, 구분  21. 편의  22. 이용

23. 눈초리  24. 통째로  25. 배내옷  26. 벗어부치고, 몰아붙였다

27. 가려야, 갈래야  28. 애달파서  29. 위탁  30. 괴발개발,

개발새발  31. 진땀  32. 좋이, 족히  33. 갑상샘  34. 간간이

35. 완수하기  36. 혈혈단신  37. 면면히  38. 한 움큼  39. 적격

40. 계제  41. 꿍꿍이속  42. 모자라다  43. 둥, 둥  44. 부대, 포대

45. 곰곰이  46. 경종을 울린  47. 미심쩍은  48. 절체절명

49. 우연히, 우연찮게  50. 너비, 폭  51. 어렴풋이  52. 설핏

53. 은닉  54. 벼르고  55. 이따가  56. 악물었다

57. 게슴츠레하게  58. 코빼기  59. 볼 장  60. 오십시오

4번은 연극은 '상연'하고, 영화는 '상영'하며, 방송은 '방영'한다고 합니다. 5번은 '중계'는 '중간에서 이어 주는 것'이고, '중개'는 '두 당사자 사이에서 일을 주선하는 것'입니다. 10번의 '곤혹'과 '곤욕'은 다릅니다. '곤혹'은 '곤란한 일을 당해 어찌할 바를 모르는 상태'고, '곤욕'은 '심한 모욕이나 참기 힘든 일'을 말하죠. 16번의 경우 '어떻게'와 '어떡해'를 가려 쓰는 문제입니다. '어떻게'는 부사고 '어떡해'는 '어떠하게 하다'라는 동사의 활용형입니다. 그러니 '어떻게 그런 일'이라고 쓰고, '그럼 나는 어떡해'라고 쓸 수 있습니다. 19번의 '메어지다'는 '메다'의 활용형으로 '시장에 사람들이 메어지다'처럼 쓸 수 있습니다. 그러니 19번 문장에서는 가슴이 찢어질 듯한 슬픔을 느낀다는 뜻의 '미어지다'가 맞는 표기입니다. 23번의 '눈꼬리'와 '눈초리'는 같은 뜻을 갖기도 하지만, '눈초리'는 '어떤 대상을 바라볼 때 눈에 나타나는 표정'이라는 뜻도 갖기에 '눈초리'가 적절해 보입니다. 27번은 어미 '-려야'와 '-ㄹ래야' 모두 표준어이므로 '가려야', '갈래야' 둘 다 쓸 수 있습니다. 28번은 '애닳다'는 '애달프다'의 잘못된 표기이므로, '애달아서'나 '애달파서'라고 써야 맞겠습니다. 31번은 '식은땀'도 틀린 건 아니지만 이 경우엔 '몹시 애쓰거나 힘들 때 흐르는 땀'이라는 뜻을 갖는 '진땀'이 적절한 표현 아닐까요. 32번의 '족足히'는 '좋이'의 한자식 표현입니다. 33번은 기존에 써 오던 '갑상선, 림프선, 내분비선' 대신 '갑상샘, 림프샘, 내분비샘' 등으로 쓰는 추세라 문제로 다루었습니다. 34번의 경우 '간 간히'는 '입맛 당기게 약간 짠 듯이'라는 다른 뜻을 갖는 부사입니다. 37번의 '면면이' 또한 '면면히'와는 달리 '저마다 따로따로, 또는 여러 면에서'라는 뜻을 갖는 부사죠. '면면히'는 '끊어지지 않고 쭉 잇따라'라는 의미의 부사이고요. 40번의 '게재'는 신문이나 잡지 등에 그림이나 글을 싣는 걸 뜻하는 단어입니다. 43번의 '등'은 한자어 '등'等의 고유어로 똑같이 의존명사로 씁니다. 45번은 '곰곰이'로 써야 맞습니다. 참고로 '꼼꼼히'는 '-히'가 붙습니다. 47번은 접미사 '-쩍다'가 붙은 경우입니다. '수상쩍다, 의심쩍다, 무안쩍다, 계면쩍다'도 마찬가지입니다. 49번의 경우 '우연찮게'는 '우연하지 않게'라는 뜻으로 필연적이라는 의미가 돼서 '우연히'와 같은 뜻으로 쓰일 수 없습니다. 하지만 워낙 자주 쓰여서인지 『표준국어대사전』에도 올라 있어 함께 맞는 답으로 적었습니다. 55번의 '있다가'는 '머물다가'라는 뜻이어서 '시간이 어느 정도 경과한 뒤에'라는 뜻의 '이따가'가 맞습니다.

그럼 띄어쓰기를 살펴보겠습니다.

1. 점심 때 만나는 게 좋을까 저녁 때 만나는 게 좋을까?
   (                    ,                    )

2.  <u>그 때</u> 내가 잘못한 건 사과할게. (                    )

3.  올해로 직장 생활 <u>3년차</u>입니다. (                )

4.  <u>출장 차</u> 부산에 다녀오는 길이에요.. (                    )

#5.  참으로 <u>어처구니 없는</u> 일이다. (                        )

6.  <u>너야 말로</u> 뻔뻔하구나. (                    )

7.  <u>그 말인 즉</u> 연습을 전혀 안 했다? (                    )

8.  내가 아무리 <u>힘들 지언정</u> 너까지 힘들게 하겠니.
    (                    )

9.  모두 <u>견습생 입니다</u>. (                )

#10.  밀가루 음식만 아니면 뭘 드셔도 <u>상관 없습니다</u>.
    (                    )

11.  <u>2000년 생</u> 말씀인가요? (                    )

12.  <u>그 까짓 것</u> 가지고 뭘 고민을 하고 그래?
    (                    )

13.  <u>병 치레</u> 하느라 <u>인사 치레</u>도 제대로 못 했네요.
    (                    ,                    )

250

14. <u>너 답지</u> 않게 왜 그래? (                    )

#15. <u>쓸모 없는</u> 것들은 좀 버려. (                    )

16. 그게 얼마 <u>짜리</u>인데요? (                    )

17. <u>천 원 어치</u>만 주세요. (                    )

18. <u>날짜 별</u>로 분류해 주세요. (                    )

19. <u>뿌리 째</u>로 잘라 주세요. (                    )

#20. 그래 봐야 <u>소용 없어</u>, 포기하자고. (                    )

21. <u>몇 개 씩</u> 포장하면 되나요? (                    )

22. <u>한 달치</u>를 한꺼번에 계산하는 건가요?
      (                    )

23. <u>이 달 말 경</u>에 잔금을 치르도록 하겠소.
      (                    )

24. <u>그런 말</u>하면 안 되지! (                    )

#25. 정말 <u>쓸데 없는</u> 짓을 하고 있구나. (                    )

【 답 】

1. 점심때, 저녁때  2. 그때  3. 3년 차  4. 출장차

5. 어처구니없는  6. 너야말로  7. 말인즉  8. 힘들지언정

9. 견습생입니다  10. 상관없습니다  11. 2000년생  12. 그까짓 것

13. 병치레, 인사치레  14. 너답지  15. 쓸모없는  16. 얼마짜리

17. 천 원어치  18. 날짜별  19. 뿌리째  20. 소용없어  21. 몇 개씩

22. 한 달 치  23. 이달 말경  24. 그런 말 하면  25. 쓸데없는

3번의 '차'는 '3년 차'처럼 차례나 순번을 나타낼 때 쓰는 의존명사이므로 띄어 써야 하고, 4번의 '-차'는 '출장차'처럼 목적을 나타낼 때 쓰는 접미사여서 붙여 써야 합니다. 7번은 '-ㄴ즉'이 예스러운 표현의 연결어미여서 붙여 씁니다. 12, 13, 14, 16, 17, 18, 19, 21, 23번의 '-까짓', '-치레', '-답지', '-짜리', '-어치', '-별', '-째', '-씩', '-경' 모두 접미사라 앞말에 붙여 써야 합니다. 22번의 '치'는 의존명사로 사람을 낮잡아 이를 때도 쓰고(젊은 치들이 눈치가 없네), 물건이나 대상을 가리킬 때도 쓸 뿐만 아니라(오늘 치 분량이 이것밖에 안 돼?), 제시된 문장에서처럼 일정한 몫이나 양을 나타날 때도 씁니다.

그럼 외래어 표기 보실까요.

1. 선발 투수로서 <u>5이닝</u>은 책임을 져 줘야 한다.
   (              )

2. <u>데코레이숀</u>이 너무 멋져서 장소가 비좁다는 생각이
   전혀 들지 않았다. (              )

3. 겨울이 다가오니 <u>쉐타</u>를 꺼내 놓아야겠다.
   (              )

4. 어릴 땐 <u>카시밀론</u> 담요를 늘 방 아랫목에 깔아 두었던
   기억이 난다. (              )

#5. 가벽으로 쓸 <u>판넬</u>이 열 개쯤 필요합니다. (          )

6. 내가 보는 신문엔 <u>옴부즈만</u> 코너가 있다.
   (              )

7. <u>펫트병</u>은 따로 분리수거를 해야 합니다. (          )

8. 일회용 커피 봉지는 <u>폴리에칠렌</u> 수지로 만들기 때문
   에 커피를 타고 저을 때 사용하는 건 바람직하지 않
   다. (              )

9. <u>브라자</u>를 입는 게 얼마나 불편하면 많은 여성들이 귀
   가하자마자 <u>브라자</u>부터 벗어 버린다고 할까.
   (              )

#10. 저 유명한 엠파이어스테이트 빌딩이 있는 곳이 바로
뉴욕의 맨하탄이다. (                    )

11. 이곳은 다양한 핼러윈 커스튬을 갖춘 매장입니다.
(                    )

12. 돈가스의 원래 이름은 포크커틀렛이다.
(                    )

13. 상파뉴는 프랑스의 세계적인 포도주 산지로, 샴페인
이라는 이름이 비롯된 곳이기도 하다. (                    )

14. 사회자의 멘트가 끝나자 바로 음악이 흘러나왔다.
(                    )

#15. 시베리아 횡단 철도의 동쪽 끝은 블라디보스톡이다.
(                    )

16. 한쪽 다리에 기브스를 한 지 어느새 일주일이 지났다.
(                    )

17. 빈볼 시비가 격화되자 양쪽 팀 덕아웃에 있던 선수들
이 일제히 쏟아져 나왔다. (                    )

18. 흡혈귀 드라큐라! (                    )

19. 그 일은 라이센스가 필요한 일이어서 아무나 할 수 없

습니다. (                    )

#20. 컴맹한테 앨고리즘에 대해 물으면 어떡하라는 거예요 대체. (                    )

21. 깨어 보니 내가 병실 침대에 누워 링게르를 맞고 있었다. (                    )

22. 펜션엔 바베큐 도구들이 갖추어져 있다.
(                    )

23. 앙케이트 결과는 저녁에 나올 예정입니다.
(                    )

24. 맛있는 음식을 먹을 때면 정말이지 엔돌핀이 치솟는 것 같다. (                    )

#25. 말레이시아의 수도는 콸라룸푸르이다.
(                    )

【 답 】

1. 5이닝  2. 데커레이션  3. 스웨터  4. 캐시밀론  5. 패널

6. 옴부즈맨  7. 페트병  8. 폴리에틸렌  9. 브래지어  10. 맨해튼

11. 코스튬  12. 커틀릿  13. 샹파뉴  14. 아나운스먼트, 코멘트

15. 블라디보스토크  16. 깁스  17. 더그아웃  18. 드라큘라

19. 라이선스  20. 알고리듬, 알고리즘  21. 링거  22. 바비큐

23. 앙케트  24. 엔도르핀  25. 쿠알라룸푸르

## 이젠 정말이지 약에 받혀서 문제를 푼다
(                    )

13단계 표기법 문제입니다.

1. 퇴근길에 장을 봐서 들어갈 깜냥으로 한 정거장 못 미쳐서 내렸다. (                    )

2. 트럭이 교차로에 서 있는 승용차를 뒤에서 들이받는 충돌 사고가 빚어졌다. (                    )

3. 복면을 한 강도의 위세에 눌린 은행원은 선선히 돈을 내주었다. (                    )

4. 소위 말해서 '갑질'이라는 게 바로 그것이다.
   (                    )

5. 시민단체들이 정부 정책에 간여할 때가 적지 않다.
   (                    )

#6. '베풀다'의 명사형은 '베품'이다. (                    )

7. 깜빡 잊고 공과금을 제때 못 내서 연체료를 물어야 할

때면 <u>여간만</u> 아까운 게 아니다. (                    )

8. 이럴 줄 알았으면 <u>진즉</u> 올 걸 그랬구나. (              )

9. 힘차게 문을 <u>열어제치고</u> 당당하게 밖으로 나갔다.
   (                    )

10. 친구들에게 늘 괴롭힘을 당하던 아이는 마침내 악에
    <u>받혀서</u> 소리를 지르며 맞서기 시작했다.
    (                    )

11. 걔는 그냥 <u>제끼고</u> 우리끼리 하자. (                )

#12. 휴 <u>십년감수했네</u>. 정말 다행이지 뭐야.
   (                              )

13. 그 티셔츠에 이 청바지를 <u>받쳐</u> 입으면 어울릴 것 같은
    데. (                )

14. 이 안건은 정식으로 토론에 <u>붙여야</u> 한다.
    (                )

15. 우체국에 가서 그깟 소포 좀 <u>붙이는</u> 일도 힘에 <u>붙인다</u>
    면 대체 뭘 할 수 있겠어. (              ,              )

16. 고리를 구멍에 잘 <u>맞혀서</u> 끼워야 해. (              )

17. 10월이면 생각나는 이용의 노래 「<u>잊혀진</u> 계절」.

(　　　　　　　　)

#18. <u>가능한</u> 참석하는 방향으로 고려해 보겠습니다.
(　　　　　　　　)

19. 속이 <u>메스꺼운</u> 걸까, 아니면 <u>매스꺼운</u> 걸까?
(　　　　　　　　)

20. 잘 시간이 지났는데도 아이들 눈빛은 <u>똘망똘망</u>한 게
잠들 기미가 보이지 않았다. (　　　　　　　　)

21. 선거를 앞두고 불법 선거 운동이 기승을 부릴 것으로
<u>보여집니다</u>. (　　　　　　　　)

22. 내 이름이 <u>불려질</u> 때마다 깜짝 놀라곤 했다.
(　　　　　　　　)

23. 갈가리 <u>찢겨진</u> 셔츠가 증거물로 제출되었다.
(　　　　　　　　)

#24. 생선을 먹고 나니 비린내가 옷에 <u>베고</u> 말았다.
(　　　　　　　　)

25. 몸이 <u>분</u> 뒤로 옷이 맞지 않는다. (　　　　　　　　)

26. 옷에 <u>배인</u> 반찬 냄새가 좀처럼 가시질 않는다.
(　　　　　　　　)

27. 차도에 움푹 패인 저곳이 싱크홀이라는 거죠?
   (                    )

28. 여자친구에게 채인 이유가 매번 약속에 늦어서라던
   데. (                    )

29. 한 발 내딛은 것만으로도 반은 이룬 것이나 마찬가지
   다. (                    )

#30. 가을걷이가 끝난 들판에 여기저기 낱알들이 흩어져
   있다. (                    )

31. 신장이 안 좋아서 약을 먹지 않으면 몸이 자꾸 붇는
   다. (                    )

32. 미소 띈 얼굴이 눈에 띠었다. (          ,          )

33. 칼날을 별르고 별러서 마침내 명검을 완성했다.
   (                    )

34. 시험 답안지를 채점하고 점수를 메기고 나니 진이 다
   빠진다. (                    )

35. 공직자로서 그에 걸맞는 행동을 해야 합니다.
   (                    )

#36. 체면 불구하고 부탁을 좀 드려야겠네요.

260

(　　　　　　　)

37. 수선을 한다고 했는데 너무 짧게 잘랐는지 입어 보니 바지가 <u>깡둥하니</u> 보기 싫었다. (　　　　　　　)

38. 야, 돈이 <u>쎄고 쌨냐</u>, 그런 데 펑펑 쓰게?
(　　　　　　　)

39. 나이가 드니 기운이 <u>딸려서</u> 활동량이 많은 운동은 부담스럽다. (　　　　　　　)

40. <u>잇달은</u> 대형 사고로 정부는 하루가 멀다 하고 비상대책회의를 열고 있다. (　　　　　　　)

41. 설움이 <u>복받치는</u> 거야 아니면 <u>북받치는</u> 거야?
(　　　　　,　　　　　　　)

#42. <u>저 같은 경우는요</u>……(　　　　　　　)

43. 체력의 한계에 <u>다달은</u> 건지 몸이 더는 움직여지지 않는다. (　　　　　　　)

44. 아무래도 저 두 사람은 전생에 이미 부부로 운명 <u>지워진</u> 것 같다. (　　　　　　　)

45. 더울 땐 등물이 최고지. 시원하게 찬물 한번 <u>껴얹자고</u>. (　　　　　　　)

46. 덩그런 공터에 낡은 차들이 덩그머니 놓여 있었다.
    (                    )

47. 수업은 두 시간 뒤인데 뭐 하면서 남는 시간을 메꾸
    지? (                    )

#48. 피곤했던 모양인지 소파에 널부러진 채로 잠이 들고
    말았다. (                    )

49. 가방이 작아서 짐을 다 담으려면 우겨넣는 수밖에 없
    다. (                    )

50. 코다리조림이 짭잘하고 짭쪼름한 게 여간 맛있질 않
    다. (              ,                )

51. 그럼 두 사람의 앞날을 축복한다는 말로 주례사를 가
    름하겠습니다. (                    )

52. 미래를 향해 나갈 젊은 세대에겐 외국으로 나아갈 기
    회를 제공해 주어야 한다. (              ,              )

53. 나한테 꼭 필요한 영양제라고 하도 닥달하고 심지어
    는 닥아세우기까지 하는 통에 구입하지 않을 수 없
    다. (              ,                )

#54. 아이들은 한참 자랄 때 잘 먹어야 한다. (              )

55. 어린 유족들을 보니 가슴 한편이 <u>짠하고</u> <u>찐했다</u>.
(           ,           )

56. 술에 취해 <u>헤롱거리는</u> 취객들을 보는 것도 이젠 질린다. (          )

57. <u>어쭙잖게</u> 충고한답시고 나섰다가 망신만 당하고 말았다. (         )

58. 밀가루에 물을 붓고 반죽을 하기 위해 한참을 <u>처댔다</u>.
(          )

59. <u>햇님</u> 달님. (          )

#60. 아마도 저를 다른 사람과 <u>혼돈</u>한 모양이네요.
(          )

【 답 】

1. 요량 2. 추돌 3. 선선히, 순순히 4. 이른바 5. 관여 6. 베풂

7. 여간만, 여간 8. 진즉, 진작 9. 열어젖히고 10. 받쳐서

11. 제치고 12. 십년감수할 뻔했지 뭐야 13. 받쳐 14. 부쳐야

15. 부치는, 부친다면 16. 맞춰서 17. 잊힌 18. 가능한 한

19. 메스꺼운, 매스꺼운 20. 또랑또랑 21. 보입니다 22. 불릴

23. 찢긴 24. 배고 25. 불은 26. 밴 27 팬 28. 차인

29. 내디딘 30. 낟알 31. 붓는다 32. 띤, 띄었다

33. 벼리고 벼려서 34. 매기고 35. 걸맞은 36. 불고하고

37. 깡동하니, 깡똥하니 38. 쌔고 쌨냐 39. 달려서 40. 잇단, 잇따른 41. 복받치는, 북받치는 42. 제 경우는요, 저는요

43. 다다른 44. 지어진 45. 끼었자고 46. 덩그마니

47. 메꾸지, 메우지 48. 널브러진 49. 욱여넣는 50. 짭짤하고, 짭조름한 51. 갈음하겠습니다 52. 나아갈, 나갈 53. 닦달하고, 닦아세우기까지 54. 한창 55. 짠하고, 찐했다 56. 해롱거리는

57. 어쭙잖게 58. 치댔다 59. 해님 60. 혼동


1번의 '깜냥'은 '스스로 일을 헤아릴 수 있는 능력'을 말합니다. '제 깜냥으로는 감당하기 어려운 일입니다'처럼 쓰죠. 4번의 '소위'所謂는 한자어로, '이른바'로 바꿔 쓸 만합니다. 5번의 '간여'와 '관여'는 좀 다릅니다. '간여'는 '어떤 일에 간섭하여 참여한다'는 뜻을 갖고, '관여'는 '어떤 일에 관계하여 참여한다'는 뜻을 갖습니다. '간섭'과 '관계'의 차이인데, 이 문장에선 '간섭'보다는 '관계'가 적당하다고 보았습니다. 8번의 '진즉'趁卽은 한자어로, 고유어 '진작'과 같은 뜻입니다. 10번은 '받다'의 활용을 이해해야 하는 문제입니다. '받다'에서 '받히다'와 '받치다'가 나온 셈인데, '받히다'는 무언가에 들이받히는 걸, '받치다'는 '무언가의 아래나 옆에 대다'나 13번의 경우처럼 '옷을 어울리게 입다'

나 '화가 나다' 따위를 뜻합니다. 참고로 '밭치다'는 '밭다'에서 온 말로 무언가의 물기를 빼기 위해 체 따위로 받아 내는 걸 뜻합니다. 14, 15번은 '붙이다'와 '부치다'의 차이를 묻는 문제인데, 두 단어는 워낙 많은 뜻을 갖고 있어 한번쯤 사전을 확인하시는 게 좋겠습니다. 20번의 '똘망똘망'은 아직은 표준어가 아닙니다. 21, 22, 23번은 당하는 말을 만드는 규칙과 관련된 문제입니다. 가령 '보다'의 당하는 말은 '보이다'인데, '보이다'에 '-어지다'를 붙여 '보여지다'라고 쓰면 두 번 당하는 말이 되겠죠. '불리다'와 '찢기다'도 마찬가지입니다. 자세한 내용은 이 책 231쪽 '붙임글 4'를 참고하시기 바랍니다. 25번은 앞에서 '붇다'와 '걷다'를 비교하며 설명한 바 있습니다. 26번의 '배다'는 '배어, 배니, 밴, 배는, 배일, 배었다'로 활용됩니다. '배다' 자체가 당하는 말이니 기본형이 '배이다'가 될 수 없기 때문입니다. 27, 28번은 준말을 잘못 쓴 경우입니다. 각각 '파이다'와 '차이다'가 기본형이므로 '파인' 또는 '팬', '차인'으로 써야 맞습니다. 29번의 '내딛다'는 '내디디다'의 준말입니다. 준말의 경우 활용을 할 때는 원말을 기준으로 해야 하므로 '내딛은'이 아니라 '내디딘'이 맞습니다. '가지다'의 준말인 '갖다'나 '머무르다'의 준말인 '머물다', '서두르다'의 준말인 '서둘다', '서투르다'의 준말인 '서툴다' 등도 마찬가지입니다. 31번은 피부나 장기가 부풀어 오를 때는 '붇다'가 아니라 '붓다'라고 씁니다. 32번은 '띠다'와 '띄다'의 차이를 묻는 문제입니다. '띠다'는 색깔이 드러나거나 미소 따위의 감정이 얼굴에 나타날 때 쓰고, '띄다'는 '뜨이다'의 준말로 '눈에 띄다', '귀가 번쩍 띄다' 주로 이 두 가지 경우에 쓰는 편입니다. 33번의 '벼리고 벼려'는 '벼르다'가 아니라 '벼리다'를 기본형으로 갖는 활용형입니다. 칼 따위의 날을 날카롭게 만들거나 마음이나 의지를 다잡을 때 쓰죠. '벼려, 벼리니, 벼리는, 벼린, 벼릴, 벼렸다'로 활용됩니다. 35번은 '걸맞다'가 동사가 아니라 형용사여서 '걸맞는'이 아니라 '걸맞은'이 맞는 표현입니다. 앞에서도 말씀드린 바와 같이 형용사는 시간의 경과나 과정을 표현할 수 없으므로 '-는'을 붙일 수 없기 때문이죠. 40번은 기본형이 각각 '잇달다'와 '잇따르다'여서 '잇달아, 잇다니, 잇다는, 잇단, 잇달, 잇달았다'와 '잇따라, 잇따르니, 잇따르는, 잇따른, 잇따를, 잇따랐다'로 활용됩니다. 49번은 '우기다'가 아니라 '욱이다'에 '넣다'가 붙은 말입니다. 57번은 '어줍잖다'가 아니라 '어쭙잖다'라는 걸 기억하셔야겠습니다. 58번의 반죽은 쳐대는 것이 아니라 치대는 것이죠. 59번은 명사 '해'와 접미사 '-님'이 결합된 말이어서 명사와 명사가 결합된 단어에만 적용되는 사이시옷이 들어갈 이유가 없습니다.

13단계 띄어쓰기 보실까요.

1. <u>삼사십 여 년</u>이나 떨어져 지냈는데 서먹한 게 당연하겠지. (　　　　　　)

2. 옛날 사람은 띄어 써도 <u>옛날이야기</u>, <u>옛사람</u>, <u>옛사랑</u>은 한 단어라 붙여 쓴다. (　　　　　　,　　　　　　,　　　　　　)

3. 초창기에 이 지역으로 옮겨와 <u>뿌리 내린</u> 사람들이 어느새 터줏대감이 되었다. (　　　　　　)

4. 옮길 <u>준비됐으니</u> 시작하시죠. (　　　　　　)

#5. 올해로 직장 생활 <u>3년차</u>입니다. (　　　　　　)

6. <u>엄마되는</u> 게 쉬운 일인 줄 알아? (　　　　　　)

7. 그 순간 <u>건물밖</u>에는 <u>나밖에</u> 없었으니 <u>놀랄밖에</u>.
(　　　　　　,　　　　　　,　　　　　　)

8. <u>너 따위</u>가 나를 꺾겠다고? (　　　　　　)

9. 도전 <u>네 번만에</u>, 시간으로 따지면 <u>5년만에</u> 이룬 성공이다. (　　　　　　,　　　　　　)

#10. <u>출장 차</u> 부산에 다녀오는 길이에요. (　　　　　　)

11. <u>산산조각난</u> 접시. (　　　　　　)

12. 어디선가 <u>본듯한데</u> 말이야. (　　　　　)

13. 자신이 <u>피해자인양하다니</u> 참 뻔뻔하다.
　　(　　　　　　)

14. 아무것도 <u>모르는체하더라고</u>. (　　　　　)

#15. <u>그 말인 즉</u> 연습을 전혀 안 했다? (　　　　　)

16. <u>잘난척하는</u> 게 정말 보기 싫다. (　　　　　)

17. 영화가 너무 슬퍼서 정말이지 <u>울뻔했다</u>.
　　(　　　　　)

18. <u>말하는대로</u> 이루어지면 얼마나 좋겠니.
　　(　　　　　)

19. <u>내딴에는</u> 잘한다고 한 건데…… (　　　　　)

#20. <u>뿌리 째로</u> 잘라 주세요. (　　　　　)

21. 시간이 되면 나도 <u>갈텐데</u> 아쉽다. (　　　　　)

22. <u>아침겸</u> 점심으로 먹는 걸 이른바 '브런치'라고 하죠.
　　(　　　　　)

23. 김광석의 노래 「<u>서른즈음에</u>」. (　　　　　)

24. 회장과 총무가 <u>싸우는통에</u> 분위기가 엉망이 됐지 뭐야. (                    )

#25. <u>그 까짓 것</u> 가지고 뭘 고민을 하고 그래?

(                    )


【 답 】

1. 삼사십여 년  2. 옛날이야기, 옛사람, 옛사랑  3. 뿌리내린

4. 준비 됐으니  5. 3년 차  6. 엄마 되는  7. 건물 밖, 나밖에,

놀랄밖에  8. 너 따위가  9. 네 번 만에, 5년 만에  10. 출장차

11. 산산조각 난  12. 본 듯한데  13. 피해자인 양하다니

14. 모르는 체하더라고  15. 말인즉  16. 잘난 척하는

17. 울 뻔했다  18. 말하는 대로  19. 내 딴에는  20. 뿌리째

21. 갈 텐데  22. 아침 겸  23. 서른 즈음에  24. 싸우는 통에

25. 그까짓 것


1번의 '-여'는 의존명사가 아니라 '해당 수를 넘는다'는 뜻을 갖는 접미사이므로 붙여 써야 합니다. 8번의 '따위', 9번의 '만', 12번의 '듯', 13번의 '양', 14번의 '체', 16번의 '척', 17번의 '뻔', 18번의 '대로', 19번의 '딴', 21번의 '터'('터인데'가 줄어서 '텐데'가 된 것이니까요), 22번의 '겸', 23번

의 '즈음', 24번의 '통'은 모두 의존명사여서 띄어 써야 합니다. 다만 '따위'의 경우 '그따위, 이따위, 저따위' 등은 한 단어로 보아 붙여 씁니다.

그럼 외래어 표기를 풀어 보시죠.

1. 이래 봬도 피아노 <u>콩쿨</u>에서 대상을 받은 적이 있다고요. (              )

2. 오늘의 스포츠 <u>하일라이트</u>. (                  )

3. 집 앞 공사장에서 <u>포크레인</u>이 땅을 파고 있다. (              )

4. 이번 겨울엔 <u>타이페이</u>로 여행을 갈 계획이다. (              )

#5. <u>데코레이숀</u>이 너무 멋져서 장소가 비좁다는 생각이 전혀 들지 않았다. (              )

6. 이번 중국 여행 중 가장 마음에 들었던 건 맥주로 유명한 <u>칭따오</u>에 갔을 때였다. (              )

7. <u>다이나믹</u> 코리아! (              )

8. <u>사보이</u>는 프랑스 <u>사부아</u>의 영어식 표기이다.

270

(　　　　　　)

9. <u>카탈로니아</u>는 스페인 <u>카탈루냐</u>의 영어식 표기이다.
(　　　　　　)

#10. 겨울이 다가오니 <u>쉐타</u>를 꺼내 놓아야겠다.
(　　　　　　)

11. 알베르토 <u>망구엘</u>의 『독서일기』. (　　　　　　)

12. 모차르트의 오페라 「돈 <u>지오반니</u>」. (　　　　　　)

13. 멕시코의 대표적인 음식 <u>토르티아</u>와 <u>케사디아</u>.
(　　　　　　,　　　　　　)

14. 제2차 세계대전 당시 영국의 총리를 지낸 정치가 <u>챔</u>
<u>벌린</u>. (　　　　　　)

#15. <u>펫트병</u>은 따로 분리수거를 해야 합니다.
(　　　　　　)

16. <u>버질</u>은 베르길리우스의 영어식 표기이다.
(　　　　　　)

17. 에드거 앨런 <u>포우</u>의 『도둑맞은 편지』. (　　　　　　)

18. <u>바이에슬론</u>은 동계 올림픽 종목 중 하나다.
(　　　　　　)

19. 리우데자네이로는 브라질의 항구 도시이다.

( )

#20. 한쪽 다리에 기브스를 한 지 어느새 일주일이 지났다.

( )

21. 무대 위의 주인공에게서 아우라가 느껴졌다.

( )

22. 전 느와르 영화를 즐겨 봅니다. ( )

23. 한때는 푸켓으로 신혼여행을 많이 갔었죠.

( )

24. 브라질 상파울로에서 열리는 국제회의.

( )

#25. 앙케이트 결과는 저녁에 나올 예정입니다.

( )

【 답 】

1. 콩쿠르  2. 하이라이트  3. 포클레인  4. 타이베이

5. 데커레이션  6. 칭다오  7. 다이내믹  8. 사보이, 사부아

9. 카탈로니아, 카탈루냐 10. 스웨터 11. 망겔 12. 조반니

13. 토르티야, 케사디야 14. 체임벌린 15. 페트병 16. 버질,

베르길리우스  17. 포  18. 바이애슬론  19. 리우데자네이루

20. 깁스  21. 아우라, 오라  22. 누아르  23. 푸껫  24. 상파울루

25. 앙케트

21번의 '오라'는 '아우라'의 영어식 표기입니다.

**맞춤법 때문에 홧병 나겠네 정말!**

(                    )

14단계도 역시 표기법부터 시작합니다.

1. 불편한 게 있으면 서슴치 말고 말씀해 주세요.
   (                    )

2. 주제넘는 소리일지도 모르겠지만……
   (                    )

3. 홧김에 소리소리 질러 놓고는 수습하느라 홧병 탓을
   했다. (                    ,                    )

4. 남의 일에 너무 깊숙히 개입하지 마라. (                    )

5. 약 10개 정도가 필요할 것 같은데요.
   (                    )

#6. 웃옷을 벗어부치고 상대를 구석으로 몰아부쳤다.
    (                    ,                    )

7. 포유동물의 날카로운 송곳니를 엄니라고 한다.

(                              )

8.  옛날 옛적 태고적에. (                    )

9.  만의 하나라도 네 말이 틀렸다면…… (                    )

10. 뒷배경에 뭘 좀 놓아야 하지 않을까? (                    )

11. 이 녀석은 옆에서 밥을 께작께작 먹고 저 녀석도 깨적
    깨적거리니 중간에서 영 밥맛이 안 나지 뭐야.
    (                  ,                  )

#12. 그 소식을 듣고 가족들 모두 애닯아서 안절부절못했
    다. (                    )

13. 꺽꽂이는 꽃꽂이와 달리 식물의 가지나 줄기를 잘라
    서 잘 뿌리내리게 하는 일이다. (                    )

14. 나도 이제 반듯한 직장에서 일하게 됐다고 부모님께
    당당하게 말씀드리고 싶다. (                    )

15. 쌩하니 다녀오겠습니다. (                    )

16. 휑하니 다녀오겠습니다. (                    )

17. 언제까지 네 뒤치닥거리를 해야 하는 건데?
    (                    )

#18. <u>간간히</u> 들려오는 찻소리에 어둠이 몸을 뒤치곤 했다.
(                    )

19. 종이로 말아 놓은 담배를 뜻하는 <u>권연</u>은 <u>궐련</u>의 원말
이어서 표준어이다. (                ,                )

20. <u>폐쇄공포증</u> 때문에 엘리베이터를 타지 못해요.
(                )

21. 방송국 사정상 방송 중에 몇 차례 <u>장해</u>가 있었던 점
정중히 사과드립니다. (                )

22. <u>어랍쇼</u>, 이건 또 뭐야? (                )

23. 지금 내가 가면 분위기가 <u>어색해질라나</u>?
(                )

#24. <u>면면이</u> 이어져 내려오는 전통. (                )

25. <u>일껀</u> 준비했더니 태풍 때문에 행사가 취소되고 말았
다. (                )

26. 이마에 <u>송글송글</u> 땀이 맺힐 때까지 짐을 날랐다.
(                )

27. 부모 말을 <u>거슬르고</u> 제 뜻대로 독립을 한 친구들.
(                )

28. <u>엉겁결에</u> 가겠노라고 대답하고 말았지만 사실 나는 그 모임에 가고 싶지 않았다. (                    )

29. <u>왠만하면</u> 그냥 이 가격에 하시죠. (                    )

#30. 머리를 감고 나면 머리카락이 <u>한 웅큼</u>씩 빠진다.
(                    )

31. 김치를 <u>담궈서</u> 혼자 사시는 마을 할머니께 가져다 드렸다. (                    )

32. 야, 수돗물 좀 <u>잠궈</u>. (                    )

33. 어쩔 수 없이 친구에게 도움을 <u>요구할</u> 수밖에 없었다.
(                    )

34. 기억이 희미하긴 한데 <u>뺑소니차</u>가 <u>검정색</u>이었던 것 같아요. (                    )

35. 사장은 서류를 <u>갈갈이</u> 찢어 대며 <u>길기리</u> 날뛰었다.
(              ,                    )

#36. 지금은 인수 합병을 논할 <u>게재</u>가 아니다. (                    )

37. <u>강포</u>에 싸인 아기를 보자 할 말을 잃고 말았다.
(                    )

38. <u>저녁깨</u> 도착한다고 했으니 식사를 준비해야겠네요.

278

(              )

39. 10주년 기념행사에 내노라하는 거물들이 다 모였다.
(           )

40. 그렇게 가시 돋힌 말을 쏟아 내더니 정작 자기가 울고
말았다. (        )

41. 그런 줄도 모르고 쫄았잖아. (          )

#42. 곰곰히 생각해 보니 그이의 말이 옳네요.
(        )

43. 먹을려면 지금 먹어, 나중엔 하나도 안 남을지도 모르
니까. (       )

44. 국물 맛이 어째 닝닝하다. (         )

45. 윗도리가 낭낭해서 끼지 않아 좋다. (         )

46. 다들 아다시피 이번이 마지막 기회입니다.
(        )

47. 식욕을 돋굴 만한 게 뭐 없을까? (         )

#48. 술은 좀 있다가 시킬게요. (       )

49. 하루, 이틀, 사흘, 나흘, 닷새, 엿새, (_____),

여드레, (＿＿＿＿＿＿), 열흘.

50. 날이 더워서 <u>남방</u> 차림으로 나왔다. (                )

51. <u>뿐만</u> 아니라 주인공의 이름마저 잊기 일쑤였다.
（                ）

52. <u>때문에</u> 우리는 더 조심할 필요가 있다. (                )

53. <u>북어국</u>, <u>순대국</u>, <u>선지국</u> 모두 내가 좋아하는 음식이
다. (                ,                ,                )

#54. 친구들에게 늘 괴롭힘을 당하던 아이는 마침내 악에
<u>받혀서</u> 소리를 지르며 맞서기 시작했다.
（                ）

55. 키가 <u>머쓱하게</u> 큰 녀석이 여러 사람 앞에서 <u>머쓱해하</u>
<u>며</u> 서 있었다. (                ,                )

56. <u>꼬들빼기로</u> 담근 김치가 이렇게 맛있는 줄 미처 몰랐
다. (                )

57. <u>식해</u>를 워낙 좋아해서 음료도 <u>식해</u> 음료만 마신다.
（                ,                ）

58. <u>요컨데</u> 현금보다는 카드를 쓰도록 유도하자는 거죠.
（                ）

59. 너희들이 나를 이렇게 괄세하고도 잘 살 것 같아?

(            )

#60. 이 안건은 정식으로 토론에 붙여야 한다.

(            )


【 답 】

1. 서슴지  2. 주제넘은  3. 홧김, 화병  4. 깊숙이  5. 약 10개,
10개 정도  6. 벗어부치고, 몰아붙였다  7. 엄니  8. 태곳적

9. 만에 하나  10. 배경  11. 께적께적, 깨작깨작  12. 애달파서

13. 꺾꽂이  14. 번듯한  15. 쌩하게  16. 휭하니, 휭허케

17. 뒤치다꺼리  18. 간간이  19. 권연, 궐련  20. 폐소공포증

21. 장애  22. 어럽쇼  23. 어색해지려나  24. 면면히  25. 일껏

26. 송골송골  27. 거스르고  28. 엉겁결에  29. 웬만하면

30. 한 움큼  31. 담가서  32. 잠가  33. 요청  34. 검은색

35. 갈가리, 길길이  36. 계제  37. 강보  38. 저녁께

39. 내로라하는  40. 가시 돋친  41. 좋았잖아  42. 곰곰이

43. 먹으려면  44. 밍밍하다  45. 낙낙해서  46. 알다시피

47. 돋울  48. 이따가  49. 이레, 아흐레  50. 남방셔츠

51. 그뿐만  52. 그 때문에  53. 북엇국, 순댓국, 선짓국

54. 받쳐서  55. 머쓱하게, 머쓱해하며  56. 고들빼기  57. 식혜,
식혜  58. 요컨대  59. 괄시  60. 부쳐야

2번의 '주제넘다'는 형용사여서 '주제넘는'으로 활용될 수 없습니다. 3번의 '화병'火病은 한자어와 한자어의 결합인지라 사이시옷을 집어넣을 수 없습니다(이 책 163쪽 '붙임글 3' 참조). 17번은 '뒤치다꺼리'라고 쓴다는 걸 유념해야겠습니다. 20번은 흔히 '폐쇄공포증'이라고 쓰기 쉬운데 '폐소공포증'이 맞는 표기입니다. '폐소'閉所, 즉 '사방이 닫힌 곳'에 들어가면 공포를 느끼는 걸 말합니다. 39번은 '내노라하는'으로 잘못 쓰는 경우가 많은데, 뭘 내놓으라는 게 아닌 만큼 '내로라하는'으로 써야 맞습니다. '내로라'는 '나이로라'의 준말이어서 어떤 분야를 대표할 만한 사람을 표현할 때 씁니다. 40번은 '가시'나 '뿔' 따위는 '돋치다'라고 씁니다. 46번은 앞말의 어간에 연결어미 '-다시피'가 붙은 겁니다. '알다'의 어간은 '알'이니 '알다시피'로 써야 맞습니다. 47번의 '돋구다'는 '돋우다'와 같은 뜻을 갖지만, '돋구다'는 안경의 도수를 높일 때만 쓴다고 되어 있습니다. 왜 굳이 이렇게 구분해야 하는지는 저도 이해할 수 없네요. '돋우다'로 통일해 써도 될 듯싶은데 말이죠.

띄어쓰기 문제 보실까요.


1.  우리는 제안만 <u>했을뿐이오</u>. (                    )

2.  <u>친구간</u>에 믿음이 없다면 되겠는가. (                    )

3. 세상과 <u>맨 몸</u>으로 부딪쳐서 얻어 낸 성과입니다.
   (            )

4. <u>맨 마지막</u>에 나오는 사람이 전등을 꺼 주세요.
   (            )

#5. <u>삼사십 여 년</u>이나 떨어져 지냈는데 서먹한 게 당연하겠지. (            )

6. 신문에 <u>대문짝만 하게</u> 났는걸. (            )

7. <u>김정선님</u>, 창구로 와 주세요. (            )

8. 저러다가도 <u>제 풀에</u> 사그라들 테니까 걱정 마.
   (            )

9. 도둑이 <u>제발</u> 저리다더니. (            )

#10. 그 순간 <u>건물밖</u>에는 <u>나밖에</u> 없었으니 <u>놀랄밖에</u>.
    (            ,            ,            )

11. <u>큰 소리 칠</u> 일이 아니에요. (            )

12. <u>큰소리로</u> 고함을 질렀지 뭐. (            )

13. 언제 술이나 <u>한 잔</u> 할까? (            )

14. <u>딱 한잔</u> 마셨는데 뭐. (            )

283

#15. 너따위가 나를 꺾겠다고? (                )

16. 그냥 한 번 와 봤어요. (                )

17. 한 번 해 보지 뭐. (                )

18. 한 번 놀러 오세요. (                )

19. 말 한 번 잘한다. (                )

#20. 자신이 피해자인양하다니 참 뻔뻔하다.
(                )

21. 한 번 물면 절대 놓지 않는 놈이야. (                )

22. 그 정도면 말해 볼만하지 않을까? (                )

23. 하나마나한 소리를 하고 그래! (                )

24. 들릴락 말락한 소리였어요. (                )

#25. 내딴에는 잘한다고 한 건데…… (                )

【 답 】

1. 했을 뿐이오  2. 친구 간  3. 맨몸  4. 맨 마지막  5. 삼사십여 년

6. 대문짝만하게  7. 김정선 님  8. 제풀에  9. 제발  10. 건물 밖,

나밖에, 놀랄밖에  11. 큰소리칠  12. 큰 소리  13. 한잔할까

14. 딱 한 잔  15. 너 따위가  16. 한번  17. 한번  18. 한번

19. 한번  20. 피해자인 양하다니  21. 한번  22. 말해 볼 만하지

23. 하나 마나 한  24. 들릴락 말락 한  25. 내 딴에는

1번의 '뿐'은 의존명사이니 띄어 써야겠죠. 2번의 '간' 또한 의존명사인데 간혹 앞말과 한 단어로 인정되어 붙여 쓰는 경우도 있으니 주의하셔야겠습니다. 가령 '부부간, 부자간, 모자간' 등입니다. 기간을 나타낼 때도 의존명사로 쓰이나('며칠 간', '10일 간' 등), '이틀간'처럼 붙여 쓰는 경우도 있으니 사전을 확인하면서 써야겠네요. 6번은 '손톱만 한'처럼 '만'은 조사라 앞말에 붙여 쓰고 '한'은 띄어 써야 하는데, '대문짝만하다'는 한 단어로 인정되어 붙여 씁니다. 7번의 '님'은 대개 접미사로 쓰이는데('선생님', '손님' 등) 여기서는 의존명사로 쓰였습니다. 11번의 '큰소리치다'는 자기주장을 강하게 말할 때 쓰고, 12번의 '큰 소리'는 크게 소리 낸다는 뜻입니다. 16, 17, 18, 19번의 '한번'은 '딱 한 번만'을 뜻하는 게 아니어서 붙여 씁니다. 23번의 '하나마나 하다'와 24번의 '들릴락 말락 하다'는 띄어 쓴다는 걸 유념하시기 바랍니다.

외래어 표기 문제 보시죠.

1. 아프리카 서쪽에 위치한 <u>나이제르</u>공화국.
   (                    )

2. 다방 <u>레지</u>가 타 주는 커피를 즐기시던 한량 할아버지.
   (                    )

3. 부산에서 열리는 <u>심포지움</u>에 참석할 계획이다.
   (                    )

4. 빵집에 가서 <u>바케트</u>를 좀 사 올래? (                    )

#5. 이래 봬도 피아노 <u>콩쿨</u>에서 대상을 받은 적이 있다고
    요. (                    )

6. 네팔로 <u>트래킹</u>을 떠나다. (                    )

7. 동네에 처음 생긴 대형 <u>아케이트</u>. (                    )

8. <u>바커스</u>는 <u>바쿠스</u>의 영어식 표기이다. (                    )

9. 영국의 <u>템즈</u> 강. (                    )

#10. 오늘의 스포츠 <u>하일라이트</u>. (                    )

11. 영국의 <u>버킹검</u> 궁전. (                    )

12. 러시아의 <u>크레믈린</u> 궁전. (                    )

13. 저 유명한 파리 콤뮌. (                )

14. 티베트의 달라이라마. (                )

#15. 집 앞 공사장에서 포크레인이 땅을 파고 있다.
　　(                )

16. 바리깡으로 머리를 깎다. (                )

17. 이번에 새로 런칭한 프로그램이다. (                )

18. 호메로스의 『일리어드』. (                )

19. 오디세우스의 라틴어 이름은 율리시즈이다.
　　(                )

#20. 이번 겨울엔 타이페이로 여행을 갈 계획이다.
　　(                )

21. 이번엔 대미지가 워낙 커서 재기하기가 어려울지도
　　몰라. (                )

22. 이런 걸 뭐라고 하죠? 데자뷰라고 하나?
　　(                )

23. 이 옷들은 전부 드라이크리닝해 주세요.
　　(                )

24. 옛날 건물이라 <u>라지에이터</u>로 난방을 합니다.
    (                    )

#25. 브라질 <u>상파울로</u>에서 열리는 국제회의.
    (                    )


【 답 】

1. 니제르  2. 종업원  3. 심포지엄  4. 바게트  5. 콩쿠르

6. 트레킹  7. 아케이드  8. 바커스, 바쿠스  9. 템스강

10. 하이라이트  11. 버킹엄  12. 크렘린  13. 코뮌  14. 달라이라마

15. 포클레인  16. 바리캉  17. 론칭  18. 일리아드, 일리아스

19. 율리시스  20. 타이베이  21. 데미지  22. 데자뷔

23. 드라이클리닝  24. 라디에이터  25. 상파울루

**탐탁치 않다니 정말 <u>마뜩잖네</u>!**

제목에 쓴 낱말 중에 어떤 게 맞는 표기일까요?

'마뜩잖다'가 맞는 표기입니다. '탐탁치 않다'는 '탐탁지 않다'로 써야 맞습니다. 이것도 은근히 헷갈리는 표기법 가운데 하나죠. 그런데 공식을 알고 나면 의외로 간단하게 해결되는 고민거리이기도 합니다.

넉넉하지=넉넉지

떳떳하지=떳떳지

마뜩하지=마뜩지

만만하지=만만치

변변하지=변변치

상응하지=상응치

섭섭하지=섭섭지

시원하지=시원치

심상하지=심상치

어떤 규칙이 적용됐을까요? 설마 한눈에 보이시는 건 아니겠죠?

낱말의 어간이 안울림소리(무성음) 받침, 즉 ㄱ, ㄷ, ㅂ, ㅅ, ㅈ 등으로 끝난 경우엔 '하지'가 줄 때 '하'가 빠져 '지'가 되고, 어간이 울림소리(유성음) 받침, 즉 ㄴ, ㄹ, ㅁ, ㅇ 등으로 끝나는 경우엔 '하지'가 줄 때 'ㅏ'만 빠져 '치'가 됩니다.

그러니까 '넉넉하지'는 어간의 받침이 안울림소리(무성음) 'ㄱ'으로 끝났으니 '넉넉하지'에서 '하'가 빠져 '넉넉지'로 줄게 되고, '만만하지'는 어간의 받침이 울림소리(유성음) 'ㄴ'으로 끝났으니 '만만하지'에서 'ㅏ'만 빠져서 '만만치'로 줄게 되는 거죠.

그러니 '탐탁하지'는 '탐탁지'로 주니 '탐탁지 않네'라고 쓰는 게 맞고, '마뜩하지'는 '마뜩지'로 주니 '마뜩잖다'로 쓰는 게 맞겠죠.

그럼 '서슴지 않다'라고 쓸 때 '서슴지'는 '서슴치'가 돼야 맞는 거 아닐까요?

아닙니다. '서슴지'는 '서슴하지'가 준 말이 아니라 '서슴다'가 기본형인 낱말에 어미 '지'가 붙은 겁니다. '서슴하다'라는 말은 없으니까요.

## 반드시 붙여 써야 하는 것과
## 띄어 써야 하는 것들

우선 반드시 앞말이나 뒷말에 붙여 써야 하는 것들은 조사와 접미사, 접두사 그리고 용언의 어미입니다. 조사는 앞말인 체언이나 다른 조사에 붙여 씁니다. 가령

나는 너를 좋아해.

라고 쓸 때 '는'과 '를'은 각각 앞말을 주어와 목적어로 만드는 조사입니다. 그리고,

서울에서부터 부산까지.

같은 문장에서도 '에서', '부터', '까지' 모두 조사라 앞말에 붙여 씁니다. 뭐 이 정도에 그친다면 어려울 것이 없겠죠. 다음은 어떨까요?

오늘따라 영 컨디션이 좋지 않네.
나보고 그걸 하라는 거야.
나더러 남아 있으라던데.

네 말마따나 내가 성급했던 것 같아.

너하고 나하고 둘만 아는 비밀이야 알았지?

이렇게나마 도움을 드리고 싶었습니다.

얼음장같이 차갑다.

새벽같이 떠났다.

친구는커녕 남보다도 못하다.

나처럼 이렇게 해 봐.

아예 작정을 했군그래.

그거야말로 괜찮은 아이디어네.

우리라도 규칙을 지켜야죠.

당사자인 나조차 알지 못했던 사실이네요.

힘깨나 쓰고 돈깨나 있다고 아주 안하무인이에요.

농구 선수치고는 키가 좀 작은 편이죠.


밑줄을 그어 놓은 표현들이 모두 조사입니다. 반드시 앞말에 붙여 쓴다는 걸 염두에 두셔야겠습니다.


접두사는 '맨밥, 맨땅, 맨몸, 덧니, 덧버선, 제5열, 고비용, 저비용' 등이고, 접미사는 '삼촌뻘, 견습생, 열 명가량, 10시쯤, 저녁께, 우리끼리, 그까짓, 너답다, 먼지투성이, 천 원짜리, 만 원어치, 시간별, 통째, 하나씩, 두 살배기, 오이소박이' 등입니다.

어미는 용언을 활용할 때 붙이는 것으로, 당연히 앞말 인 어간에 붙여 써야겠죠.

사과할걸('-ㄹ걸'), 놓칠세라('-ㄹ세라'), 못할망정 ('-ㄹ망정'), 좋을뿐더러('-ㄹ뿐더러'), 바쁠지언정('-ㄹ지 언정'), 알수록('-ㄹ수록'), 갈게('-ㄹ게'), 알다시피('-다시 피'), 만나자마자('-자마자'), 좋고말고('-고말고'), 열릴라 치면('-ㄹ라치면'), 크다손 치더라도('-손'), 갈밖에('-ㄹ밖 에'), 갈지 안 갈지('-ㄹ지')' 등입니다.

반드시 앞말이나 뒷말과 띄어 써야 하는 건 관형사와 의존명사입니다. 관형사는 이 책 '붙임글 4' 뒷부분에 자세 히 적어 놓았으니 참고하세요. 관형사는 물론이지만 용언, 즉 동사와 형용사를 관형형으로 만들어 체언을 꾸미는 경 우도 당연히 띄어 써야겠죠.

좋은 사람.
가는 길.

의존명사는 앞에 설명한 조사들과 헷갈리기 쉬우니 문장의 맥락을 이해하고 써야 합니다.

갈 수 없어.
너 따위가.

그런 적 없다.

만날 뻔했지.

모르는 체하더라고.

사과·배·감 등이 있습니다.

내 딴엔 할 수 있으려니 했지.

그럴 리가 없어.

일한 지 1년째입니다.

자신이 피해자인 양 굴더라니까.

그 나름 노력한 셈이죠.

이 때문에 안전 점검이 필요한 겁니다.

싫다는 둥 좋다는 둥 말이 많더군.

내 것 네 것 따질 계제냐?

아침 겸 점심으로 먹었지 뭐.

미리 알았으면 문병을 갔을 텐데.

열흘 치면 얼마야 대체?

올해로 입사 3년 차입니다.

하루 만에 다 끝냈어요.

친구 간에 그럴래 정말.

차창 밖으로 보이는 풍경에 시선이 꽂혔다.

하라는 대로 했을 뿐이야.

기대한 만큼 이루지는 못했습니다.

그건 그랬다 치고.

그 사람 어디서 본 듯한데.

갈 <u>데</u>는 있고?

그런데 띄어 쓰는 걸 원칙으로 하지만 붙여 써도 괜찮은 것도 있습니다. 바로 보조용언이죠. 보조용언은 용언에 붙어 그 뜻을 보충하는 역할을 하는 보조동사와 보조형용사를 말합니다.

살아 있다.
더운가 보다.

'살아 있다'에서 '있다'가 보조동사로서 보조용언 역할을 한다면, '더운가 보다'에서 '보다'는 보조형용사로서 보조용언 역할을 하는 셈입니다. 단 '살아 있다'처럼 본용언이 '아'나 '어'로 끝날 때만 붙여 쓰는 게 허용됩니다.

'가, 나, 다, 라' 가운데 '가'를 원칙으로 삼되 '나'까지는 허용한다면 규칙이나 규정이라고 할 수 있겠지만, 띄어 쓰거나 붙여 쓰거나, 단 두 가지밖에 없는 데다 두 가지 중 하나를 선택하면 나머지 하나는 자연스럽게 의미를 잃는데도 불구하고 하나를 원칙으로 삼으면서 나머지 하나도 허용한다면 이걸 규정이라고 할 수 있을까요? 그래서인지 보조용언은 쓰는 사람에 따라 붙이거나 띄는 게 다 달라서 외려 혼란만 가중시키고 있는 형편입니다.

아마도 '원칙'은 공교육을 위해서, '허용'은 그 밖의 사용을 위해 열어 둔 것이 아닐까 짐작만 해 봅니다.

**15** 단계    **맞춤법 익히는 알맞는 때가 따로 있는가?**

    (                )

15단계 표기법 문제 시작합니다.

1. 어머니를 여위고 나서 슬픔에 빠져 지내는 딸.
(            )

2. 놀란 사슴이 꽁지가 빠져라 꽁무니를 뺐다.
(        ,         )

3. 고무줄을 힘껏 늘리다가 끊어지는 바람에 얼굴에 맞고 말았다. (         )

4. 바지를 허리춤까지 치켜올렸다. (         )

5. 솥에 밥을 하지 않으니 요즘은 누른밥 먹기가 어렵다.
(         )

#6. 선거를 앞두고 불법 선거 운동이 기승을 부릴 것으로 보여집니다. (         )

7. 딸아이가 커 갈수록 새침떼기가 되네요.

(                    )

8. 청소를 하려면 깨끗히 해야지 이게 뭐야.
   (                    )

9. 사람이 응큼하게 뒤에서 속닥거리고 그래.
   (                    )

10. 도전하는 데 딱 알맞는 때라는 건 없다.
    (                    )

11. 아내가 지금 홀몸이 아니라서요. (                    )

#12. 갈가리 찢겨진 셔츠가 증거물로 제출되었다.
    (                    )

13. 시비를 거는 것도 아니고 왜 일부러 와서 몸을 부딪히
    는 거예요? (                    )

14. 물이 졸아들면서 양념이 생선에 깊이 배어들게 하면
    그게 바로 조리는 것이다.
    (                    ,                    )

15. 헤어스타일에 셔츠, 바지 다 좋은데 신발이 옥의 티
    네. (                    )

16. 트럼펫으로 어떤 곡을 불러 드릴까요?

(                              )

17. 많이 아퍼? 얼마나 아퍼? (                    )

#18. 몸이 분 뒤로 옷이 맞지 않는다. (                    )

19. 어쩜 저렇게 처년덕스럽게 앉아 있을 수 있어.
    (                         )

20. 민망해서 머리만 글쩍글쩍 긁고 있었다.
    (                    )

21. 이튼날 날이 밝자마자 호텔을 빠져나왔죠.
    (                    )

22. 생일파티에 필요한 꼬깔모자를 구해 오느라 시간이
    좀 걸렸습니다. (                    )

23. 내 어깨에 질머진 짐만으로도 벅차다. (                    )

#24. 옷에 배인 반찬 냄새가 좀처럼 가시질 않는다.
    (                    )

25. 정말 주위 산만이로군요. (                    )

26. 빵이라면 사죽을 못 쓴다며? (                    )

#27. 10초 뒤에 폭팔합니다. (                    )

28. 이러다 나 알바 짤리면 어쩌려고 그래?

    (                    )

29. 술을 아주 들이붇는구나. (                    )

#30. 차도에 움푹 패인 저곳이 싱크홀이라는 거죠?

    (                    )

31. 그런 류의 사건이 재발 가능성이 높은 편이죠.

    (                    )

32. 내 자신에게 부끄러워 도저히 그런 짓은 못 하겠다.

    (                    )

33. 제 자신을 위해서라도 도전을 멈추지 않을 겁니다.

    (                    )

34. 깜박이를 켜고 들어와야지 저게 뭐야.

    (                    )

35. 오늘 안주는 꼼장어가 어떨까요? (                    )

#36. 미소 띈 얼굴이 눈에 띠었다. (              ,              )

37. 아무래도 깔대기가 있어야겠는걸. (                    )

38. 등산 갈 때 저는 꼭 나침판을 챙깁니다.

    (                    )

#39. 왜 이렇게 메가리가 없어? (                    )

40. 그 신출나기 교육 좀 시켜야겠는걸요.
　　　(                    )

41. 점심엔 육계장이나 닭계장을 먹을까 하는데요.
　　　(              ,              )

#42. 공직자로서 그에 걸맞는 행동을 해야 합니다.
　　　(              )

43. 깻잎짱아찌만 있으면 언제든 밥 한 그릇 뚝딱 해치울
수 있어요. (              )

44. 코앞에 재털이가 있는데 왜 바닥에 꽁초를 버리는 거
야? (              )

45. 그날 횟집 차림표엔 가격이 죄다 '싯가'라고 돼 있었
다. (              )

46. 어쩜 그렇게 악따구니를 써 대는지 참⋯⋯
　　　(              )

47. 너무 알죠! (              )

#48. 가방이 작아서 짐을 다 담으려면 우겨넣는 수밖에 없
다. (              )

49. 원고지 200매 분량의 소설을 썼다. (                    )

50. 너 때문에 다 뽀록나 버렸잖아. (                    )

#51. 아이, 놀래라! (                    )

52. 이런 생각이 들고 있습니다. (                    )

53. 회사 내에서는 ID 카드를 목에 걸고 있어야 한다.
    (                    )

#54. 그럼 두 사람의 앞날을 축복한다는 말로 주례사를 가름하겠습니다. (                    )

55. 빚진 돈은 갚을 수 없다고 버티면서 가족들과 호위호식하고 있으니 정말 염치없는 사람들이다.
    (                    )

56. 싫다고 손사레를 치길래 알았다고 했지. (                    )

57. 차례를 보니 이 책의 체제가 어떤지 알겠다. (                    )

58. 여기 이 고객분께서 상품권을 내셨어요. (                    )

59. 혈압이 높은 노인들은 겨울철이면 특히 뇌졸증을 조심해야 한다. (                    )

#60. 나한테 꼭 필요한 영양제라고 하도 닦달하고 심지어

는 <u>닦아세우기까지</u> 하는 통에 구입을 안 할 수 없었
다. (                    ,                    )


【 답 】

1. 여의고  2. 꼬리, 꽁무니  3. 늘이다가  4. 추어올렸다

5. 눌은밥  6. 보입니다  7. 새침데기  8. 깨끗이  9. 엉클하게

10. 알맞은  11. 홑몸  12. 찢긴  13. 부딪는, 부딪치는

14. 졸아들면서, 조리는  15. 옥에 티  16. 불어 드릴까요

17. 아파, 아파  18. 불은  19. 천연덕스럽게  20. 굵적굵적

21. 이튿날  22. 고깔모자  23. 짊어진  24. 밴  25. 주의 산만

26. 사족을  27. 폭발  28. 잘리면  29. 들이붓는  30. 팬  31. 유

32. 나 자신  33. 저 자신  34. 깜빡이  35. 먹장어, 갯장어

36. 띤, 띄었다  37. 깔때기  38. 나침반, 나침판  39. 매가리

40. 신출내기  41. 육개장, 닭개장  42. 걸맞은  43. 장아찌

44. 재떨이  45. 시가  46. 악다구니  47. 잘  48. 욱여넣는

49. 장  50. 들통 나  51. 놀라라  52. 듭니다  53. 안에서

54. 갈음하겠습니다  55. 호의호식  56. 손사래  57. 체재

58. 고객  59. 뇌졸중  60. 닦달하고, 닦아세우기까지


2번의 '꽁지'는 '새의 꽁무니에 붙은 깃'을 말합니다.
새가 아닌 사슴이니 '꼬리'라고 해야겠죠. 4번은 '추키다'와

'치키다'를 활용해 쓰는 문제입니다. 둘 다 위로 올린다는 뜻인데 주로 '추켜들다, 치켜들다, 추켜세우다, 치켜세우다, 추켜올리다, 추어올리다'의 형태로 씁니다. '치켜올리다'는 한 단어로 인정되지 않으니 정 쓰려면 '치켜 올리다'로 띄어 써야겠습니다. 8번의 '깨끗이'는 이 책 239쪽의 '붙임글 5'를 참조하세요. 9번은 흔히 '응큼하다'로 쓰는데 '엉큼하다'가 표준어입니다. 11번은 '홀몸'과 '홑몸'의 차이를 묻는 문제입니다. '홀몸'은 배우자나 형제자매가 없는 경우를, '홑몸'은 딸린 식구가 없거나 임신하지 않은 상태를 말합니다. 14번은 물의 양이 줄어들게 끓이는 것은 '졸이는' 것이고, 양념이 배게 끓이는 것은 '조리는' 것입니다. 16번의 '불어'는 기본형 '불다'의 활용이고, 만일 '불러'가 된다면 '부르다'의 활용이 되기 때문에 '트럼펫을 부르는' 게 되어 어색하겠죠. 17번은 어간의 첫음절이나 끝음절 모음이 'ㅏ'나 'ㅗ'일 때는 어미를 '아'로 적고 그 밖의 모음일 때는 '어'로 적는다는 규정에 따라 '아퍼'가 아니라 '아파'가 됩니다. '좋다, 좋아', '싫다, 싫어'처럼요. 한편 '뺏다'는 '뺏어'가 되고 '빼앗다'는 '빼앗아'가 되는 건 어간의 끝음절을 적용한 경우입니다. 59번은 한자로 쓰면 '腦卒中'입니다.

띄어쓰기 문제입니다.

1. <u>첫 번째</u>는 띄어 쓰지만, <u>첫걸음, 첫날, 첫날밤, 첫눈, 첫발, 첫사랑, 첫인상, 첫해</u>는 모두 한 단어라 붙여 쓴다. (　　　　　, 　　　　　, 　　　　　,

　　　　　, 　　　　　, 　　　　　,

　　　　　, 　　　　　, 　　　　　)

2. <u>철 모르는</u> 소리 하고 있네. (　　　　　)

3. <u>할듯 말듯 하다</u>가 안 하지 뭐야. (　　　　　)

4. 나도 <u>긴 말하고</u> 싶지 않아. (　　　　　)

#5. 우리는 제안만 <u>했을뿐이오</u>. (　　　　　)

6. 한 방에 <u>나가 떨어졌어</u>. (　　　　　)

7. 그분은 선뜻 <u>가까이 하기</u> 어려운 분이더라고요.
(　　　　　)

8. 키가 <u>큰데다</u> 덩치도 산만 한 사람이 있는가 하면, 키는 <u>큰 데</u> 몸이 빼빼 마른 사람도 있다.
(　　　　　, 　　　　　)

9. 이건 거의 수박 <u>겉핥기</u>에 불과하잖아. (　　　　　)

#10. <u>친구간</u>에 믿음이 없다면 되겠는가. (　　　　　)

11. <u>먹고 살기</u> 힘드네요 정말. (　　　　　)

12. 제가 <u>힘 닿는</u> 데까지 돕겠습니다. (                    )

13. <u>두 말할</u> 필요 없어. (                    )

14. 오늘은 내가 <u>한턱 낼게</u>. (                    )

#15. 저러다가도 <u>제 풀에</u> 사그라들 테니까 걱정 마.
    (                    )

16. 어머니가 <u>몸져 누운</u> 뒤로 집안 분위기가 말이 아니었
    다. (                    )

17. 내가 <u>사랑해마지 않는</u> 학생들. (                    )

18. '집 안을 <u>살펴본 바</u> 아무런 문제도 드러나지 않았다'
    고? 그런 말을 <u>한바가</u> 없다. (              ,           )

19. 지금은 <u>괜찮다 손 치더라도</u> 다음번엔 어떻게 할 생각
    인가요? (                    )

#20. 도둑이 <u>제발 저리다더니</u>. (                    )

21. 경기가 <u>끝났다치고</u> 생각해 보면, 우린 <u>아마추어 치고</u>
    는 잘한 셈이다. (              ,              )

22. 그래서 <u>실망했군 그래</u>. (                    )

23. <u>보아 하니</u> 사정이 딱하게 된 것 같은데……

306

(                    )

24. 그 일은 다행히 <u>아무런 문제없이</u> 해결되었다.

(                    )

#25. <u>큰 소리 칠</u> 일이 아니에요. (                    )

【 답 】

1. 첫 번째, 첫걸음, 첫날, 첫날밤, 첫눈, 첫발, 첫사랑, 첫인상,

첫해  2. 철모르는  3. 할 듯 말 듯 하다가  4. 긴말하고

5. 했을 뿐이오  6. 나가떨어졌어  7. 가까이하기  8. 큰 데다,

큰데  9. 겉 핥기  10. 친구 간  11. 먹고살기  12. 힘닿는

13. 두말할  14. 한턱낼게  15. 제풀에  16. 몸져누운  17. 사랑해

마지않는  18. 살펴본바, 한 바  19. 괜찮다손 치더라도  20. 제발

21. 끝났다 치고, 아마추어치고는  22. 실망했군그래

23. 보아하니  24. 아무런 문제 없이  25. 큰소리칠

8번은 앞에 '데'는 의존명사이고 뒤의 '-데'는 연결어
미입니다. 11번은 '먹고살다'는 붙여 쓰지만, '밥을 먹고 살
다'처럼 쓸 때는 띄어 씁니다. 17번은 '마지않다'가 보조동
사여서 '바라 마지않는다'처럼 씁니다. 18번은 '살펴본바'
는 붙여 쓰지만 '전문가가 말한 바에 따르면'처럼 쓸 때는

띄어 씁니다. 19번은 '-다손'이 아니라 '-ㄴ다손'이 연결어
미여서 앞말에 붙여 씁니다. 21번은 앞의 '치고'는 '치다'가
기본형인 동사여서 띄어 쓰지만, 뒤의 '치고'는 조사여서
앞말에 붙여 씁니다. 22번은 '그래'가 조사로 쓰였습니다.
'그려'라고도 쓰죠('아파 보이는구먼그려'). 24번은 '문제없
이'는 붙여 쓰지만 앞에 수식하는 표현이 오면 '아무런 문
제 없이'처럼 띄어 씁니다.


　　　외래어 문제 보겠습니다.


1.　실습은 <u>쥬니어</u> 반과 시니어 반으로 나누어서 진행할
　　예정입니다. (　　　　　　　)

2.　저기 바지 <u>자크</u> 내려왔는데요. (　　　　　　　)

3.　내가 가장 좋아하는 간식은 <u>츄러스</u>다. (　　　　　　　)

#4.　저 <u>캡쳐</u> 화면에 등장하는 게 정말 너 맞아?
　　　(　　　　　　　)

#5.　요즘은 <u>콘테이너</u> 박스를 이용해 지은 건물들이 많다.
　　　(　　　　　　　)

6.　<u>카다로그</u>야 <u>카다록</u>이야? (　　　　　　　)

7. 운동선수들은 대부분 <u>진크스</u>를 가지고 있게 마련이다. (                    )

8. 한강 공원엔 데이트를 하러 나온 <u>커풀</u>들이 많았다.
   (                )

9. 아침은 <u>콘프레이크</u>에 우유 부어서 먹곤 합니다.
   (                    )

#10. 설거지용 <u>스폰지</u>. (                    )

11. 관객은 <u>앵콜</u>을 소리쳐 부르며 박수를 쳤다.
    (                    )

12. 그가 친구들의 연애 <u>카운셀러</u> 역할을 한 셈이다.
    (                    )

13. 한국 선수를 <u>스카웃</u>하려고 메이저리그의 관계자들이 경기를 관람하고 있습니다.
    (                    )

14. 이번 공연은 관현악과 무용의 <u>콜라보레이션</u>이 돋보인 공연이었다. (                    )

#15. 『햄릿』은 <u>세익스피어</u>의 대표적인 비극이다.
     (                    )

16. 지금까지 배드 씬을 한 번도 안 찍어 보셨나요?
    (                    )

17. 리어커를 끌고 차도 한가운데까지 나오는 건 정말 위
    험하다. (                    )

18. 디저트로 비스켓과 아이스크림이 나왔다.
    (                    )

19. 데이타를 한 곳에 모아 볼게요. (                    )

#20. 신용카드는 영어로 크레딧 카드다. (                    )

#21. 로얄티 수입만 해도 엄청나다고 하네요.
    (                    )

22. 로타리 빠져나오자마자 우회전하시면 되는데요.
    (                    )

23. 멤버쉽 카드를 신청하려고 하는데요. (                    )

24. 두 블럭 더 가면 대학병원이 나올 겁니다. (                    )

#25. 그 길이 도시의 메인 스트릿 역할을 한다.
    (                    )

【 답 】

1. 주니어  2. 지퍼  3. 추로스  4. 캡처  5. 컨테이너  6. 카탈로그

7. 징크스  8. 커플  9. 콘플레이크  10. 스펀지  11. 앙코르

12. 카운슬러  13. 스카우트  14. 컬래버레이션  15. 셰익스피어

16. 베드 신  17. 리어카  18. 비스킷  19. 데이터  20. 크레디트

21. 로열티  22. 로터리  23. 멤버십  24. 블록  25. 스트리트

**어줍잖게 맞춤법에 대해 충고하는 친구를 보니 기가 막힌다 (            )**

표기법부터 보시죠.

1. 햇빛에 옷이 <u>바싹</u> 말랐다가 맞을까, <u>바짝</u> 말랐다가 맞을까? (              ,              )

2. 처마 밑에서 잠깐 비를 <u>긋고</u> 가자. (              )

3. 제 주인의 권세만 믿고 <u>호가호의</u>하는 꼴이라니.
   (              )

4. 기사에 <u>의하면</u> 우리나라 인구의 50퍼센트 이상이 수도권에 집중되어 있다는 것이다. (              )

5. <u>덤불</u>을 긁어모아 일단 불을 피우는 데는 성공했다.
   (              )

#6. 거참 <u>희안하네</u>. (              )

7. 몇몇은 정신이 나간 사람처럼 <u>멀거니</u> 서 있었고, 몇몇은 벤치에 앉아 지나가는 사람들을 <u>멍하니</u> 바라보았

다. (　　　　　,　　　　　　　)

8. 아니예요, 그런 게 아니였어요.
   (　　　　　　,　　　　　　)

9. 어떻게 나를 거렁뱅이 취급할 수 있어.
   (　　　　　)

10. 그날도 어느 날과 다를 바 없는 평범한 하루였다.
    (　　　　　)

11. 이마도 넓고 코도 뭉툭하고, 아무튼 얼굴 전체가 넙대
    대한 사람이었다. (　　　　　)

#12. 회사생활에 질력이 날 때쯤 창업을 하게 되었다.
     (　　　　　)

13. 겨울내 꽁꽁 얼어 있던 강이 봄이 오자 녹기 시작했
    다. (　　　　　)

14. 강아지들이 찬바람을 피해 잔뜩 옹송거리며 어미 품
    으로 파고들었다. (　　　　　)

15. 저처럼 별 볼 일 없는 사람한테 왜 이렇게 융성한 대
    접을 해 주시는지 통 모르겠군요. (　　　　　)

16. 서로 손을 잡고 '강강수월래'를 부르며 크게 원을 그리

며 돌았다. (                    )

17. 그 시절 할아버지는 개나리봇짐을 짊어지고 길을 떠
    나시곤 했다. (                    )

#18. 어줍잖게 충고한답시고 나섰다가 망신만 당하고 말았
     다. (                    )

19. 객적은 애길랑 그만하고 어서 일이나 하세.
    (                    )

20. 그렇게 갸냘픈 몸으로 힘든 훈련을 버텨 낼 수 있겠
    어? (                    )

21. 매운탕에 칼국수를 집어넣으니 국물이 금세 걸죽해졌
    다. (                    )

22. 어떻게 구슬렀길래 그 고집불통이 선뜻 가겠다고 한
    거야. (                    )

23. 네가 교통사고를 냈다는 말을 전해 듣고 까무라칠 뻔
    했다. (                    )

#24. 언제까지 네 뒤치닥거리를 해야 하는 건데?
     (                    )

25. 우리만의 비밀을 그런 식으로 까발기면 어쩌자는 거

야. (                    )

26. 혼자서 깡술을 그렇게 먹어 대더니 결국 사달이 나고
    말았다. (                    )

27. 그렇다고 너무 나무래지는 마. (                    )

28. 귓전에서 나즈막이 울리는 소리들. (                    )

29. 안 그래도 악필인 사람이 이런 식으로 날려썼으니 누
    가 알아볼 수 있겠어. (                    )

#30. 아니 그런 괴변이 어디 있어요? (                    )

31. 내가 늙그막에 무슨 영화를 누리겠다고 사업을 벌인
    단 말입니까. (                    )

32. 겨울엔 둥굴래차가 최고지. (                    )

33. 여름엔 찬물에 밥을 말아서 마늘쫑 무침하고 먹는 게
    최고다. (                    )

34. 너 나간 뒤에 그 친구도 막바로 나갔는데.
    (                    )

35. 지금은 그냥 맛뵈기로 보여 드리고 나중에 제대로 시
    연을 해 보이겠습니다. (                    )

#36. 거참 얄궂은 운명이네. (                    )

37. 미나리는 특이하게도 미나리깡이라는 물이 많이 괴는
    땅에서 자란다. (                    )

38. 파도가 한번 쓸고 가자 해변에 어지럽게 찍혀 있던 발
    자욱들이 온데간데없었다. (                    )

39. 우리 선수가 밧다리 후리기로 상대 선수를 제압해 버
    렸다. (                    )

40. 세상에는 벼라별 사람들이 다 있다. (                    )

41. 이건 순전히 복걸복이다. (                    )

#42. 구지 갈 필요까지 있을까요? (                    )

43. 울창한 숲엔 나무들이 빽빽히 서 있었다.
    (                    )

44. 누군가 문을 빼꼼히 열고 몰래 내다보았다.
    (                    )

45. 회사에서는 내가 만든 기획안을 시덥잖게 여기는 듯
    했다. (                    )

46. 그는 세상 물정 모르는 쑥맥이어서 사회생활을 제대
    로 하지 못한다. (                    )

317

47. <u>알타리무</u>로 담근 김치가 잘 익어서 맛이 그만이다.
(                    )

#48. 어머니를 <u>여위고</u> 나서 슬픔에 빠져 지내는 딸.
(                    )

49. 살아온 날들을 돌아보니 참으로 <u>애닲다</u>.
(                    )

50. 그럼 <u>애시당초</u> 말을 꺼내지 말던가. (                    )

51. 전반전에만 <u>연거퍼</u> 세 골을 먹고 나니 후반전을 뛸 의
욕을 잃고 말았다. (                    )

52. 육지와 섬을 잇는 다리는 <u>연육교</u>라고 부른다.
(                    )

53. 이건 정말 <u>예사일</u>이 아니라니까요. (                    )

#54. 헤어스타일에 셔츠, 바지 다 좋은데 신발이 <u>옥의 티</u>
네. (                    )

55. 계단을 내려오다가 삐끗해서 왼쪽 발목을 <u>겹질리고</u>
말았다. (                    )

56. 병원에 앉아 기다리는 시간만큼 <u>지리한</u> 시간이 또 있
을까. (                    )

57. 가난에 <u>찌들린</u> 사람들. (                    )

58. 테러범이 <u>총뿌리</u>를 들이대며 바닥에 엎드리라고 소리 쳤다. (                    )

59. 우승이 확정되자 선수들이 감독을 <u>헹가레</u> 쳤다.
(                    )

#60. 혈압이 높은 노인들은 겨울철이면 특히 <u>뇌졸증</u>을 조 심해야 한다. (                    )


【 답 】

1. 바싹, 바짝  2. 긋고  3. 호가호위  4. 따르면  5. 덤불, 검불

6. 희한하네  7. 멍하니, 멀거니  8. 아니에요, 아니었어요

9. 비렁뱅이  10. 여느  11. 넙데데한, 너부데데한  12. 진력

13. 겨우내  14. 옹송그리며  15. 융숭한  16. 강강술래

17. 괴나리봇짐  18. 어쭙잖게  19. 객쩍은  20. 가냘픈

21. 걸쭉해졌다  22. 구슬렸기에  23. 까무러칠  24. 뒤치다꺼리

25. 까발리면  26. 강술  27. 나무라지  28. 나지막이

29. 갈겨썼으니  30. 궤변  31. 늘그막  32. 둥굴레  33. 마늘종

34. 곧바로  35. 맛보기  36. 얄궂은  37. 미나리꽝  38. 발자국

39. 밭다리  40. 별의별  41. 복불복  42. 굳이  43. 빽빽이

44. 빠끔히  45. 시답잖게  46. 숙맥  47. 총각무  48. 여의고

49. 애달프다 50. 애당초 51. 연거푸 52. 연륙교 53. 예삿일

54. 옥에 티 55. 겹질리고, 접질리고 56. 지루한 57. 찌든

58. 총부리 59. 헹가래 60. 뇌졸중


2번은 잠깐 비를 피하는 걸 '긋다'라고 합니다. 4번의 '의하면', '의해서' 모두 한자어 '의'依가 붙은 말입니다. '따르면', '따라서'로 쓰는 게 좋지 않을까요? 7번은 '멀거니'는 '정신없이 물끄러미 보고 있는 모양'을 나타내는 부사고, '멍하니'는 '정신이 나간 것처럼 얼떨떨하게'라는 뜻의 부사입니다. 8번은 '아니'의 경우 '예요'나 '였어요'가 아니라 '에요'와 '었어요'가 붙는다는 걸 확인하시기 바랍니다. 13번은 '겨울내'나 '가을내'가 아니라 '겨우내', '가으내'로 씁니다. 22번은 '구슬르다'가 아니라 '구슬리다'가 기본형이어서 '구슬렸다'로 써야 합니다. 31번은 앞에 말씀드렸던 바와 같이 겹받침 중 앞의 받침만 소리가 날 땐 소리 나는 대로 쓴다는 규정에 따라 '늙으막'이 아니라 '늘그막'이 맞습니다. 58번 '총부리'는 '총'의 '부리' 부분이라고 이해하시고, 59번 '헹가래'도 '헹가레'로 쓰지 않는다는 걸 유의하시기 바랍니다.


띄어쓰기 문제입니다. 이번엔 '같다'를 앞말에 붙여 쓰거나 띄어 쓰는 경우만 모아 보았습니다.

1. 마음이야 굴뚝 같지. (                    )

2. 척 보면 알아맞히는 게 귀신 같더라니까.
   (                         )

3. 정말 꿈 같은 일이네요. (                )

4. 득달 같은 성화에 잠시도 앉아 있을 수가 없다.
   (                    )

5. 불 같은 성격 때문에 큰일이라니까. (                    )

6. 차들이 달려가는 게 정말 쏜살 같다.
   (                    )

7. 너 정말 악착 같구나. (                )

8. 주옥 같은 표현들. (                )

9. 철석 같은 약속. (                )

10. 철통 같은 경계. (                )

11. 우리야 늘 한결 같지. (                )

12. 몸이 무거운 게 꼭 납덩이 같다. (                    )

13. 뚱딴지 같은 소리를 하고 그래. (                    )

14. 무뚝뚝하기가 <u>목석 같은</u> 사람이야. (                    )

15. <u>벼락 같은</u> 동작으로 상대를 때려눕혔다.
    (                    )

16. <u>불꽃 같은</u> 삶을 살다가 가셨죠. (                    )

17. <u>비단 같은</u> 손길. (                    )

18. <u>굼벵이 같은</u> 동작. (                    )

19. <u>백옥 같은</u> 피부. (                    )

20. <u>실낱 같은</u> 희망. (                    )

21. <u>한결 같은</u> 믿음. (                    )

22. <u>찰떡 같은</u> 궁합. (                    )

23. 정말 <u>감쪽 같다</u>. (                    )

24. <u>금쪽 같은</u> 재산. (                    )

25. <u>생때 같은</u> 자식. (                    )


【 답 】

1. 굴뚝같지  2. 귀신같더라니까  3. 꿈같은  4. 득달같은

5. 불같은  6. 쏜살같다  7. 악착같구나  8. 주옥같은  9. 철석같은

10. 철통같은  11. 한결같지  12. 납덩이같다  13. 뚱딴지같은

14. 목석같은  15. 벼락같은  16. 불꽃같은  17. 비단 같은

18. 굼벵이 같은  19. 백옥 같은  20. 실낱같은  21. 한결같은

22. 찰떡같은  23. 감쪽같다  24. 금쪽같은  25. 생때같은


외래어 표기 문제입니다.


#1.  거실에 놓을 소파를 구입하려고요. (                    )

2.  행사 참가자들이 가볍게 드실 음료와 스넥을 준비했습니다. (                  )

#3.  엘레베이터를 이용하지 않고 계단으로 오르는 습관을 들여 볼까 합니다. (                  )

4.  이 영화의 오리지날 버전은 내용이 좀 다르다.
(                  )

#5.  영국 런던의 타워 브릿지. (                    )

6.  화이팅! (                    )

7.  인천에서 훼리 호를 타고 제주도로 가는 노선.

(                    )

8. 후라이팬이 한 개 더 있어야 할 것 같다.
(                    )

9. 후르츠 칵테일. (                    )

#10. 요즘은 뭐든 어플리케이션을 다운 받아서 해결하는
세상이다. (                    )

11. 휴대전화에 후레쉬가 내장돼 있습니다.
(                    )

12. 휘트니스 클럽에 다니며 운동을 합니다.
(                    )

13. 해쉬태그를 어떻게 다느냐가 중요하죠.
(                    )

14. 제 차는 지금 카센타에서 수리 중입니다.
(                    )

#15. 이 부분이 이 드라마의 클라이막스예요.
(                    )

16. 현대 미술 콜렉션. (                    )

17. 천사는 영어로 엔젤이다. (                    )

18. 요즘은 카페에서 <u>타블렛</u>으로 개인 작업을 하는 손님들이 많다. (　　　　　　)

19. 아메리카노에 <u>티라미슈</u>를 곁들여 먹었다.
(　　　　　　)

#20. <u>프로포즈</u>를 제대로 하지 못한 게 내내 걸린다.
(　　　　　　)

21. 노트북 같은 휴대용 컴퓨터를 <u>랩탑</u> 컴퓨터라고 한다.
(　　　　　　)

22. 제가 <u>프론트</u>에 문의를 해 보겠습니다. (　　　　　　)

23. 뉴 <u>프론티어</u> 정책. (　　　　　　)

24. <u>마샬</u> 제도. (　　　　　　)

25. 나는 아직도 축구의 <u>업사이드</u> 규칙을 이해 못 하겠어.
(　　　　　　)

【 답 】

1. 소파  2. 스낵  3. 엘리베이터  4. 오리지널  5. 브리지

6. 파이팅  7. 페리  8. 프라이팬  9. 푸르츠  10. 애플리케이션

11. 플래시  12. 피트니스  13. 해시태그  14. 카센터

15. 클라이맥스  16. 컬렉션  17. 에인절  18. 태블릿  19. 티라미수

20. 프러포즈  21. 랩톱  22. 프런트  23. 프런티어  24. 마셜

25. 오프사이드

**17** <sub>단계</sub> **마음을 추스리고 다시 문제를 풀어 보자.**
(                    )

표기법 문제입니다.

1.  생떼같은 자식들을 잃었다. (                    )

2.  녹슬은 기찻길. (                    )

3.  낯설은 풍경. (                    )

4.  부풀은 마음. (                    )

5.  그릇 가생이에 김칫국물이 다 묻었다.
    (                    )

#6. 처마 밑에서 잠깐 비를 긋고 가자. (                    )

7.  김치는 보세기에 담아서 이미 내놨어요.
    (                    )

8.  사람의 탈을 쓰고 어떻게 그런 숭악한 짓을 저지를 수
    있단 말인가. (                    )

9. 그게 뭐에요? (                    )

10. 밀집모자는 쓰기도 그렇지만 보기에도 시원해 보인
    다. (                    )

11. 이번 시안이 지난번 것보다 훨씬 좋으네요.
    (                    )

#12. 제 주인의 권세만 믿고 호가호의하는 꼴이라니.
    (                    )

13. 그 사람은 그런 식으로 신의를 저버릴 사람이 아니다.
    (                    )

14. 모두 세 명인데 부대찌개를 중자를 시킬까, 대자를 시
    킬까? (                    ,                    )

15. 일단은 몸과 마음을 추스리는 게 급선무다.
    (                    )

16. 봄기운이 한껏 깃들인 숲은 지금 새소리로 가득하다.
    (                    )

17. 화재 현장엔 불에 그을린 가재도구들이 널브러져 있
    었다. (                    )

#18. 아니예요, 그런 게 아니였어요.

(            ,            )

19. 자세가 <u>흐트러지면</u> 안 되니까 균형을 잘 잡아야 합니다. (            )

20. 선생님을 뵙기 전에 <u>옷섶</u>을 여미고 마음의 준비를 했다. (            )

21. 갈 테면 <u>가래지</u>? (            )

22. 거울에 <u>비춰지는</u> 내 모습. (            )

23. '간발의 차이'는 <u>한 발 차이</u>를 말하는 걸까?
(            )

#24. 그날도 <u>어느</u> 날과 다를 바 없는 평범한 하루였다.
(            )

25. 나한테 딱 <u>맞춤맞은</u> 집을 구했다. (            )

26. 그러게 누가 그렇게 <u>설래발치래</u>? (            )

27. <u>국으러</u> 가만히 있는 게 상책이다. (            )

28. <u>횡경막</u>이 수축되거나 경련을 일으키면 딸꾹질을 하게 된다. (            )

29. 무안한 나머지 그저 <u>열적게</u> 웃고 말았다.

(　　　　　　　)

#30. 저처럼 별 볼 일 없는 사람한테 왜 이렇게 <u>융성한</u> 대접을 해 주시는지 통 모르겠군요. (　　　　　　　)

31. 전쟁이 터지고 <u>피난민</u>들이 남으로 남으로 피해 갔다.
(　　　　　　　)

32. 거짓말은 <u>더 이상</u> 못 하겠다. (　　　　　　　)

33. 뭔가 분위기가 <u>쎄한데</u>. (　　　　　　　)

34. <u>나름</u> 괜찮은 방법이야. (　　　　　　　)

35. 딸아이는 올해 <u>5살</u>입니다. (　　　　　　　)

#36. 그 시절 할아버지는 <u>개나리봇짐</u>을 짊어지고 길을 떠나시곤 했다. (　　　　　　　)

37. 불쏘시개로 화로에 불을 <u>당겼다</u>. (　　　　　　　)

38. 겨울이 되니 건조해서 그런지 얼굴이 자꾸 <u>당긴다</u>.
(　　　　　　　)

39. 네 <u>살박이</u> 아이를 혼자 두면 어떡해!
(　　　　　　　)

40. 하는 꼴을 보니 인간 <u>말종</u>이 따로 없구먼.

(                    )

41. 지금 뭐라고 <u>씨부려 대는</u> 거야? (                    )

#42. 그렇게 <u>갸냘픈</u> 몸으로 힘든 훈련을 버텨 낼 수 있겠
어? (                    )

43. <u>애띤</u> 얼굴이 고등학생쯤 돼 보이던데요. (                    )

44. 인간문화재 선생님께 직접 <u>사사받은</u> 실력입니다.
(                    )

45. 전문가에게 자문을 <u>받아서</u> 확인한 겁니다.
(                    )

46. 드디어 사부님께 <u>전수받은</u> 실력을 보여 드릴 기회가
왔군요. (                    )

47. 대학교 입학처에서 원서를 직접 <u>접수받았다</u>.
(                    )

#48. 내가 <u>늙그막</u>에 무슨 영화를 누리겠다고 사업을 벌인
단 말입니까. (                    )

49. 가방을 냅다 <u>내팽겨치더라고</u>. (                    )

50. 자고 일어나면 머리가 늘 <u>부시시하다니까</u>.
(                    )

51. 의자가 자꾸 삐그덕거리네. (                    )

52. 뭐 캥기는 거라도 있어? (                  )

53. 어디서 퀘퀘한 냄새가 나는 것 같은데.
    (                  )

#54. 회사에서는 내가 만든 기획안을 시덥잖게 여기는 듯
    했다. (                  )

55. 화를 삭히지 못하고 매번 쏟아 낸다. (                  )

56. 거칠은 벌판으로 달려가자. (                  )

57. 여기저기 시들은 꽃들이 널려 있었다.
    (                  )

58. 빡빡 밀은 머리. (                  )

59. 수줍게 내밀은 손. (                  )

#60. 파도가 한번 쓸고 가자 해변에 어지럽게 찍혀 있던 발
    자욱들이 온데간데없었다. (                  )


【 답 】

1. 생때같은  2. 녹슨  3. 낯선  4. 부푼  5. 가장자리, 가  6. 긋고

7. 보시기  8. 흉악한  9. 뭐예요  10. 밀짚모자  11. 좋네요

12. 호가호위  13. 저버릴  14. 중짜, 대짜  15. 추스르는  16. 깃든

17. 그슬린, 그슨  18. 아니에요, 아니었어요  19. 흐트러지면

20. 옷섶  21. 가라지  22. 비치는  23. 머리카락 한 올 차이

24. 여느  25. 마침맞은  26. 설레발  27. 국으로  28. 횡격막

29. 열없게  30. 융숭한  31. 피란민  32. 더는, (더 이상)

33. 싸한데  34. 그 나름대로  35. 다섯 살, 5세  36. 괴나리봇짐

37. 댕겼다  38. 땅긴다  39. 네 살배기  40. 인간 망종

41. 씨불여 대는  42. 가냘픈  43. 앳된  44. 사사한,

가르침을 받은  45. 자문해서  46. 전수한  47. 접수했다

48. 늘그막  49. 내팽개치더라고  50. 부스스하다

51. 삐거덕거리네  52. 켕기는  53. 퀴퀴한, 쾨쾨한  54. 시답잖게

55. 삭이지  56. 거친  57. 시든  58. 민  59. 내민  60. 발자국


1번은 '생떼'가 아니라 '생때'라고 씁니다. 물론 '생떼를 쓴다'라고 쓸 때는 '생떼'가 맞습니다. 2번은 기본형이 '녹슬다'로 이처럼 'ㄹ' 받침으로 끝나는 어간을 갖는 용언은 '녹슬어, 녹스니, 녹슨, 녹스는, 녹슬, 녹슬었다'로 활용하므로 '녹슬은'이라고 쓸 수 없습니다. 이는 3, 4, 56, 57, 58, 59번도 마찬가지입니다. 14번은 '소자, 중자, 대자'가 아니라 '소짜, 중짜, 대짜'로 씁니다. 15번은 '추스르다'가 기본형이어서 '추스르는'이 돼야 맞습니다. 17번의 경우 붙

에 직접 닿아 타는 건 '그을다'가 아니라 '그슬다'입니다. 22번은 '비치는'으로 써도 되는데 굳이 '비춰지다'라고 쓸 필요가 있을까요. 23번 '간발의 차이'에서 '간발'間髮은 한자어 그대로 해석하자면 '머리카락 한 올 차이'라는 의미입니다. 28번 '횡격막'도 '횡경막'으로 잘못 쓰는 경우가 워낙 많으니 주의하시기 바랍니다. 31번은 '피난'과 '피란'의 차이를 묻는 문제입니다. '피난'은 재난을 피해 이동하는 것이고, '피란'은 난리를 피해 이동하는 것인데 여기서 '난리'란 대개 전쟁을 뜻합니다. 32번의 '더 이상'은 틀린 말은 아니지만 '더'라는 고유어와 '이상'以上이라는 한자어가 결합된 말이어서 '더는'으로 쓰는 게 낫지 않을까 싶어 문제로 내 봤습니다. 34번은 '나름'이 의존명사여서 '문법적으로는' 단독으로 쓸 수 없습니다. 35번은 '다섯 세'나 '5살'은 아무래도 어색하겠죠. 37, 38번은 '당기다, 댕기다, 땅기다'의 뜻 차이를 묻는 문제입니다. 사전에서 한번 찾아보시겠습니까.

띄어쓰기 문제입니다.


1.    힘든 시기를 <u>함께 한</u> 동료는 가족보다 더 가깝게 느껴지는 법이다. (                    )

2.    <u>가끔 가다가</u> 짖을 때도 있어요. (                        )

3. <u>한다 하는</u> 집안의 자제들. (               )

#4. 한 방에 <u>나가 떨어졌어</u>. (                   )

5. 그래서 뭐 거기서 <u>한자리 하기라도</u> 했다는 거야?
   (                   )

6. <u>화문석하면</u> 강화도지. (                )

7. 정말 <u>먹음직한</u> 음식이네요. (              )

#8. 내가 <u>사랑해마지 않는</u> 학생들. (                )

9. 그걸 <u>먹음직한데</u> 다른 걸 바라는 모양이네.
   (                   )

10. 저 형님은 성이 <u>김씨</u>고 나는 박씨고 저기 있는 <u>최 씨</u>
    는 뭐 당연히 <u>최씨</u>고. (          ,          ,          )

11. 공격할 때 보니 <u>비호 같더라니까</u>. (              )

#12. <u>먹고 살기</u> 힘드네요 정말. (             )

13. <u>두부 모</u> 자르듯 하네. (              )


【답】

1. 함께한  2. 가끔가다가  3. 한다하는  4. 나가떨어졌어


335

5. 한자리하기라도 6. 화문석 하면 7. 먹음직한 8. 사랑해
마지않는 9. 먹음 직한데 10. 김씨, 최 씨, 최씨
11. 비호같더라니까 12. 먹고살기 13. 두부모

6번의 '하다'는 동사로 쓰인 겁니다. 7번과 9번의 경우 '먹음직한'은 '먹다'의 어간에 접미사 '-음직하다'가 붙은 것이고, '먹음 직한데'는 '먹다'의 활용형에 보조형용사 '직하다'가 이어진 것이죠. 뜻은 7번은 '먹을 만하다'이고 9번은 '먹을 법도 한데'로 차이가 있습니다. 10번은 단지 성씨를 말할 때 '김씨, 박씨, 최씨'처럼 붙여 쓰지만, 그 성을 가진 사람을 이를 땐 '김 씨, 박 씨, 최 씨'처럼 띄어 씁니다.

외래어 표기 문제입니다.

1. 바디빌더들은 늘 운동뿐 아니라 식단 관리도 해야 한다. (                )

2. 이 가게는 햄버거 페티가 엄청 두꺼워. (                )

3. 우리 회사는 브라인드 테스트로 면접을 한다.
(                )

4. 아버지는 류마티스로 고생하신다. (                )

#5.  시위대는 바리케이트를 치고 경찰과 대치 중이다.
     (                    )

6.   사무실마다 퍼티션을 설치했다. (                )

7.   그리스 신화의 에로스에 해당하는 로마 신화의 사랑
     의 신은 큐피트이다. (                )

8.   리조또가 이탈리아 음식인가요? (                )

9.   메뉴얼대로 시행했습니다. (                )

#10. 일단 타겟부터 정합시다. (                )

11.  머스타드 소스가 준비됐습니다. (                )

12.  최근엔 주로 쉴드 공법으로 터널 공사를 한다.
     (                )

13.  저는 주로 아울렛에서 옷을 구입하는 편입니다.
     (                )

14.  스타일이 참 엣지 있네요. (                )

#15. 입주 전에 샤시 공사를 끝내야 한다. (                )

16.  컨텐츠가 얼마나 신선하냐가 관건이겠다.
     (                )

17. 학위를 따지 못한 게 그 사람의 <u>컴플렉스</u>다.

   (                    )

18. <u>폴로네에즈</u>를 추는 사람들. (                    )

19. 이곳은 전형적인 <u>피요르드</u>식 해안입니다.

   (                    )

#20. 풍차로 유명한 나라가 <u>네델란드</u>인가?

   (                    )

21. <u>버마</u>의 민주화 운동과 아웅산 수치. (                    )

22. 중국의 항구 도시 <u>다롄</u>. (                    )

23. 아일랜드, 잉글랜드, 스코틀랜드, <u>웨일즈</u>.

   (                    )

24. 프랑스의 <u>베르사이유</u> 궁전. (                    )

#25. 오후엔 <u>이디오피아</u>산 커피를 마셨다.

   (                    )

【 답 】

1. 보디빌더  2. 패티  3. 블라인드  4. 류머티스  5. 바리케이드

6. 파티션  7. 큐피드  8. 리소토  9. 매뉴얼  10. 타깃

11. 머스터드  12. 실드  13. 아웃렛  14. 에지  15. 섀시

16. 콘텐츠  17. 콤플렉스  18. 폴로네즈  19. 피오르

20. 네덜란드  21. 미얀마  22. 다롄  23. 웨일스  24. 베르사유

25. 에티오피아

## 기다랗기도 하고 짧따랗기도 한
## 것이 노라네?

'길다'는 '길다랗다'가 아니라 '기다랗다'로 활용합니다. 이는 합성어나 파생어에서 앞말의 'ㄹ' 받침이 발음되지 않을 때, 발음되지 않는 형태로 적는다는 규칙 때문이죠. '아들님'이 '아드님'이 되고, '딸님'이 '따님'이 되는 것처럼 말입니다.

여닫이, 미닫이, 부삽, 마소, 무논, 다달이, 기다랗다, 차지다.

이처럼 접미사 '-다랗다'가 붙는 형태는 '가느다랗다', '곱다랗다', '굵다랗다', '깊다랗다', '커다랗다' 등이 있습니다. '기다랗다'는 다시 '기다랗고, 기다래, 기다라니, 기다란, 기다랗게, 기다랬다'로 활용되죠.

접미사 '-따랗다'가 붙는 경우도 있습니다. '널따랗다', '얄따랗다', '짧따랗다' 등입니다. 겹받침을 갖는 단어 중 앞의 받침 소리만 날 땐 앞의 받침에 '-따랗다'를 붙이고, 뒤의 받침 소리가 날 땐 겹받침에 '-다랗다'를 붙입니다.

앞에서 '넓적다리'를 설명하며 말씀드렸다시피 겹받

침을 갖는 단어 중 뒤의 받침 소리만 날 땐 겹받침을 다 적고 앞의 받침 소리만 날 땐 소리 나는 대로 적는다는 규정과 같은 이치입니다. '넓적다리'나 '널따랗다'처럼 말이죠.

한편 'ㅎ' 불규칙 형용사의 받침 'ㅎ'이 어미 '-네'나 모음 앞에서 줄어드는 경우 준 대로 적습니다. 다만 어미 '-아/-어'와 결합할 땐 '-애/-에'로 적습니다.

까맣다-까마네-까마니-까말-까만-까매
노랗다-노라네-노라니-노란-노래
어떻다-어떠니-어떤데-어떤-어때
하얗다-하야네-하얄-하야니-하야면-하얘

'ㅎ' 받침을 갖는 형용사 가운데 '좋다'를 제외하고 모두 이 규칙의 적용을 받습니다.

-율, -률, -양, -량, -란, -난

접미사 '-율, -률, -양, -량, -란, -난'을 각각 어떤 앞말에 붙이는지 무척 헷갈리시죠? 규칙이 있습니다.

우선 '-율'과 '-률'부터 알아볼까요.

'-율'은 앞말에 받침이 없거나 'ㄴ' 받침이 있을 때 붙이고, '-률'은 'ㄴ'을 제외한 받침이 있을 때 붙입니다.

감소율, 매도율, 치료율, 백분율, 회전율.

경쟁률, 사용률, 응답률, 취업률, 합격률.

다음은 '-양'과 '-량'입니다.

고유어와 외래어 명사 뒤에는 '-양'을 붙이고, 한자어 명사 뒤에는 '-량'을 붙입니다.

구름양, 기름양, 일양, 칼로리양, 칼슘양.

가사량, 노동량, 업무량, 운동량, 작업량.

'-란'과 '-난'의 쓰임도 마찬가지입니다.

앞말이 한자어인 경우엔 '-란'을 붙이고, 고유어나 외래어인 경우엔 '-난'을 붙입니다.

독자란, 투고란, 문화란, 정치란, 경제란.
어린이난, 글쓰기난, 스포츠난, 가십난, 뉴스난.

**틀릴 테면 틀리래지 뭐.** ( )

표기법 문제입니다.

1. 황달 때문인지 얼굴이 정말 <u>노랗네요</u>.
   ( )

2. 네 죄를 <u>알렸다</u>! ( )

3. 횡단보도를 건너던 노인이 음주운전 차에 <u>치었다</u>.
   ( )

4. 제아무리 많이 <u>먹기로소니</u> 그걸 다 먹기야 했겠느냐.
   ( )

5. 뭐가 이렇게 <u>많데</u>. ( )

#6. <u>생떼같은</u> 자식들을 잃었다. ( )

7. 정말 <u>많은대</u>! ( )

8. <u>바라건데</u> 정의를 실현해 주십시오. ( )

9. 물건 주인이 자기 마음대로 쓸진데 누가 뭐라겠는가.
   (            )

10. 아님 말구요. (            )

11. 어쩜 그렇게 낼름 가져간다니. (            )

#12. 그게 뭐에요? (            )

13. 그렇게 어물쩡 넘어갈 수 있을 것 같아?
    (            )

14. 그 돈이 자그만치 1억이라고! (            )

15. 고준담론을 나누느라 밤이 새는지도 몰랐다.
    (            )

16. 이번이 벌써 열둘째라고. (            )

17. 이게 스물둘째네요. (            )

#18. 이번 시안이 지난번 것보다 훨씬 좋으네요.
    (            )

19. 생사여탈권은 정말 웃기는 말이다. 남의 목숨을 쥐락
    펴락하는 걸 권리라고 하다니! (            )

20. 진위 여부를 밝히는 데 매진할 계획입니다.

(                    )

21. 오늘 자정이면 당락 여부가 결정될 예정입니다.
(                    )

22. 합격 여부에 따라 인생이 달라지는 거죠.
(                    )

23. 진급 여부를 결정할 중요한 시험입니다.
(                    )

#24. 그 사람은 그런 식으로 신의를 저버릴 사람이 아니다.
(                    )

25. 사람이 너무 외곬수여도 못 쓰는 거야.
(                    )

26. 생산성 10퍼센트 재고를 위한 관리자 회의.
(                    )

27. 이번 행사 비용은 회원들이 갹출해서 치르는 걸로 하
겠습니다. (                    )

28. 술값은 이 자리에 남아 계신 분들끼리 각출해서 치르
겠습니다. (                    )

29. 그 얘기를 듣고 모두들 포복졸도했다.

(              )

#30. 일단은 몸과 마음을 <u>추스리는</u> 게 급선무다.
(              )

31. 뱀이 <u>또아리</u>를 틀고 있다. (           )

32. <u>무릎팍</u> 도사. (           )

33. 이 방은 4<u>평방미터</u>이다. (           )

34. 체적을 계산하면 대략 20<u>입방미터</u>가 나옵니다.
(              )

35. <u>쇠골뼈가</u> 분명하게 드러날 정도로 살이 빠졌네요.
(              )

#36. 갈 테면 <u>가래지</u>? (           )

37. <u>감사드리겠습니다</u>, <u>감사드리고 싶습니다</u>.
(         ,            )

38. 쇠가 <u>당금질</u>을 통해 단단해지듯 훈련을 통해 강해질
수 있을 겁니다. (           )

39. 아이는 쑥스러운지 <u>베시시</u> 웃었다. (          )

40. 어머니 <u>병구환하느라</u> 마감을 지키지 못했습니다.

(　　　　　　　)

41. 양이 너무 적어서 감질맛 나더라고.
(　　　　　　　　　)

#42. 선생님을 뵙기 전에 옷섶을 여미고 마음의 준비를 했다. (　　　　　　)

43. 충무김밥은 역시 석박지랑 같이 먹어야 한다.
(　　　　　　)

44. 이 무슨 청천병력 같은 소리냐. (　　　　　　)

45. 열기가 더해 가면서 선수들 모두 가열차게 경기에 임했다. (　　　　　)

46. 악다문 입과 앙다문 입, 어떤 게 맞는 말일까?
(　　　　　　)

47. 얼굴은 길다랗고, 이마는 넓다랗고, 목은 굵다랗고, 다리는 짧다란 게 이 동물의 특징이죠. (　　　　　　,　　　　　　,　　　　　　,　　　　　　)

#48. 나한테 딱 맞춤맞은 집을 구했다. (　　　　　　)

49. 야, 그거 기똥찬데! (　　　　　　)

50. 행여나 과장님이 눈치첼새라 직원들은 조용히 생일

파티를 준비했다. (                    )

51. 지금은 <u>여유돈</u>이 전혀 없어서요. (                )

52. 이 학교는 학생들의 <u>향학렬</u>이 높기로 유명하죠.
( )

53. <u>한갖</u> 순경에 지나지 않는 놈이라뇨? (                )

#54. 그러게 누가 그렇게 <u>설래발</u>치래? (                )

55. 사람이 어떻게 그런 <u>못쓸 짓</u>을 할 수 있어.
( )

56. <u>양제기</u>에 담긴 막걸리로 목을 축였다.
( )

57. 그이의 이야기는 정말 <u>괴이적은</u> 이야기였다.
( )

58. 예전에 할머니가 좋아하시던 <u>영양갱</u>을 요즘은 내가
잘 먹는다. (                )

59. 왜 자꾸 <u>추근덕대는</u> 거예요? (                )

#60. <u>횡경막</u>이 수축되거나 경련을 일으키면 딸꾹질을 하게
된다. (                )

【 답 】

1. 노라네요  2. 알렷다  3. 치였다  4. 먹기로서니  5. 많다니,

많대  6. 생때같은  7. 많은데  8. 바라건대  9. 쓸진대  10. 말고요

11. 날름  12. 뭐예요  13. 어물쩍  14. 자그마치  15. 고담준론

16. 열두째  17. 스물두째  18. 좋네요  19. 생살여탈권  20. 진위

21. 당락이  22. 합격 여부에  23. 진급 여부를  24. 저버릴

25. 외골수  26. 제고  27. 갹출, 각출  28. 갹출  29. 포복절도

30. 추스르는  31. 똬리  32. 무르팍, 물팍  33. 제곱미터

34. 세제곱미터  35. 쇄골이  36. 가라지  37. 감사합니다

38. 담금질  39. 배시시  40. 병구완  41. 감질나더라고  42. 옷섶

43. 섞박지  44. 청천벽력  45. 가열하게  46. 악다문, 앙다문

47. 기다랗고, 널따랗고, 굵다랗고, 짤따란  48. 마침맞은

49. 기똥찬데, 기막힌데  50. 눈치챌세라  51. 여윳돈  52. 향학열

53. 한갓, 한낱  54. 설레발  55. 몹쓸 짓  56. 양재기

57. 괴이쩍은  58. 연양갱, 양갱  59. 치근덕대는  60. 횡격막


　　1번과 47번은 343쪽 '붙임글 8'을 참고하세요. 3번은 기본형이 '치이다'여서 '치였다'로 써야 합니다. 4번은 어미 '-기로서니'가 붙은 겁니다. 5번은 '많다니'가 줄어 '많대'가 된 것입니다. 7번은 '-데'는 직접 보거나 겪은 사실을 말할 때, '-대'는 그런 사실을 누군가에게 들었을 때 씁니다. 16번은 둘째만 '둘째'라고 쓰고 10 단위 이상은 '열두째, 스물

두째, 서른두째, 마흔두째' 등으로 쓴다는 걸 알아 두시면 좋겠습니다. 20번부터 23번까지는 '여부'의 사용을 묻는 문제입니다. '여부'與否는 '그러함과 그렇지 아니함'을 뜻하는 말입니다. '진위'나 '당락'은 단어 자체에 '그러함과 그렇지 아니함'이 포함돼 있으므로 굳이 '여부'를 붙일 필요는 없겠습니다. 27번과 28번은 '각출'과 '갹출'의 뜻 차이를 묻는 문제입니다. '각출'은 각각 내는 걸 말하고, '갹출'은 같은 목적을 위해 여러 사람이 돈을 나누어 내는 걸 말합니다. 29번은 '포복절도'抱腹絶倒입니다. 배를 그러안고 넘어질 정도로 웃는다는 뜻이죠. '졸도'를 하는 게 아니니 쓰실 때 주의하셔야겠습니다. 32번은 '무릎, 무르팍, 물팍'이라고 씁니다. 35번은 '쇄골'의 '골'骨이 뼈라는 뜻이니 굳이 뼈를 붙일 필요는 없습니다. '연골'이나 '치골' 등도 마찬가지고요. 43번은 '섞박지'라고 겹받침을 쓴다는 걸 염두에 두시기 바랍니다. 49번의 '기똥차다'는 사전에 오른 말이긴 하지만 속된 표현이라 '기막히다'로 쓰는 게 낫겠습니다.

18단계에서는 띄어쓰기 대신 사이시옷이 들어가는 단어들을 알아보겠습니다.

1.   오늘 막내동생이 찾아왔다. (                    )

2.   늘 배 속 편하게 지내는 건 다름 아닌 엄마 뱃속에서

부터 타고난 본성이다. (          ,          )

3. 등교길과 하교길에 늘 차 조심해야 해.
   (          ,          )

4. 이건 최대값과 최소값을 모두 구하는 문제이다.
   (          ,          )

5. 하버드 대학의 공부 벌레들. (          )

6. 반려견의 마리 수가 늘어나면서 자연히 더 넓은 공간
   이 필요해졌다. (          )

7. 삼각형의 세 꼭지점에 접하는 원을 그리자.
   (          )

8. 감자국을 먹을까 선지국을 먹을까?
   (          ,          )

9. 새의 날개짓. (          )

10. 말 그대로 도끼자루 썩는지 모르고 세월을 보내고 있
    다. (          )

11. 단오날 행사. (          )

12. 배멀미가 심해서 비행기를 타기로 했다. (          )

13. 이번 투자의 잇점을 잘 파악해야 한다. (                )

14. 잘못을 했으면 댓가를 치러야지. (                )

15. 맥줏잔을 부딪치며 '건배'를 외쳤다. (                )

16. 뒷곁에 가서 양동이 하나 가져다줄래? (                )

17. 행사 끝나면 뒷풀이가 준비돼 있으니 참석 바랍니다.
    (                )

18. 윗층 아랫층 모두 곧 이사를 갈 예정입니다.
    (                ,                )

19. 아랫쪽이야 윗쪽이야? (                ,                )

20. 큰 짐은 윗칸에 올리시고 작은 짐은 아랫칸 수납장에
    넣으시면 됩니다. (                ,                )

21. 뒷꿈치에 각질이 생겨 고민이다. (                )

22. 뒷처리를 잘못 하면 아무 소용없다. (                )

23. 머리는 길지만 뒷태만 봐도 남자가 분명했다.
    (                )

24. 햇콩이 나올 때가 언제지? (                )

25. 햇쌀로 지은 밥. (                )

【 답 】

1. 막냇동생  2. 뱃속, 배 속  3. 등굣길, 하굣길  4. 최댓값,
최솟값  5. 공붓벌레  6. 마릿수  7. 꼭짓점  8. 감잣국, 선짓국
9. 날갯짓  10. 도낏자루  11. 단옷날  12. 뱃멀미  13. 이점
14. 대가  15. 맥줏잔  16. 뒤꼍  17. 뒤풀이  18. 위층, 아래층
19. 아래쪽, 위쪽  20. 위칸, 아래칸  21. 뒤꿈치  22. 뒤처리
23. 뒤태  24. 해콩  25. 햅쌀

설명은 이 책 163쪽의 '붙임글 3'을 참고하세요.

18단계의 외래어 표기 문제입니다.

1. 국제 영화제가 열리는 도시 칸느. (                )

2. 제노아는 이탈리아의 도시 제노바의 영어식 표기이
다. (             )

3. 시실리는 이탈리아 시칠리아의 영어식 표기이다.
(             )

4. 우크라이나공화국의 수도 키에프. (                    )

#5. 카플을 이용해서 출퇴근하고 있습니다. (                    )

6. 주네브는 스위스 제네바의 프랑스어 표기이다.
   (                    )

7. 쿠바의 수도 하바나. (                    )

8. 세계 3대 폭포 가운데 하나인 이과수 폭포.
   (                    )

9. 요즘은 거리에서 전동 퀵보드를 타는 사람들을 많이
   보게 된다. (                    )

#10. 메뉴얼대로 시행했습니다. (                    )

11. 오, 피, 큐, 알, 에스, 티, 유. (                    )

12. 영국 노퍼크 주로 출장을 다녀올 예정입니다.
    (                    )

13. 흔히 대상隊商이라고 불리는, 사막이나 초원을 다니는
    상인 집단을 캐러반이라고 부른다. (                    )

14. 토스터기 싸게 구입할 만한 데 없을까?
    (                    )

356

#15. 저는 주로 아울렛에서 옷을 구입하는 편입니다.

( )

16. 프러시아는 프로이센의 영어식 표기이다.

( )

17. 홀란드는 네덜란드의 영어식 표기이다.

( )

18. 날이 선선해지면서 아침저녁으로는 제법 쌀쌀하기도 해 가디건을 가지고 다닌다. ( )

19. 그게 바로 이 시안의 컨셉입니다. ( )

#20. 컨텐츠가 얼마나 신선하냐가 관건이겠다.

( )

21. 사고 현장에 앰블런스가 도착했다. ( )

22. 요즘 플룻을 배우러 다닙니다. ( )

23. 축구에서 드로인은 이제 던지기라고 부른다.

( )

24. 요즘은 남성들도 악세사리를 즐겨 한다.

( )

#25. 학위를 따지 못한 게 그 사람의 컴플렉스다.

(                              )

**답을 알 수 없어 혼자 궁시렁대고만 있다.**
(                                    )


19단계 표기법부터 보시죠.


1.  사람이 왜 그렇게 흐리멍텅한 거야? (                    )

2.  그날 내가 정신이 헷가닥했나 봐. (                    )

3.  혼자 궁시렁대고 말았다. (                    )

4.  어쩐지 께림칙하다. (                    )

5.  넌즈시 일러주더라고. (                    )

#6.  네 죄를 알렸다! (                    )

7.  쾌제를 부르다. (                    )

8.  잼병이야 젠병이야? (                    )

9.  눈만 꿈뻑거리다. (                    )

10.  뭐가 이렇게 밍숭밍숭해! (                    )

11. <u>귀뜸</u>이라도 좀 해 주지. (                    )

#12. 횡단보도를 건너던 노인이 음주운전 차에 <u>치었다</u>.
　　　(                    )

13. <u>어긋장</u>을 놓다. (                    )

14. 애비 <u>에미</u>도 없냐? (                    )

15. 스케이트를 <u>짓치다</u>. (                    )

16. <u>뽀로지야</u>, <u>뽀드락지야</u>? (                    )

17. 몸이 <u>찌뿌두두하다</u>가 맞아, <u>찌뿌두둥하다</u>가 맞아?
　　　(                    )

#18. 제아무리 많이 <u>먹기로소니</u> 그걸 다 먹기야 했겠느냐.
　　　(                    )

19. <u>헤코지야</u>, <u>해꼬지야</u>? (                    )

20. 왜 그렇게 <u>밍기적밍기적</u>대는 거야. (                    )

21. <u>낭낭한</u> 소리일까, <u>낙랑한</u> 소리일까? (                    )

22. 기억이 <u>어슴푸레하다</u>. (                    )

23. <u>까망</u>과 <u>깜장</u> 둘 중 하나는 표준어다. (                    )

#24. 그렇게 어물쩡 넘어갈 수 있을 것 같아? (          )

25. 에게게, 그게 뭐야. 너무 작잖아. (          )

26. 옛다, 먹고 떨어져라. (          )

27. 아니 어따 대고 반말이야. (          )

28. 된장찌개 끓일 땐 물 때신 쌀뜬물을 넣으면 좋다.
(          )

29. 얼만큼이나 줄 건데. (          )

#30. 이번이 벌써 열둘째라고. (          )

31. 내 그러다가 사단이 날 줄 알았지. (          )

32. 그리고는 줄곧 못 봤어요 그 사람. (          )

33. 사랑스런 표정. (          )

34. 좁고 길다란 골목. (          )

35. 저 떠벌이는 왜 저렇게 떠벌이고 다니는 거야.
(          ,          )

#36. 사람이 너무 외곬수여도 못 쓰는 거야.
(          )

37. 담쟁이 덩쿨. (                    )

38. 그 친구는 어째 코빼기도 비추질 않니. (                    )

39. 방 한켠에 덩그러니 놓인 빈 가방. (                    )

40. 곽에 담긴 우유. (                    )

41. 머리가 허옇게 샜다. (                    )

#42. 뱀이 또아리를 틀고 있다. (                    )

43. 내가 비껴서는 순간 자전거가 내 옆을 살짝 비켜갔다.
     (                    ,                    )

44. 그 남자 코야말로 메부리코지. (                    )

45. 엘리베이터 앞에서 실랭이를 벌이는 사람들 때문에
     건물 안이 한동안 시끄러웠다. (                    )

46. 옛일은 왜 자꾸 들치고 그러는 건데? (                    )

47. 이 선물을 받고 그 사람이 좋아할런지 모르겠네요.
     (                    )

#48. 무릎팍 도사. (                    )

49. 여지껏 놀고 있는 거니? (                    )

50. 그럼 곧 <u>뵈요</u> 선생님. (                    )

51. 이런 일을 당하면 놀라는 게 <u>다반사지</u> 뭐.
    (                    )

52. 그래봐야 <u>밭떼기</u> 조금 있는 걸 가지고 뭘.
    (                    )

53. 가을이 되니 아침저녁으로 바람이 차가운 게 제법 <u>선뜻선뜻하다</u>. (                    )

#54. <u>쇠골뼈가</u> 분명하게 드러날 정도로 살이 빠졌네요.
    (                    )

55. 사는 게 <u>녹녹치</u> 않다. (                    )

56. 뭐야 <u>놀랬잖아</u>, 왜 <u>놀래키고</u> 그래.
    (                    ,                    )

57. 키가 <u>훤칠하다</u>. (                    )

58. 어디서 타는 냄새가 <u>스믈스믈</u> 올라온다.
    (                    )

59. <u>날파리</u> 때문에 못살겠다. (                    )

#60. 이 무슨 <u>청천병력</u> 같은 소리냐. (                    )

【 답 】

1. 흐리멍덩한 2. 회까닥했나 3. 구시렁대고 4. 께름칙하다

5. 넌지시 6. 알렷다 7. 쾌재 8. 젬병 9. 곰빽거리다

10. 민숭민숭, 맨송맨송 11. 귀띔 12. 치였다 13. 어깃장

14. 어미 15. 지치다 16. 뾰루지, 뾰두라지 17. 찌뿌드드하다,

찌뿌둥하다 18. 먹기로서니 19. 해코지 20. 뭉그적뭉그적

21. 낭랑한 22. 어슴푸레하다 23. 검정, 깜장 24. 어물쩍

25. 에계계, 애개개 26. 옜다 27. 얻다 28. 쌀뜨물 29. 얼마큼,

얼마만큼 30. 열두째 31. 사달 32. 그러고는 33. 사랑스러운

34. 기다란 35. 떠버리, 떠벌리다 36. 외골수 37. 덩굴, 넝쿨

38. 비치질 39. 한편 40. 갑 41. 셌다 42. 똬리 43. 비켜서는,

비껴갔다 44. 매부리코 45. 실랑이, 승강이 46. 들추고

47. 좋아할는지 48. 무르팍, 물팍 49. 여태껏 50. 봬요

51. 인지상정이지 52. 밭떼기 53. 선뜩선뜩하다 54. 쇄골이

55. 녹록지 56. 놀랐잖아, 놀래고 57. 헌칠하다 58. 스멀스멀

59. 하루살이 60. 청천벽력


2번의 '회까닥하다'는 속된 표현이긴 하지만 어쨌든
'헷가닥하다'로 잘못 쓰는 것보다는 낫겠죠. 21번의 '낭랑
하다'의 '낭랑'은 한자로 '朗朗'입니다. 26번은 '예 있다'의
준말이니 '옜다'로 써야 맞습니다. 28번은 '쌀뜨물'이 표준
어입니다. 31번은 '사단'이라고 잘못 쓰는 경우가 많은데

'사달'이라고 써야 맞습니다. 32번은 '그리고는'이라고 잘 못 쓰곤 하는데 '그러고는'이라고 써야 맞습니다. '그러고는'은 '그리하고는'의 준말이기 때문입니다. 33번은 '사랑 스런', '자랑스런', '고생스런', '갑작스런' 등으로 쓸 때가 많은데, 접미사 '-스럽다'를 '-스런'으로 줄여 쓰는 건 어색합니다. '-스럽다'는 'ㅂ' 받침이 들어갔으니 '-스러워, -스러운, -스러울, -스럽지, -스러웠다'로 활용되기 때문이죠. '사랑스런'으로 쓸 수 있다면 '곱다'도 '고운'이 아닌 '곤'으로 쓸 수 있다는 얘기가 되어 곤란해집니다. 시 같은 문학 작품에서 운율을 위해 쓰는 게 아니라면 '-스런'은 안 쓰시는 게 좋겠습니다. 34번은 '길다란'이 아니라 '기다란'으로 써야 맞습니다. 자세한 설명은 이 책 291쪽 '붙임글 7'을 참고하시기 바랍니다. 35번은 '떠벌이다'와 '떠벌리다'의 뜻 차이를 묻는 문제입니다. '떠벌이다'는 무언가 크게 차리거나 벌이는 걸 말하고, '떠벌리다'는 과장하며 수다스럽게 떠드는 것으로 그렇게 하는 사람을 '떠버리'라고 합니다. 47번은 흔히 '-ㄹ런지'로 착각하고 쓰는 경우가 많은데 '-ㄹ는지'라는 걸 이참에 기억해 두시면 좋겠네요. 50번의 '봬요'는 '뵈어요'의 준말입니다. '뵈다'가 기본형이죠. 52번은 '밭떼기'와 '밭뙈기'의 뜻 차이를 묻는 문제입니다. '밭떼기'는 밭째로 사들이는 걸 말하고, '밭뙈기'는 얼마 안 되는 자그마한 밭을 말하죠. 53번의 '선뜻선뜻하다'는 매우 시원하고 깨끗한 기분이나 느낌이 들 때 씁니다. 56번의 '놀래다'는 '놀라게 하다'라는 의미입니다. 57번의 '훤칠하다'는 '길고 미끈하거나 막힘없이 깨끗하고 시원스럽다'라는 뜻을 갖는 단어입니다. 59번의 '날파리'는 하루살이의 방언이라는군요.


19단계 띄어쓰기 문제입니다.


1.  그러다 큰코 다치지. (                    )

2.  남의 집 살이 하기가 참 힘겹다. (                    )

3.  아니라는데. 아무래도 내가 잘못 짚었나 봐.
    (                    )

4.  그 집은 닭들을 놓아 기른다죠. (                    )

5.  창문을 닫아 걸고 현관문도 걸어잠갔다.
    (                    ,                    )

#6.  오늘은 내가 한턱 낼게. (                    )

7.  어제 저녁엔 가을 바람 같은 바람이 불어서 올 여름도
    이렇게 가나 보다 싶었다. (                    ,
                    ,                    )

8.  코스타 리코의 수도 산 호세, 러시아 제2의 도시

상트 페테르부르크, 미국의 세인트 루이스, 프랑스의
생트 빅투아르 산. (　　　　　　　　　　,　　　　　　　　　　,

　　　　　　　　　　,　　　　　　　　　　,

　　　　　　　　　　)

9. 문장을 계속 써나가볼까? (　　　　　　　　　　)

10. 파렴치한으로 낙인 찍힌 상황에서 뭘 할 수 있겠는가.
(　　　　　　　　)

11. 술에 취해 갈지자 걸음을 걷고 있다. (　　　　　　　　　　)

#12. 지금은 괜찮다 손 치더라도 다음번엔 어떻게 할 생각
인가요? (　　　　　　　　　　)

13. 거대한 해일이 일 듯이 시위대의 물결이 거리를 뒤덮
었다. (　　　　　　　　)

【 답 】

1. 큰코다치지  2. 남의집살이하기  3. 잘못짚었나  4. 놓아기른다

5. 닫아걸고, 걸어 잠갔다  6. 한턱낼게  7. 어제저녁 혹은 엊저녁,

가을바람, 올여름  8. 코스타리코, 산호세, 상트페테르부르크,

세인트루이스, 생트빅투아르  9. 써나가 볼까  10. 낙인찍힌

11. 갈지자걸음  12. 괜찮다손 치더라도  13. 일듯이

7번은 '가을바람, 봄바람, 가을안개, 겨울바람, 겨울안개' 등을 모두 붙여 쓰고, '올봄, 올여름, 올가을, 올겨울'도 붙여 씁니다. 8번은 지명이나 단체명, 상호 따위는 모두 붙여 씁니다. 9번은 보조용언이 연이어 붙을 땐 뒤의 것은 띄어 씁니다. 13번은 앞말의 어간에 '-듯이'가 붙은 겁니다. '가듯이, 오듯이'처럼 '일다'의 '일'에 '-듯이'가 붙었으니 '일 듯이'로 붙여 써야겠죠.

　　외래어 표기 문제입니다.

1.　길가 화분에 <u>다알리아</u>가 활짝 피어 웃고 있는 듯했다.
　　(　　　　　　　)

2.　저녁엔 뷔페에 가서 그 비싼 <u>롭스터</u>를 맘껏 먹었다.
　　(　　　　　　　)

3.　과일 중에 내가 제일 좋아하는 건 <u>메론</u>이다.
　　(　　　　　　　)

4.　즉흥적으로 만든 대사를 <u>애드립</u>이라고 한다.
　　(　　　　　　　)

#5.　쿠바의 수도 <u>하바나</u>. (　　　　　　　)

6.　인공위성이 <u>랑데뷰</u>하는 장면은 정말 장관이었다.

(                    )

7. 목의 흉터를 머플러로 <u>캄푸라치</u>했다.
   (                    )

8. 10퍼센트에서 7퍼센트로 내려갔으니 <u>3퍼센트</u>가 내려
   간 셈이다. (                    )

9. 간호사가 주사를 놓기 위해 주사약이 든 <u>앰플</u>을 꺼냈
   다. (                    )

#10. 세계 3대 폭포 가운데 하나인 <u>이과수</u> 폭포.
   (                    )

11. 그 여자야말로 <u>팜므 파탈</u>이라고 할 수 있다.
   (                    )

12. 그 옷은 고급스러운 <u>빌로드</u>로 만든 것이다.
   (                    )

13. <u>플라넬</u> 셔츠를 입은 남자들. (                    )

14. <u>오르가즘</u>은 프랑스어에서 온 단어이다.
   (                    )

#15. 요즘은 거리에서 전동 <u>퀵보드</u>를 타는 사람들을 많이
   보게 된다. (                    )

16. 뉴욕이나 런던에 사는 사람들은 대부분 <u>코스모폴리턴</u>이라고 할 수 있나? (　　　　　　)

17. 핫팬츠라는 게 알고 보면 <u>숏팬츠</u>인 거잖아?
(　　　　　　)

18. 신임 회장은 전임 회장의 <u>바톤</u>을 이어받아 모임을 활력 있게 이끌겠노라고 소감을 밝혔다. (　　　　　)

19. 학교 화학 실험실에서 자주 봤던 고무주머니가 달린 유리관을 <u>스포이드</u>라고 했던가? (　　　　　　)

#20. 그게 바로 이 시안의 <u>컨셉</u>입니다. (　　　　　　)

21. <u>노블리스 오블리제</u>는 사회 지도층 인사들의 도덕적 의무를 강조한 말이다. (　　　　　)

22. 이런 <u>아이로니</u>가 있나! 정말 <u>아이러니컬</u>하네.
(　　　　　　,　　　　　　　　)

23. 사회의 <u>인테리</u>들이 책임의식을 갖지 못해 빚어진 사태. (　　　　　)

24. 벽에 <u>라카</u> 칠을 하느라 냄새를 하도 맡았더니 어질어질하다. (　　　　　)

#25. 사고 현장에 <u>앰블런스</u>가 도착했다. (　　　　　　)

370

【 답 】

1. 달리아  2. 로브스터  3. 멜론  4. 애드리브  5. 아바나

6. 랑데부  7. 카무플라주  8. 3퍼센트포인트  9. 앰풀

10. 이구아수  11. 팜 파탈  12. 비로드  13. 플란넬  14. 오르가슴

15. 킥보드  16. 코즈모폴리턴  17. 쇼트팬츠  18. 바통, 배턴

19. 스포이트  20. 콘셉트  21. 노블레스 오블리주  22. 아이러니,

아이로니컬하네  23. 인텔리겐치아, 인텔리  24. 래커

25. 앰뷸런스

8번은 백분율에 관한 문제입니다. 가령 10퍼센트에서 5퍼센트로 내려갔다면 5퍼센트가 준 것이 아니라 50퍼센트가 준 것이죠. 절반으로 줄었으니까요. 그런데 이렇게 표시하면 대조가 되는 두 숫자보다 줄어든 숫자가 너무 커서 혼란스러울 수 있으므로 두 숫자의 차이가 되는 퍼센트에 포인트를 붙여 퍼센트포인트로 나타냅니다. 9번은 '앰플'이 아니라 '앰풀'이란 걸 염두에 두셔야겠습니다. 11번은 남성이라면 '옴므 파탈'이 아니라 '옴 파탈'이겠죠.

**해도 해도 <u>너무하다</u> 싶다.** (                    )

마침내 마지막 단계까지 왔습니다! 반복의 힘을 믿고 끝까지 함께해 주셔서 고맙습니다. 그럼 마지막 20단계 표기법 문제 시작합니다.

1.  밥을 볶다가 불 조절을 잘못해서 밥이 다 <u>눌러붙어</u> 버렸다. (                )

2.  '깁다'의 활용은 '기워, 기우니, 기운, (현재형), 기울, 기웠다'이다. (                )

3.  남자는 느닷없이 발작을 하더니 <u>개거품</u>을 물고 쓰러지고 말았다. (                )

4.  <u>데구르르</u> 구르다 벌떡 일어나. (                )

5.  그래봐야 <u>도찐개찐</u>인걸 뭐. (                )

#6.  혼자 <u>궁시렁대고</u> 말았다. (                )

7.  비가 오려는지 날이 <u>꾸믈꾸믈하다</u>. (                )

8. 망둥어 낚시는 밀물에 모래펄에서 한다.
   (                )

9. 몸살이 걸리면 늘 가래토시가 서곤 한다.
   (              )

10. 공과 사를 구분해야 한다는 생각을 늘 염두하고 있다.
    (               )

11. 그제서야 피의자는 순순히 진술하기 시작했다.
    (              )

#12. 귀띔이라도 좀 해 주지. (              )

13. 희망건대 꼭 다시 만났으면 합니다. (             )

14. 짐작컨대 그분은 실망하셨을 것 같네요.
    (             )

15. 과장님은 거래처에서 바로 퇴근하신데요.
    (               )

16. 아까 보니까 옆집 아저씨 다리 다치셨던대.
    (               )

17. 적설양, 구름량. (          ,            )

#18. 헤코지야, 해꼬지야? (            )

19. 합격률, 전환률. (           ,             )

20. 독자난, 어린이란. (            ,             )

21. 와 정말 개거칠어. (          )

22. 중앙정부는 여러 사회단체들에게 행사 참여를 정중히 요청했다. (             )

23. 두 도시 중 어느 쪽이 인구가 더 많느냐고 물었다.
    (         )

#24. 에게게, 그게 뭐야. 너무 작잖아. (           )

25. 시민이 요구할진데 시장이 어찌 귀담아듣지 않을 수 있겠는가. (           )

26. 이번 시험은 난이도가 높아서 학생들이 애를 먹었다.
    (         )

27. 찹쌀로 밥을 하면 찰진 밥을 먹을 수 있다. (      )

28. 옛부터 전해 내려오는 옛스러운 것들이 좋다.
    (        ,         )

29. 사과를 해야 할 것 같아. 그렇지 않으면 후회할 것 같 거든. (           )

#30. 옛다, 먹고 떨어져라. (                    )

31. 어디 안 좋은 거야? 얼굴이 노랗네. (                    )

32. 옷매무시를 매만지면서 매무새했다.
   (                ,                    )

33. 밤새 이리저리 몸을 뒤채며 잠들지 못했다.
   (                    )

34. 암은요, 그렇고말고요. (                    )

35. 잡곡의 가루로 풀처럼 쑨 죽을 풀떼기라고 한다.
   (                    )

#36. 된장찌개 끓일 땐 물 때신 쌀뜬물을 넣으면 좋다.
   (                    )

37. 떼끼 놈, 어디서 함부로 버릇없이 구느냐. (                    )

38. 현관문에 중국집이며 죽집을 광고하는 전단지들이 잔
   뜩 붙어 있었다. (                    )

39. 빗물에 의존해야 하는 논인 천수답이 있는가 하면, 물
   을 대기 쉬운 논인 수답, 즉 물논도 있다. (                    )

40. 딴에는 그럴듯하다. (                    )

376

41. '허섭스레기'와 '허접쓰레기' 모두 표준어다.
   (                    ,                        )

#42. 내 그러다가 사단이 날 줄 알았지. (                )

43. 상처의 붓기가 좀처럼 가라앉지 않는다. (                )

44. 세간의 루머에 대해 해명하기 위해서라도 성명을 발
    표할 필요가 있다. (                )

45. 내부 고발자는 혹시나 안갚음을 당하지 않을까 걱정
    이 되었다. (                )

46. 감자탕은 뼈에 붙은 살점 발라 먹는 맛이지. (          )

47. 야구는 여남은 명이 한 팀을 이루어 하는 경기다.
    (                )

#48. 방 한켠에 덩그러니 놓인 빈 가방. (                )

49. 이 희멀건한 국은 대체 무슨 국이야? (                )

50. 30년을 같이 산 두 사람의 입맛이 서로 맞지 않는다니
    놀랍지 않는가. (                ,                )

51. 찢고 까부는 꼴이 정말 같잖아 보인다.
    (                )

52. '무안하다'라는 한자어 대신 '무람하다'라는 고유어를 써도 괜찮을까? (                    )

53. 소설을 읽으면서 뭔가 알 수 없는 기꺼운 감정이 솟아올랐다. (                    )

#54. 그리고는 줄곧 못 봤어요 그 사람. (                    )

55. 해도 해도 너무하다 싶을 정도였다. (                    )

56. "답답한데 나가서 바람 좀 쐬고 와야겠네."
"그래, 잘 생각했다. 나가서 바람 좀 쐬라." (                    )

57. 미세먼지 때문에 세상이 온통 뿌얘졌어.
(                    )

58. 회사 이사진이 감사를 맡는다고 하니 부실 감사가 이루어질 수밖에 없지 않느냐는 지적이 나왔다.
(                    )

59. 취업 대신 창업을 하겠다는 아들의 결정에 아버지는 마뜩찮아 하셨다. (                    )

#60. 사는 게 녹녹치 않다. (                    )

378

【 답 】

1. 눌어붙어  2. 깁는  3. 게거품  4. 데구루루  5. 도긴개긴

6. 구시렁대고  7. 끄물끄물하다  8. 망둑어  9. 가래톳

10. 염두에 두고  11. 그제야  12. 귀띔  13. 희망컨대

14. 짐작건대  15. 퇴근하신대요  16. 다치셨던데  17. 적설량, 구름양  18. 해코지  19. 합격률, 전환율  20. 독자란, 어린이난

21. 데거칠어  22. 사회단체들에  23. 많으냐고  24. 에계계, 애걔걔  25. 요구할진대  26. 난도  27. 차진  28. 예부터, 예스러운  29. 그러지 않으면  30. 옜다  31. 노라네

32. 옷매무새, 매무시했다  33. 뒤치며  34. 암요  35. 풀떼기

36. 쌀뜨물  37. 떼끼, 예끼  38. 전단, 광고지  39. 무논

40. 딴은  41. 허섭스레기, 허접쓰레기  42. 사달  43. 부기

44. 석명  45. 앙갚음  46. 살  47. 아홉  48. 한편에  49. 희멀건

50. 않는다니, 않은가  51. 찧고 까부는  52. 무안하다, 무람하다

53. 느꺼운  54. 그러고는  55. 너무한다  56. 쐐라  57. 뿌예졌어

58. 않으냐는  59. 마뜩잖아  60. 녹록지


　　1번은 '눌어붙다'나 '들어붙다', '들러붙다'를 써야 맞습니다. '눌러붙다'는 표준어가 아닙니다. 3번은 '개거품'이 아니라 '게거품'입니다. 게가 거품을 내는 모습을 표현한 거죠. 8번의 '망둥어'는 방언이라네요. 11번은 '그제야' '이제야'라고 써야 합니다. '그제서야'나 '이제서야'는 표준어

가 아니니까요. 13, 14번은 이 책 239쪽 '붙임글 5'를 참조하세요. 15, 16번은 앞에서도 말씀드린 바와 같이 누군가에게 들은 내용을 말할 땐 '-대'를, 내가 보거나 겪은 사실을 말할 땐 '-데'를 붙입니다. 17, 19, 20번은 이 책 341쪽의 '붙임글 8'을 참고하세요. 21번은 요즘 흔히 쓰는 '개-'라는 이상한 접두사 대신 '몹시'나 '매우'를 뜻하는 접두사 '데-'를 쓸 만하지 않을까 싶어 문제로 다루어 봤습니다. 22번은 조사 '에'나 '에게'를 어떤 앞말에 붙이는지를 묻는 질문입니다. 앞말이 무생물일 땐 '-에'를 생물일 땐 '-에게'를 붙입니다. 가령 '미국에게 요구하다'가 아니라 '미국에 요구하다'가 맞고, '친구에게 전화를 걸다'가 맞는 것처럼 말이죠. 23번은 앞말이 동사일 땐 '-느냐고'를, 형용사일 땐 '-으냐고'를 붙입니다. 58번의 '않다'도 마찬가지입니다. 앞말이 동사일 땐 '않느냐고'가 되고, 형용사일 땐 '않으냐고'가 됩니다. 26번은 흔히 '난이도가 높다' '난이도가 낮다'라고들 쓰는데, '난이도'難易度는 '난도'難度와 '이도'易度가 합쳐진 말입니다. 말하자면 '어려운 정도'와 '쉬운 정도'를 말하는 거죠. 그러니 '난이도'는 조정할 수 있지 높이거나 낮출 수는 없습니다. 27번은 '붙임글 4'를 참조하시고, 28번은 '옛'은 관형사라 조사 '부터'나 접미사 '-스럽다'가 붙을 수 없습니다. 따라서 명사인 '예'를 써서 '예부터', '예스러운'처럼 써야 합니다. 29번은 '그렇지 않다'와 '그러지 않다'의 차이를 묻는 질문인데, 받는 말이 형용사일 때와 동사일 때의 차이입니다. 31번도 마찬가지로 '붙임글 8'에 설명해 놓았습니다. 40번은 '딴은' 자체가 부사여서 '딴에는'이나 '딴엔'이라고 쓸 수 없습니다. 단 의존명사 '딴'을 쓸 때는 '제 딴에는'으로 쓸 수 있겠죠. 44번은 '성명'과 '석명'의 차이를 묻는 질문입니다. '성명'聲明은 '어떤 일에 대한 자신의 입장이나 견해, 방침 따위를 공개적으로 밝히는 행위'이고 '석명'釋明은 '사실을 설명해 내용을 밝히는 행위'입니다. 45번의 '안갚음'은 자식이 부모를 봉양하는 일을 말합니다. 47번의 '여남은'은 열이 조금 넘는 수를 말합니다. 수와 관련해 '한두, 두세, 서넛, 네댓(네다섯, 너덧), 대여섯, 예닐곱, 일고여덟, 여덟아홉, 여남은, 스무남은, 예수남은' 등으로 쓴다는 것도 곁들여서 알아 두시면 좋겠네요. 49번은 기본형이 '희멀겋다'여서 '희멀건한'으로 활용될 수 없겠죠. '빨갛다'가 '빨개, 빨간, 빨가니' 등으로 활용되는 것처럼 '희멀겋다' 역시 '희멀개, 희멀건, 희멀거니, 희멀갰다' 등으로 활용해야 맞습니다. 55번의 '너무하다'는 동사이기도 하고 형용사이기도 합니다. 동사로 쓸 땐 '너무한다'로 활용해야 하고, 형용사로 쓸 때는 '너무하네, 너무하군'으로 활용해야겠죠.

20단계에선 띄어쓰기 문제를 생략하는 대신 외래어 표기 문제를 더 많이 풀어 보겠습니다.

1. 우리나라에도 양쪽에 메타세콰이아가 나란히 심어진 멋진 길이 있다. (                    )

2. 「전람회의 그림」을 작곡한 러시아의 작곡가는 무소르그스키이다. (                    )

3. 영화『전함 포툠킨』의 감독은 에이젠슈테인이다. (                    )

4. 나르시즘에 빠진 사람을 나르시스트라고 한다. (                    ,                              )

5. 그이는 정말 로맨티스트다. (                    )

6. 흑해와 카스피해 사이로 뻗어 아시아와 유럽의 경계를 이루는 산맥이 바로 카프카스산맥이다. (                    )

7. 어머니는 왜 어린 내게 늘 골덴 바지를 입혔을까? (                    )

8. 잔디밭에서는 스프링쿨러가 쉭쉭 소리를 내며 사방에 물을 뿌리고 있다. (                    )

9. 골을 넣자마자 세레모니를 하는 걸 보니 미리 준비를 한 모양이다. (                    )

10. 어처구니없게 자기가 피해자 코스프레를 하지 뭐야.
( )

11. 『알함브라 궁전의 추억』. ( )

12. 하와이의 주도는 호노룰루다. ( )

13. 굴락은 구소련의 강제수용소를 말한다. ( )

14. 길로틴은 프랑스 혁명 시기 기요탱이 발명한 사형 집
행 기구이다. ( )

15. 후보들이 각자의 런닝메이트를 정해 발표하게 될 겁
니다. ( )

16. 이래 봬도 대학에서 레크레이션을 전공했는걸요.
( )

17. 판촉을 위해 브로셔를 제작해 보급하고 있습니다.
( )

18. 저속 운전 중엔 액셀레이터를 밟고 있으면 안 된다.
( )

19. 마지막에 팡파레가 울려 퍼졌다. ( )

20. 벨로루시는 백러시아라고 불리던 곳이다.
( )

21. 인도 제2의 도시 봄베이. (                    )

22. 인도의 캘커타로 여행을 갈 예정이다. (                    )

23. 중국 북부의 도시 톈진. (                    )

24. 인도 북부의 펀잡은 고대 문명의 발상지이다.
　　(                    )

25. 베트남 호치민 시. (                    )

26. 달라스, 미시건, 샌디에고, 산안토니오, 산타바바라,
　　산타페, 알라스카, 아리조나, 아틀란타, 앨라바마, 앨
　　파소, 오레곤, 인디아나, 팔로알토, 펜실베니아 등은
　　모두 미국의 지명이다.
　　(                    ,                    ,                    ,
　　　　　　　　　，                    ，                    ，
　　　　　　　　　，                    ，                    ，
　　　　　　　　　，                    ，                    ，
　　　　　　　　　，                    ，                    )

27. 우즈베키스탄의 수도 타시켄트. (                    )

28. 러시아의 도시 하바로프스크. (                    )

29. 알프스산맥의 마테호른. (                    )

30. 안데스산맥의 마추피추. (                    )

31. 중국의 상징 동물은 팬더곰이다. (                    )

32. 투탄카멘의 무덤에서 나온 황금 가면은 정말 놀라울
    정도로 아름답다. (                    )

33. 나누어 드린 리플렛을 보시면 제 설명이 더 잘 이해될
    겁니다. (                    )

34. 오스트레일리아 동남쪽에 있는 섬은 태즈메니아이다.
    (                    )

35. 에딘버러는 스코틀랜드에 있는 도시이다.
    (                    )

36. 오비드는 오비디우스의 영어식 표기이다.
    (                    ,                    )

37. 영국의 도시 'Worcester'는 '우세스터'라고 표기한다.
    (                    )

38. 'Santa Fé'는 아르헨티나의 도시로 산타페라고 표기하
    고, 'Santa Fe'는 미국 뉴멕시코 주의 도시로 샌타페이
    라고 표기한다. (                    ,                    )

39. 아랍에미리에이트는 중동의 연방 국가이다.

(                                          )

40. 뉴욕의 명소라면 역시 <u>타임 스퀘어</u>지.
    (                          )

41. 『<u>뉴욕 타임즈</u>』에 따르면…… (                          )

42. 스테이크와 <u>매시드포테이토</u>가 나왔다.
    (                          )

43. 망고, 파파야, <u>구아바</u> 등이 대표적인 열대 과일이다.
    (                          )

44. <u>플랭카드</u>야, <u>프랭카드</u>야? (                          )


【 답 】

1. 메타세쿼이아  2. 무소륵스키  3. 예이젠시테인

4. 나르시시즘, 나르시시스트  5. 로맨티시스트  6. 캅카스

7. 코듀로이, 코르덴  8. 스프링클러  9. 세리머니  10. 코스튬
플레이  11. 알람브라  12. 호놀룰루  13. 굴라크  14. 기요틴

15. 러닝메이트  16. 레크리에이션  17. 브로슈어

18. 액셀러레이터  19. 팡파르  20. 벨라루스  21. 뭄바이

22. 콜카타  23. 텐진  24. 펀자브  25. 호찌민  26. 댈러스,
미시간, 샌디에이고, 샌안토니오, 샌타바버라, 샌타페이,

알래스카, 애리조나, 애틀랜타, 앨라배마, 엘패소, 오리건,

인디애나, 팰로앨토, 펜실베이니아  27. 타슈켄트

28. 하바롭스크  29. 마터호른  30. 마추픽추  31. 판다

32. 투탕카멘  33. 리플릿  34. 태즈메이니아  35. 에든버러

36. 오비드, 오비디우스  37. 우스터  38. 산타페, 샌타페이

39. 아랍에미리트  40. 타임스 스퀘어  41. 뉴욕 타임스

42. 매시트포테이토  43. 구아버  44. 플래카드

글쓰기에 대한 관심은 유례를 찾기 힘들 정도라는데, 한글과 한국어에 대한 관심은 거기에 비례해 높아지는 것 같지 않아서 갸우뚱해질 때가 많습니다. 그렇다면 모두들 영문이나 한자로 글을 쓰는 문제 때문에 고민을 하고 있다는 말인가요. 그럴 리가요.

한글로 문장을 쓰는 문제로 고민을 하는데 정작 한글과 한국어에 대한 관심이 높지 않다면 답은 하나겠죠. 따로 고민할 필요가 없다고 느끼는 거죠. 그런데 의외로 이 문제가 한글로 문장을 쓰는 데 방해 요인이 되는 걸 종종 봅니다. 당연하겠죠. 한글로 문장을 써야 하는데 내가 쓰는 게 한글인지 아닌지도 헷갈려 하거나 자신 없어 한다면 거침없이 문장을 쓰기가 쉽지 않을 테니까요.

한글 하면 생각나는 게 뭘까요? 대부분의 한국 사람들은 세 가지를 떠올릴 겁니다. 세종대왕, 훈민정음, 한글날. 강연에 가서 물어봐도 거의 열에 아홉 분이 이 세 가지를 말씀하곤 하니까요. 흥미로운 결과입니다. 세계에서 유례를 찾을 수 없는 특별한 문자, 즉 누가 언제 왜 어떻게 만들었는지 역사적으로 확인할 수 있는 문자를 가지고 있는 언어권의 사람들이 한글이라는 그 특유의 문자에 대해 개인적인 의미 부여는 전혀 하지 않고 집단적인 의미 부여만 하고 있는 셈이랄까요.

왜 그럴까요? 아마도 한글이 갖는 바로 그 특수성 탓일 겁니다. 누가 언제 왜 어떻게 만들었는지 정확하게 알려진 문자라는 게 언중에겐 상상력을 발휘할 여지를 주지 않는 거겠죠. 게다가 그 '누가'에 해당하는 인물이 세종대왕이니 더 거론할 필요조차 없다고 느끼는 게 아닐까요. 우리는 세계에서 가장 독특하고 과학적인 문자를 가진 대신 그만큼 그 문자를 두고 이런저런 상상의 나래를 펼치며 즐거워할 기회는 박탈당한 셈이랄까요.

그래서인지 세종대왕과 집현전 학자들이 심혈을 기울여 만들고 어렵게 반포한 위대하고 순정한 한글을 내가 매일매일 쓰면서 더럽히고 있다는, 말도 안 되는 망상에 빠져 있는 사람들이 제법 많습니다. 이는 엉뚱하게도 한글날 때문인지도 모릅니다. 요즘은 좀 덜하지만 몇 년 전까지만 해도 한글날이면 언론에서 경쟁이라도 하듯 언중이 이른바 '우리말'을 제대로 쓰지 않는다고 꾸짖기 일쑤였으니까요. 한글날이 되면 언중은 꾸지람을 들을 만반의 준비를 하고 기다리고 있고, 언론은 전문가들을 동원해 가면서 언중을 향해 거의 융단폭격을 가하곤 했죠.

어법에 맞지 않는 표현들을 쓴다, 우리 고유어들이 사라지고 있다, 외래어를 남발한다 뭐 이런 지적을 하면서 세종대왕이 살아 돌아오시면 격노할 일이라는 게 거의 정해진 코멘트였죠. 하지만 상식적으로 생각해 봐도 앞에 예를 든 세 가지는 한글날과 직접적으로 관계가 없는 지적이죠. 한국어 사용과 관련된 지적들이니까요. 한국어와 그 문자인 한글도 구분 못 하면서 언중의 언어생활을 지적하고 있으니 제정신들인가 싶기도 합니다. 제발이지 6세기 전에 돌아가신 분을 반복적으로 소환하는 짓은 더는 하지 않았으면 좋겠네요. 설령 세종대왕이 살아 돌아오신다 해도 가장 먼저 한자를 찾으시겠지 한글을 찾으실까요. 그분은 우리와 달리 한글로 사고하신 분이 아니라 한자를 기반으로 사고하신 분일 테니까요.

한글날엔 누군가를 꾸짖고 또 꾸지람을 듣는 게 아니라 축제를 열어야 하는 것 아닐까요. 세계에서 그 유례를 찾을 수 없는 문자를 가지고 있는 데다 그 문자를 지금까지 잘 쓰고 있다는 자부심을 맘껏 드러내는 날이 한글날이어야 하니까요. 그러라고 한글날을 지정한 것 아닌가요. 같은 성인들끼리 꾸짖고 꾸지람을 듣고 하는 무슨 호러 영화를 찍자고 한글날을 지정한 건 아닐 테니까요.

한글을 창제하고 반포한 건 세종대왕과 집현전 학자들이 맞지만, 그리고 그분들은 한국어권에 살고 있는 사람이라면 누구나 기려야 마땅한 분들이지만, 한글 표기와 관련하여 그동안 축적된 정보는 지난 6세기 동안 한글을 직접 쓰고 읽어 온 언중의 끊임없는 노력의 결과라는 걸 잊어서는 안 될 겁니다. 그러니 우리가 아침에 잠에서 깨는 순간부터 저녁에 잠들기 직전까지 SNS로든 메일로든 카톡으로든 문자 메시지로든 매일같이 써 온 한글 표기들이, 지금까지 한글이 우리의 문자로 기능하는 데 적지 않게 기여했다는 사실을 자부심을 가지고 기억할 필요가 있겠습니다.

더는 세종대왕만 기억되고 기려지는 한글날이 아니라 우리 모두가 서로 축하하고 격려하며 즐기는 한글날이 되었으면 하는 바람입니다.

한글 하면 뭐가 떠오르느냐고 물으신다면 저는 '1988년'이라고 답하겠습니다. 『응답하라 1988』의 1988년이기도 하고 서울올림픽이 열렸던 해이기도 하고 제가 군대에서 제대한 해이기도 합니다. 이건 쓸데없는 얘기였군요.

1988년은 한글맞춤법 통일안이 지금 우리가 쓰고 있는 형태로 전면 개정된 해입니다. '-읍니다'가 '-습니다'로 바뀐 것이 대표적이었죠. 그뿐 아니라 외래어 표기법도 이해에 새롭게 정비되었습니다. 그리고 이해엔 이 나라의 정치, 경제, 문화에 대한 소식을 한글만으로도 충분히 전할 수 있다는 자신감으로 한글 전용 신문인 『한겨레신문』이 창간되기도 했습니다. 사람들은 순우리말로 기사를 쓰는 신문으로 오해를 하는데 순우리말이 아니라 한글입니다. 참고로 말하자면 순우리말의 '순'純은 한자죠. 그러니 '순우리말' 자체가 순우리말이 아닌 셈입니다. 굳이 순우리말에 집착할 필요는 없다는 게 개인적인 생각입니다.

1988년을 기점으로 물밑에서의 싸움이 표면으로 올라온 셈인데, 어떤 싸움이냐면, 이 땅에서 한글이 보편적이고 유일한 표기 수단으로 인정을 받고 제대로 자리를 잡느냐 하는 싸움입니다. 결국 한글이 그 지난한 싸움에서 승리하고 1990년대 후반 이후부터 이 땅에서 보편적이고 유일한 표기 수단으로 자리를 잡습니다.

한글이 창제되고 반포된 것이 무려 6세기 전인데 1990년대 후반에야 이 땅에서 보편적이고 유일한 표기 수단이 되었다니 무슨 망발이냐고 질책하신다면 증거를 대드리겠습니다. 1980년대엔 대부분의 종이 매체에 한자를 노출해 썼습니다. 노출해 썼다는 건 한자를 그대로 썼다는 의미죠. 가령 '정치'라고 쓰지 않고 '政治'라고 썼다는 뜻입니다. 사람 이름과 직책은 물론 보통명사들도 다 한자로 썼죠. 특히 신문은 한자를 모르면 어떤 기사도 읽을 수 없어서 한자 공부하러 신문을 본다는 말이 있을 정도였습니다.

책도 마찬가지였죠. 1980년대에 출간된 책들을 보면 한자들이 즐비합니다. 당시의 편집자들은 아무래도 한자에 신경을 썼겠죠. 저자나 역자들도 마찬가지였을 겁니다. 한글보다는 한자나 로마자를 잘못 쓰는 게 망신이었을 테니까요.

그 뒤에 1990년 무렵부터는 '정치'라고 쓰고 괄호 안에 한자를 병기하기 시작합니다. '정치(政治)'라고 쓰는 거죠. 그런데 이때 중요한 건 괄호 안에 쓴 한자지 그 앞에 쓴 한글이 아닙니다. 해당 한자를 읽지 못할까 봐 앞에 '정치'라고 쓴 것뿐이죠. 말하자면 앞에 쓴 '정치'를 온전한 표기 수단으로 인정하지 않은 겁니다. 그렇지 않다면 병기를 할 이유가 없을 테니까요.

1990년대 후반에 와서야 '정치'라고만 써도 전혀 어색하지 않게 됩니다. 여러분이 사시는 관내 도서관에서 혹시 80년대와 90년대 초반 그리고 최근에 나온 책을 빌릴 수 있다면, 한번 세 권을 나란히 펼쳐 놓고 비교해 보시죠. 한 책엔 한자들이 즐비하고, 한 책엔 괄호들이 끝도 없이 이어지고, 마지막 책에 와서야 괄호를 거느리지 않은 한글들이 아름답게 자리한 것을 확인하실 수 있을 겁니다. 이러니 1990년대 후반에 와서야 한글이 이 땅에서 보편적이고 유일한 표기 수단으로 자리 잡았다고 말할 수밖에 없지 않겠습니까.

2000년대 중반 유수의 출판사들이 세계문학전집을 개비하거나 새롭게 출판한 걸 두고 출판계 밖에서는 단군 이래 불황이 아닌 해가 없다더니 같은 책을 여러 출판사에서 동시다발적으로 번역해 내는 바보 같은 짓을 하는 이유가 뭐냐고 비아냥거렸다지만, 여기에는 시장 논리만으로 설명할 수 없는 부분이 있습니다. 최신의 한글 문장으로 다시 쓴 세계문학전집이 필요한 시점에 도달했기 때문이죠. 수십 년 전에 나온 세계문학전집과 최근에 나온 전집을 비교해 보면 무슨 말인지 금방 알 수 있을 겁니다.

지금까지 말씀드린 내용이 말하자면 현재 여러분과 제가 서 있는 한글과 관련한 좌표에 대한 이야기입니다.

한글과 관련해서 우리가 지금 어디에 서 있는지를 알아야 어떤 방향으로 나아갈지를 결정할 수 있을 테니 좌표를 이 해하는 건 무엇보다도 중요하겠죠.

가령 십수 년 전에 한글 이름이라는 말이 유행한 적이 있습니다. 하늘, 꽃님, 여름, 가을 같은 이름을 두고 그렇게 불렀었죠. 제 이름은 김정선인데, 그럼 이 이름은 한글 이름이 아닌가요? 한글 이름입니다. 한글로 적었으니까요. 다만 한자로도 적을 수 있을 뿐이죠. 이 이름을 한글(로 적은) 이름이라고 말하지 못한다면 아까 말씀드렸던 한자를 병기하던 시대의 사고방식에서 벗어나지 못한 겁니다. 한자를 읽지 못하는 경우를 위해 '김정선'이라고 적었을 뿐 '김정선'이라는 표기 자체는 의미가 없는 거라는 생각 말이죠.

한자 세대만 이런 생각을 한 건 물론 아닙니다. 1990년대 말 중국이 지금처럼 경제 발전을 통해 G2로 성장하기 전, 한국 사람들이 중국으로 여행 가서 돈을 펑펑 쓰다가 불상사를 빚는 일이 잦아지자 모 일간지 논설위원이 칼럼을 썼습니다. 중국 사람들은 지금 비록 잘살지 못하지만 자신들의 고유문화나 문자에 대한 자부심이 강한 사람들이니 돈 좀 있다고 함부로 무시해서는 안 된다는 취지의 글이었죠. 그 예로 든 것이 미국의 대표적인 청량음료 상표인 'Coca-Cola'를 '可口可樂'이라고 적는다는 거였습니다. 우리말로 읽으면 '가구가락'이지만 중국어로 발음하면

'커쿼커러' 정도 되는 모양입니다. 그런데 이 주장이 논리를 가지려면 중국과 달리 한국은 'Coca-Cola'를 고유의 문자로 쓰지 않는다는 게 전제가 되어야겠죠. 하지만 그때나 지금이나 아니 그전부터 우리는 '코카콜라'라고 써 왔습니다. '코카콜라'는 한글인가요? 당연히 한글입니다. 한국어에서 온 낱말은 아니지만 한글로 적은 게 분명합니다. 그러니 그 논설위원은 '코카콜라'를 한자 세대가 그랬듯이 영문을 읽지 못하는 사람들을 위한 대체 표기 수단 정도로밖에 보지 않은 겁니다.

김정선도 한글이고 코카콜라도 한글입니다. 심지어는 도스토옙스키도 한글(로 적은) 이름이죠. 제가 로마자나 한자나 키릴 문자로 적은 게 아니니까요. 책 표지에 도스토옙스키의 『죄와 벌』이라는 글자가 적힌 걸 보고 러시아의 대문호가 쓴 장편소설이라고 이해하는 사람은 전 세계에서 한글을 배우고 익힌 사람들밖에 없습니다. 그러니 이제부터는 내가 쓰는 게 한글도 아니고 외래어도 아니고 정체불명의 외계어가 아닌가 하는 의심을 품을 필요가 없습니다. 과감하게 쓰시면 됩니다. 지금 여러분이 쓰는 표현들이 표기 수단으로서의 한글의 능력을 향상하는 데 크게 기여하고 있을지도 모르니까요.

최종 점검, 표기법부터 시작합니다.

1. <u>실컫</u> 먹고는 배고프다고? (                    )

2. 머리를 참 곱게 <u>따았구나</u>. (                )

3. 눈 <u>덮힌</u> 풍경. (                  )

4. 선생님이 <u>가리켜 주신</u> 덕분입니다. (                )

5. 하늘을 <u>날으는</u> 원더우먼. (              )

6. 창문 <u>넘어</u> 어렴풋이 보이는 산 경치. (                )

7. 자기 전에 <u>시귀</u> 한 구절을 읽고 잔다. (                )

8. 눈을 <u>부비고</u> 다시 보다. (                )

9. 거사를 <u>치루고</u> 나니 맥이 풀린다. (                )

10. 허리가 정말 <u>얇아요</u>. (              )

11. 오늘은 날씨가 어제랑 또 <u>틀리네</u>. (                )

12. 해 질 녘 풍경. (                   )

13. 월급이 작아서 한 달 살기가 빠듯하다. (                   )

14. 밥 먹고 나면 바로 설겆이를 해야 마음이 편하다.
    (                   )

15. 오전 내내 비가 오더니 오후가 돼서는 날이 환하게 개
    였다. (                   )

16. 넙적한 접시에 구운 고기랑 데친 야채를 내왔다.
    (                   )

17. 애들이 좋아할래니 하고 수제 과자를 준비했는데 모
    두들 라면만 찾았다. (                   )

18. 엄한 사람만 바보 된 거지 뭐. (                   )

19. 이 자리를 빌어 감사의 말씀을 드립니다.
    (                   )

20. 우뢰와 같은 박수. (                   )

21. 구렛나룻이 멋지네요. (                   )

22. 웬일로 이렇게 으젓한 거야? (                   )

23. 칠흙 같은 어둠. (                   )

400

24. 살인자의 얼굴은 <u>흉칙하기</u> 이를 데 없었다.
   (                    )

25. <u>아니오</u>, 아직 안 했어요. (                    )

26. 그래도 나는 <u>빠른</u> 90이라 친구하기에는 좀……
   (                    )

27. 어둠 속에서 <u>발자국 소리</u>가 점점 다가오고 있었다.
   (                    )

28. 10년을 입었더니 바지가 다 <u>헤어지고</u> 말았다.
   (                    )

29. 언제 한번 <u>들릴게요</u>. (                    )

30. 그거 만지면 <u>안 되</u>. (                    )

31. 곧 <u>갈께</u>. (                    )

32. 내내 <u>뒤쳐지더니</u> 막판에 따라잡았네.
   (                    )

33. <u>몇 날 몇 일</u>이 지났는지 알 수가 없다.
   (                    )

34. 검사 결과가 나올 때까지 내내 <u>안절부절했다</u>.
   (                    )

35. 이게 <u>왠일</u>이야. (                    )

36. 어서 <u>오십시요</u>. (                    )

37. 한때는 나도 <u>힘꽤나</u> 썼다고. (                    )

38. 여기 <u>술이요</u>. (                    )

39. 자 다들 <u>먹자구나</u>. (                    )

40. 그이야말로 <u>멋쟁이구료</u>. (                    )

41. '베풀다'의 명사형은 '<u>베품</u>'이다. (                    )

42. <u>저 같은 경우는요</u>······ (                    )

43. 그래서 다쳤다고? 어머 <u>어떻게</u>! (                    )

44. 닭을 <u>통채로</u> 구우니 통닭이지 뭐. (                    )

45. 술은 좀 <u>있다가</u> 시킬게요. (                    )

46. 10월이면 생각나는 이용의 노래 「<u>잊혀진</u> 계절」.
    (                    )

47. 선거를 앞두고 불법 선거 운동이 기승을 부릴 것으로
    <u>보여집니다</u>. (                    )

48. 미소 <u>띤</u> 얼굴이 눈에 <u>띠었다</u>. (            ,            )

402

49. 가방이 작아서 짐을 다 담으려면 <u>우겨넣는</u> 수밖에 없다. (　　　　　　)

50. 불편한 게 있으면 <u>서슴치</u> 말고 말씀해 주세요.
(　　　　　　)

51. 언제까지 네 <u>뒤치닥거리</u>를 해야 하는 건데?
(　　　　　　)

52. 10주년 기념행사에 <u>내노라하는</u> 거물들이 다 모였다.
(　　　　　　)

53. 그렇게 <u>가시 돋힌</u> 말을 쏟아 내더니 정작 자기가 울고 말았다. (　　　　　　)

54. 어머니를 <u>여위고</u> 나서 슬픔에 빠져 지내는 딸.
(　　　　　　)

55. 공직자로서 그에 <u>걸맞는</u> 행동을 해야 합니다.
(　　　　　　)

56. 나한테 꼭 필요한 영양제라고 하도 <u>닥달하고</u> 심지어는 <u>닥아세우기까지</u> 하는 통에 구입을 안 할 수 없었다. (　　　　　　,　　　　　　)

57. 거참 <u>희안하네</u>. (　　　　　　)

58. 아니예요, 그런 게 아니였어요.
   (                ,                    )

59. 어줍잖게 충고한답시고 나섰다가 망신만 당하고 말았
   다. (                    )

60. 그게 뭐에요? (                    )

61. 네 살박이 아이를 혼자 두면 어떡해! (                    )

62. 애띤 얼굴이 고등학생쯤 돼 보이던데요. (                    )

63. 거칠은 벌판으로 달려가자. (                    )

64. 횡단보도를 건너던 노인이 음주운전 차에 치었다.
   (                    )

65. 정말 많은대! (                    )

66. 바라건데 정의를 실현해 주십시오. (                    )

67. 아님 말구요. (                    )

68. 이번 시안이 지난번 것보다 훨씬 좋으네요.
   (                    )

69. 행여나 과장님이 눈치챌새라 직원들은 조용히 생일
   파티를 준비했다. (                    )

70. 혼자 궁시렁대고 말았다. (                    )

71. 어쩐지 께름칙하다. (                 )

72. 귀뜸이라도 좀 해 주지. (                  )

73. 내 그러다가 사단이 날 줄 알았지. (                    )

74. 사랑스런 표정. (                )

75. 좁고 길다란 골목. (                )

76. 방 한켠에 덩그러니 놓인 빈 가방. (                  )

77. 이 선물을 받고 그 사람이 좋아할런지 모르겠네요.
    (                 )

78. 그럼 곧 뵈요 선생님. (                  )

79. 사는 게 녹녹치 않다. (                )

80. 뭐야 놀랬잖아, 왜 놀래키고 그래.
    (                 ,                    )

81. 남자는 느닷없이 발작을 하더니 개거품을 물고 쓰러
    지고 말았다. (                 )

82. 공과 사를 구분해야 한다는 생각을 늘 염두하고 있다.

(　　　　　　　　)

83. 희망건대 꼭 다시 만났으면 합니다. (　　　　　　　　)

84. 짐작컨대 그분은 실망하셨을 것 같네요.
   (　　　　　　　　)

85. 과장님은 거래처에서 바로 퇴근하신데요.
   (　　　　　　　　)

86. 아까 보니까 옆집 아저씨 다리 다치셨던대.
   (　　　　　　　　)

87. 적설양, 구름량. (　　　　　　,　　　　　　　　)

88. 합격율, 전환률. (　　　　　　,　　　　　　　　)

89. 독자난, 어린이란. (　　　　　　,　　　　　　　　)

90. 와 정말 개거칠어. (　　　　　　　　)

91. 중앙정부는 여러 사회단체들에게 행사 참여를 정중히
   요청했다. (　　　　　　　　)

92. 두 도시 중 어느 쪽이 인구가 더 많느냐고 물었다.
   (　　　　　　　　)

93. 이번 시험은 난이도가 높아서 학생들이 애를 먹었다.

(　　　　　)

94. 찹쌀로 밥을 하면 찰진 밥을 먹을 수 있다. (　　　　)

95. 옛부터 전해 내려오는 옛스러운 것들이 좋다.
(　　　　　,　　　　　)

96. 사과를 해야 할 것 같아. 그렇지 않으면 후회할 것 같
거든. (　　　　　　)

97. 이 희멀건한 국은 대체 무슨 국이야? (　　　　)

98. 그리고는 줄곧 못 봤어요 그 사람. (　　　　)

99. 어디 안 좋은 거야? 얼굴이 노랗네. (　　　　)

100. 왜 자꾸 추근덕대는 거예요? (　　　　　　)

【 답 】

1. 실컷  2. 땋았구나  3. 덮인  4. 가르쳐 주신  5. 나는  6. 너머

7. 시구  8. 비비고  9. 치르고  10. 가늘어요  11. 다르네  12. 녘

13. 적어서  14. 설거지  15. 개었다  16. 넓적한  17. 좋아하려니

18. 애먼, 애꿎은  19. 빌려  20. 우레  21. 구레나룻  22. 의젓한

23. 칠흑  24. 흉측하기  25. 아니요  26. 이른  27. 발걸음 소리,
발소리  28. 해어지고  29. 들를게요  30. 안 돼  31. 같게

32. 뒤처지더니  33. 몇 날 며칠  34. 안절부절못했다

35. 웬일이야  36. 오십시오  37. 힘깨나  38. 술이오, 술요, 술이요

39. 먹자꾸나  40. 멋쟁이구려  41. 베풂  42. 제 경우는요, 저는요

43. 어떡해  44. 통째로  45. 이따가  46. 잊힌

47. 보입니다  48. 띤, 띄었다  49. 욱여넣는  50. 서슴지

51. 뒤치다꺼리  52. 내로라하는  53. 가시 돋친  54. 여의고

55. 걸맞은  56. 닦달하고, 닦아세우기까지  57. 희한하네

58. 아니에요, 아니었어요  59. 어쭙잖게  60. 뭐예요

61. 네 살배기  62. 앳된  63. 거친  64. 치였다  65. 많은데

66. 바라건대  67. 말고요  68. 좋네요  69. 눈치챌세라

70. 구시렁대고  71. 께름칙하다  72. 귀띔  73. 사달

74. 사랑스러운  75. 기다란  76. 한편  77. 좋아할는지  78. 봬요

79. 녹록지  80. 놀랐잖아, 놀래고  81. 게거품  82. 염두에 두고

83. 희망컨대  84. 짐작건대  85. 퇴근하신대요  86. 다치셨던데

87. 적설량, 구름양  88. 합격률, 전환율  89. 독자란, 어린이난

90. 데거칠어  91. 사회단체들에  92. 많으냐고  93. 난도

94. 차진  95. 예부터, 예스러운  96. 그러지 않으면  97. 희멀건

98. 그러고는  99. 노라네  100. 치근덕대는

최종 점검 띄어쓰기 문제입니다.


1.  이제 모두 헤어져야 하는 구나. (                    )

2.  좋은 건 지 나쁜 건지 알 수 없게 될 지도 몰라.
    (                ,                ,                )

3.  내가 잘못했으니 나한테 욕을 한 대도 할 수 없지 뭐.
    (                )

4.  뭘 해야할지도 모르겠고 어디로 가야할지도 모르겠
    다. (                ,                )

5.  "정말 그렇게 해야 겠어요?"
    "그럼요 당연하죠."
    "왜요?"
    "왜 겠어요?" (                ,                )

6.  무대가 준비 됐으니 이제 노래 하셔도 됩니다.
    (                ,                )

7.  운전 할 때마다 느끼는 거지만 안전 운전하는 게 가장
    중요하다. (                ,                )

8.  결국 지식인은 자신을 정당화 하기 위해 더 정교한 기
    술을 익히는 사람에 불과하단 말인가?

(                    )

9.  학교에 다니면서 부터 웃음을 되찾게 된 아이들.
    (                    )

10. 너 마저 나를 못 믿겠다는 거야? (                    )

11. 나는 그 사실 조차 모르고 있었는걸. (                    )

12. 밥 먹을 때 마다 반찬 투정을 하고 그래? (                    )

13. 그렇게 나마 해결이 되었다니 다행이다.
    (                    )

14. 지금 나 하고 해보자는 거야? (                    )

15. 이렇게 무시 당하면서까지 이 일을 해야 하는 거야?
    (                    )

16. 최선을 다 한다더니 제 할 일도 다하지 않고 놀고 있
    는 거야? (              ,              )

17. 해가 갈 수록 기력이 달리는 걸 절감한다. (              )

18. 지금으로선 갈수밖에 없습니다. (                    )

19. 그럴리가 있겠냐? (                    )

20. 결혼한지 올해로 8년 됐어요. (                    )

21. 그런 대접을 받는게 좋을리 없지. (            ,            )

22. 나 그 일 안 할 거 거든. (                    )

23. 갈걸 그랬나? (                    )

24. 그 친구는 이미 가고 없는 걸. (                    )

25. 중고로 하시면 비용이 10만 원 가량 들 겁니다.
    (                    )

26. 나한테는 너 밖에 없어. (                    )

27. 나로서는 견딜 밖에 달리 방법이 없지 뭐.
    (                    )

28. 노력 만큼 또는 노력한만큼 성과를 얻지 못했다.
    (                ,                )

29. 내가 가니 만큼 확실하게 해결해야지. 날씨가 좋으니
    만큼 행사를 잘 마무리하겠는걸.
    (                ,                )

30. 암 하고 말고. 하다 마다. (                ,                )

31. 하루 만 빌린다더니 이틀만에 갚았네.

(          ,             )

32. 딱히 갈데가 없어서. (         )

33. 상자 안에 든 게 무엇이든간에 난 가질 생각이 없다.
(             )

34. 의자에 앉아서 일하고 있을라 치면 어느새 엉덩이가
들썩들썩한다. (          )

35. 선배의 지적 마따나 오늘은 조심해야 할 것 같네요.
(           )

36. 제가 일전에 말씀드렸다 시피 이번엔 좀 곤란하겠습
니다. (          )

37. 내가 좀 게으를 망정 매사에 나태하진 않다.
(         )

38. 지금 시도하지 않으면 나중에 후회할 듯 싶다.
(         )

39. 맨처음엔 누구나 맨 손으로 시작하는 거죠 뭐.
(       ,         )

40. 하루 종일 아무 데도 가지 않고 아무 것도 하지 않았
다. (      ,       )

41. 화재시 방화벽이 내려오는 곳. (                    )

42. "오늘 오후에 뭐해? 별일 없으면 술이나 한잔 하자."
    "몸도 안 좋다면서 뭐 하러 술을 마시려는 거야."
    (                 ,                    )

43. 요즘은 누구나 온오프 양쪽에서 얽히고 설킨 인간관
    계를 맺고 있기 때문에 공동체라는 말이 무색해졌다.
    (                        )

44. 못 다 한 얘기는 만나서 다시 하자. (                    )

45. 한 번은 또 이런 일이 있었어. (                    )

46. 그까짓 것 흔하디 흔한 걸 가지고 자랑은.
    (                        )

47. 과장으로 진급하자 마자 결혼까지 하게 되었다.
    (                        )

48. 결국 차랑 우리 단 둘만 남았네. 그런데 둘다 운전면
    허가 없으니 참…… (                 ,                    )

49. 난생 처음으로 로또 3등에 당첨되었다. (                    )

50. 발표만 안 했다 뿐 이미 결정은 난 것이나 다름없다.
    (                    )

51. 국을 먹기는 커녕 구경도 못 했다. (                    )

52. 집에 도착하는대로 전화해 줘. (                    )

53. 올해로 직장 생활 3년차입니다. (                 )

54. 출장 차 부산에 다녀오는 길이에요. (                 )

55. 그 말인 즉 연습을 전혀 안 했다? (                )

56. 뿌리 째로 잘라 주세요. (                )

57. 한 달치를 한꺼번에 계산하는 건가요? (                 )

58. 이 달 말 경에 잔금을 치르도록 하겠소.
    (                 )

59. 삼사십 여 년이나 떨어져 지냈는데 서먹한 게 당연하
    겠지. (                 )

60. 그 순간 건물밖에는 나밖에 없었으니 놀랄밖에.
    (                ,                ,                )

61. 너따위가 나를 꺾겠다고? (                 )

62. 자신이 피해자인양하다니 참 뻔뻔하다.
    (                 )

63. 아무것도 <u>모르는체하더라고</u>. (                    )

64. 시간이 되면 나도 <u>갈텐데</u> 아쉽다. (                    )

65. 우리는 제안만 <u>했을뿐이오</u>. (                    )

66. <u>친구간</u>에 믿음이 없다면 되겠는가. (                    )

67. 그 <u>정도면</u> 말해 <u>볼만하지</u> 않을까? (                    )

68. <u>들릴락 말락한</u> 소리였어요. (                    )

69. <u>할듯 말듯</u> 하다가 안 하지 뭐야. (                    )

70. 키가 <u>큰데다</u> 덩치도 산만 한 사람이 있는가 하면, 키
    는 <u>큰 데</u> 몸이 빼빼 마른 사람도 있다.
    (                    ,                    )

71. <u>먹고 살기</u> 힘드네요 정말. (                    )

72. 내가 <u>사랑해마지 않는</u> 학생들. (                    )

73. '집 안을 <u>살펴본 바</u> 아무런 문제도 드러나지 않았다'
    고? 그런 말을 <u>한바</u>가 없다. (                    ,                    )

74. 경기가 <u>끝났다치고</u> 생각해 보면, 우린 <u>아마추어 치고</u>
    <u>는</u> 잘한 셈이다. (                    ,                    )

75. 그래서 실망했군 그래. (                    )

76. 화문석하면 강화도지. (                )

77. 정말 먹음직한 음식이네요. (                )

78. 그걸 먹음직한데 다른 걸 바라는 모양이네.
    (                )

79. 어제 저녁엔 가을 바람 같은 바람이 불어서 올 여름도
    이렇게 가나 보다 싶었다.
    (                ,                ,                )

80. 지금은 괜찮다 손 치더라도 다음번엔 어떻게 할 생각
    인가요? (                )


【 답 】

1. 하는구나  2. 건지, 건지, 될지  3. 한대도  4. 해야 할지,

가야 할지  5. 해야겠어요, 왜겠어요  6. 준비됐으니, 노래하셔도

7. 운전할, 안전 운전 하는  8. 정당화하기  9. 다니면서부터

10. 너마저  11. 사실조차  12. 때마다  13. 그렇게나마  14. 나하고

15. 무시당하면서  16. 다한다더니, 다 하지  17. 갈수록

18. 갈 수밖에  19. 그럴 리가  20. 결혼한 지  21. 받는 게,

좋을 리  22. 안 할 거거든  23. 갈 걸  24. 없는걸

25. 10만 원가량  26. 너밖에  27. 견딜밖에  28. 노력만큼,

노력한 만큼  29. 가니만큼, 좋으니만큼  30. 하고말고, 하다마다

31. 하루만, 이틀 만에  32. 갈 데  33. 무엇이든 간에

34. 있을라치면  35. 지적마따나  36. 말씀드렸다시피

37. 게으를망정  38. 듯싶다  39. 맨 처음, 맨손  40. 아무 데,

아무것  41. 화재 시  42. 뭐 해, 뭐하러  43. 얽히고설킨

44. 못다 한  45. 한번  46. 흔하디흔한  47. 진급하자마자

48. 단둘, 둘 다  49. 난생처음  50. 안 했다뿐  51. 먹기는커녕

52. 도착하는 대로  53. 3년 차  54. 출장차  55. 말인즉

56. 뿌리째  57. 한 달 치  58. 이달 말경  59. 삼사십여 년

60. 건물 밖, 나밖에, 놀랄밖에  61. 너 따위가

62. 피해자인 양하다니  63. 모르는 체하더라고  64. 갈 텐데

65. 했을 뿐이오  66. 친구 간  67. 말해 볼 만하지

68. 들릴락 말락 한  69. 할 듯 말 듯 하다  70. 큰 데다, 큰데

71. 먹고살기  72. 사랑해 마지않는  73. 살펴본바, 한 바

74. 끝났다 치고, 아마추어치고는  75. 실망했군그래

76. 화문석 하면  77. 먹음직한  78. 먹음 직한데  79. 어제저녁,

가을바람, 올여름  80. 괜찮다손 치더라도

이번엔 사이시옷 문제입니다.

1.  오늘 막내동생이 찾아왔다. (                    )

2.  늘 배 속 편하게 지내는 건 다름 아닌 엄마 뱃속에서
    부터 타고난 본성이다. (                ,                )

3.  등교길과 하교길에 늘 차 조심 해야 해.
    (                ,                )

4.  이건 최대값과 최소값을 모두 구하는 문제이다.
    (                ,                )

5.  하버드 대학의 공부 벌레들. (                    )

6.  반려견의 마리 수가 늘어나면서 자연히 더 넓은 공간
    이 필요해졌다. (                )

7.  삼각형의 세 꼭지점에 접하는 원을 그리자.
    (                )

8.  감자국을 먹을까 선지국을 먹을까?
    (                ,                )

9.  새의 날개짓. (                )

10. 말 그대로 도끼자루 썩는지 모르고 세월을 보내고 있

다. (                )

11. <u>단오날</u> 행사. (                )

12. <u>배멀미</u>가 심해서 비행기를 타기로 했다.
    (                )

13. 이번 투자의 <u>잇점</u>을 잘 파악해야 한다. (                )

14. 잘못을 했으면 <u>댓가</u>를 치러야지. (                )

15. <u>맥줏잔</u>을 부딪치며 '건배'를 외쳤다. (                )

16. <u>뒷꼍</u>에 가서 양동이 하나 가져다줄래? (                )

17. 행사 끝나면 <u>뒷풀이</u>가 준비돼 있으니 참석 바랍니다.
    (                )

18. <u>윗층</u>, 아랫층 모두 곧 이사를 갈 예정입니다.
    (                ,                )

19. <u>아랫쪽</u>이야 윗쪽이야? (                ,                )

20. 큰 짐은 윗칸에 올리시고 작은 짐은 <u>아랫칸</u> 수납장에
    넣으시면 됩니다. (                ,                )

21. <u>뒷꿈치</u>에 각질이 생겨 고민이다. (                )

22. <u>뒷처리</u>를 잘못 하면 아무 소용없다. (                    )

23. 머리는 길지만 <u>뒷태</u>만 봐도 남자가 분명했다.
    (                    )

24. <u>햇콩</u>이 나올 때가 언제지? (                    )

25. <u>햇쌀</u>로 지은 밥. (                    )

【답】

1. 막냇동생  2. 뱃속, 배 속  3. 등굣길, 하굣길  4. 최댓값,

최솟값  5. 공붓벌레  6. 마릿수  7. 꼭짓점  8. 감잣국, 선짓국

9. 날갯짓  10. 도낏자루  11. 단옷날  12. 뱃멀미  13. 이점

14. 대가  15. 맥주잔  16. 뒤꼍  17. 뒤풀이  18. 위층, 아래층

19. 아래쪽, 위쪽  20. 위칸, 아래칸  21. 뒤꿈치  22. 뒤처리

23. 뒤태  24. 해콩  25. 햅쌀

최종 점검 외래어 표기 문제입니다.

1.  양송이 <u>스프</u>가 좋겠네요. (                    )

2.  <u>쥬스</u> 한 잔 마시고 싶다. (                    )

3. 도어 록의 밧데리가 다 됐는지 소리가 난다.
   (              )

4. 이럴 땐 어떤 제스쳐를 취해야 하는 건지 모르겠다.
   (              )

5. 레포트는 언제까지 제출하면 되나요? (              )

6. 가수라지만 이렇다 할 힛트곡이 없으니…… (        )

7. 우리 팀장은 개인적인 업무 능력은 뛰어난데 리더쉽
   이 부족하니 참…… (              )

8. 디저트는 뭐니 뭐니 해도 초코렛과 케잌이죠.
   (              ,              )

9. 내년 카렌다가 벌써 나왔나? (              )

10. 헤어 샵에 들러 머리를 좀 하자. (              )

11. 여긴 로얄 층이 몇 층인가요? (              )

12. 쿠킹 호일이 다 떨어져서 사야 합니다. (              )

13. 화덕에 구운 핏자라 확실히 맛이 다르다. (              )

14. 요즘은 콘테이너 박스를 이용해 지은 건물들이 많다.
    (              )

15. 이건 매니아들을 위한 코스라 입문자에겐 맞지 않습니다. (                    )

16. 설거지용 스폰지. (                    )

17. 신용카드는 영어로 크레딧 카드다. (                    )

18. 그 길이 도시의 메인 스트릿 역할을 한다.
(                    )

19. 머리 기른 김에 퍼머도 한번 해 볼까? (                    )

20. 영국 런던의 타워 브릿지. (                    )

21. 맛사지를 받고 나니 그제야 몸이 좀 풀리는 것 같다.
(                    )

22. 너무 깡말라서 미이라를 보는 것만 같았다.
(                    )

23. 미국 드라마에 보면 그쪽 경찰은 자신이 경찰임을 밝힐 때 꼭 뱃지를 내민다. (                    )

24. 시위대는 바리케이트를 치고 경찰과 대치 중이다.
(                    )

25. 일단 타겟부터 정합시다. (                    )

26. 입주 전에 <u>샤시</u> 공사를 끝내야 한다. (                    )

27. 플라스틱 말고 <u>스텐레스</u>로 된 국자를 써야 해요.
    (                    )

28. 내각책임제엔 이른바 <u>섀도우</u> 내각이라는 게 있다죠?
    (                    )

29. 나는 드라마보다 <u>넌픽션</u>물이 더 좋다. (                    )

30. <u>프리젠테이션</u>을 준비하느라 밤을 꼬박 새웠다.
    (                    )

31. <u>뎃생</u> 연습만 하고 갈게요. (                    )            .

32. <u>전자렌지</u>에 데워 먹자. (                    )

33. <u>부저</u>를 누르시면 바로 달려가겠습니다. (                    )

34. <u>도너츠</u>가 맞는 표기야 <u>도나쓰</u>가 맞는 표기야?
    (                    )

35. <u>비지니스</u>로 만나는 사이. (                    )

36. 빵은 <u>카스테라</u>지. (                    )

37. 이건 <u>메카니즘</u>의 문제입니다. (                    )

38. 점심엔 <u>부페</u>에 가지. (                    )

39. <u>카라멜</u>은 너무 달아서요. (                    )

40. 날이 쌀쌀하니 <u>자켓</u>을 입어라. (                    )

41. <u>로케트</u>가 발사되다. (                    )

42. <u>카페트</u>에 쏟고 말았네. (                    )

43. 근처에 <u>수퍼마켓</u>이 있을 텐데. (                    )

44. 이 부분이 이 드라마의 <u>클라이막스</u>예요.
    (                    )

45. 화장실에 <u>타올</u>이 없네요. (                    )

46. 달달한 <u>슈가</u>. (                    )

47. <u>셋팅</u> 끝나면 바로 촬영 들어갑니다. (                    )

48. <u>나레이터</u>가 <u>나레이션</u>을 하는 시간.
    (                    ,                    )

49. 차에 <u>네비게이션</u>을 새로 달았어요. (                    )

50. 옷이 <u>칼라</u>는 괜찮은데 <u>카라</u>가 영 이상한데.
    (                    ,                    )

51. 같이 일하는 스텝들과 스탭을 맞춰 주세요.
(         ,         )

52. 넌센스 퀴즈입니다! (       )

53. 알콜 중독자 모임. (       )

54. 참으로 미스테리한 일이다. (       )

55. 영화 보고 영화 팜플렛도 한 장 얻어 왔다.
(       )

56. 소세지 야채 볶음을 안주로 맥주 한잔 마셨다.
(       )

57. 내게 온 메세지가 있나요? (       )

58. 플래폼으로 기차가 들어오고 있다. (       )

59. 샤쓰와 셔츠 중 어떤 게 표준어일까? (       )

60. 투수에겐 투구 발란스가 가장 중요하다. (       )

61. 군부 구테타. (       )

62. 쉐프가 만든 음식이라고 다 고급인 건 아니다.
(       )

63. 샐러리를 마요네즈에 찍어 먹으면 그만이죠.
   (                    )

64. 어느 셀러리맨의 죽음. (                    )

65. 런닝셔츠 바람으로 외출할 수는 없지.
   (                    )

66. 가벽으로 쓸 판넬이 열 개쯤 필요합니다. (                )

67. 컴맹한테 앨고리즘에 대해 물으면 어떡하라는 거예요
   대체. (                    )

68. 선발 투수로서 5인닝은 책임을 져 줘야 한다.
   (                    )

69. 데코레이숀이 너무 멋져서 장소가 비좁다는 생각이
   전혀 들지 않았다. (                    )

70. 겨울이 다가오니 쉐타를 꺼내 놓아야겠다.
   (                    )

71. 어릴 땐 카시밀론 담요를 늘 방 아랫목에 깔아 두었던
   기억이 난다. (                    )

72. 펫트병은 따로 분리수거를 해야 합니다.
   (                    )

73. 한쪽 다리에 기브스를 한 지 어느새 일주일이 지났다.
( )

74. 흡혈귀 드라큐라! ( )

75. 그 일은 라이센스가 필요한 일이어서 아무나 할 수 없습니다. ( )

76. 깨어 보니 내가 병실 침대에 누워 링게르를 맞고 있었다. ( )

77. 펜션엔 바베큐 도구들이 갖추어져 있다.
( )

78. 앙케이트 결과는 저녁에 나올 예정입니다.
( )

79. 맛있는 음식을 먹을 때면 정말이지 엔돌핀이 치솟는 것 같다. ( )

80. 이래 봬도 피아노 콩쿨에서 대상을 받은 적이 있다고 요. ( )

81. 오늘의 스포츠 하일라이트. ( )

82. 집 앞 공사장에서 포크레인이 땅을 파고 있다.
( )

83. <u>다이나믹</u> 코리아! (                    )

84. 부산에서 열리는 <u>심포지움</u>에 참석할 계획이다.
    (                    )

85. 빵집에 가서 <u>바케트</u>를 좀 사 올래? (                    )

86. 동네에 처음 생긴 대형 <u>아케이트</u>. (                    )

87. 이 옷들은 전부 <u>드라이크리닝</u>해 주세요.
    (                    )

88. 실습은 <u>쥬니어</u> 반과 시니어 반으로 나누어서 진행할
    예정입니다. (                    )

89. 저기 바지 <u>자크</u> 내려왔는데요. (                    )

90. <u>카다로그</u>야 <u>카다록</u>이야? (                    )

91. 운동선수들은 대부분 <u>진크스</u>를 가지고 있게 마련이
    다. (                    )

92. 한강 공원엔 데이트를 하러 나온 <u>커플</u>들이 많았다.
    (                    )

93. 관객은 <u>앙콜</u>을 소리쳐 부르며 박수를 쳤다.
    (                    )

94. 그가 친구들의 연애 카운셀러 역할을 한 셈이다.
( )

95. 한국 선수를 스카웃하려고 메이저리그의 관계자들이
경기를 관람하고 있습니다.
( )

96. 디저트로 비스켓과 아이스크림이 나왔다.
( )

97. 데이타를 한 곳에 모아 볼게요. ( )

98. 멤버쉽 카드를 신청하려고 하는데요. ( )

99. 두 블럭 더 가면 대학병원이 나올 겁니다. ( )

100. 거실에 놓을 쇼파를 구입하려고요. ( )

101. 행사 참가자들이 가볍게 드실 음료와 스넥을 준비했
습니다. ( )

102. 엘레베이터를 이용하지 않고 계단으로 오르는 습관을
들여 볼까 합니다. ( )

103. 이 영화의 오리지날 버전은 내용이 좀 다르다.
( )

104. 화이팅! ( )

105. 후라이팬이 한 개 더 있어야 할 것 같다.
( )

106. 휴대전화에 후레쉬가 내장돼 있습니다.
( )

107. 휘트니스 클럽에 다니며 운동을 합니다.
( )

108. 제 차는 지금 카센타에서 수리 중입니다.
( )

109. 현대 미술 콜렉션. ( )

110. 요즘은 카페에서 타블렛으로 개인 작업을 하는 손님
들이 많다. ( )

111. 프로포즈를 제대로 하지 못한 게 내내 걸린다.
( )

112. 우리 회사는 브라인드 테스트로 면접을 한다.
( )

113. 메뉴얼대로 시행했습니다. ( )

114. 저는 주로 아울렛에서 옷을 구입하는 편입니다.
( )

115. 컨텐츠가 얼마나 신선하냐가 관건이겠다.
　　　(　　　　　　　)

116. 학위를 따지 못한 게 그 사람의 컴플렉스다.
　　　(　　　　　　　)

117. 요즘은 거리에서 전동 퀵보드를 타는 사람들을 많이
　　　보게 된다. (　　　　　　　)

118. 그게 바로 이 시안의 컨셉입니다. (　　　　　　　)

119. 사고 현장에 앰블런스가 도착했다. (　　　　　　　)

120. 요즘 플룻을 배우러 다닙니다. (　　　　　　　)

121. 요즘은 남성들도 악세사리를 즐겨 한다.
　　　(　　　　　　　)

122. 저녁엔 뷔페에 가서 그 비싼 롭스터를 맘껏 먹었다.
　　　(　　　　　　　)

123. 과일 중에 내가 제일 좋아하는 건 메론이다. (　　　)

124. 즉흥적으로 만든 대사를 애드립이라고 한다.
　　　(　　　　　　　)

125. 인공위성이 랑데뷰하는 장면은 정말 장관이었다.
　　　(　　　　　　　)

126. 간호사가 주사를 놓기 위해 주사약이 든 <u>앰플</u>을 꺼냈
다. (                    )

127. 그 여자야말로 <u>팜므 파탈</u>이라고 할 수 있다.
(                    )

128. 뉴욕이나 런던에 사는 사람들은 대부분 <u>코스모폴리턴</u>
이라고 할 수 있나? (                        )

129. 핫팬츠라는 게 알고 보면 <u>숏팬츠</u>인 거잖아?
(                    )

130. 신임 회장은 전임 회장의 <u>바톤</u>을 이어받아 모임을 활
력 있게 이끌겠노라고 소감을 밝혔다. (            )

131. <u>노블리스 오블리제</u>는 사회 지도층 인사들의 도덕적
의무를 강조한 말이다. (                        )

132. 이런 <u>아이로니</u>가 있나! 정말 <u>아이러니컬</u>하네.
(                ,                    )

133. 사회의 <u>인테리</u>들이 책임의식을 갖지 못해 빚어진 사
태. (            )

134. 나르시즘에 빠진 사람을 <u>나르시스트</u>라고 한다.
(                ,                    )

432

135. 그이는 정말 로맨티스트다. (                    )

136. 어머니는 왜 어린 내게 늘 골덴 바지를 입혔을까?
    (                )

137. 잔디밭에서는 스프링쿨러가 쉭쉭 소리를 내며 사방에
    물을 뿌리고 있다. (                    )

138. 골을 넣자마자 세레모니를 하는 걸 보니 미리 준비를
    한 모양이다. (                )

139. 후보들이 각자의 런닝메이트를 정해 발표하게 될 겁
    니다. (                )

140. 이래 봬도 대학에서 레크레이션을 전공했는걸요.
    (                )

141. 저속 운전 중엔 액셀레이터를 밟고 있으면 안 된다.
    (                )

142. 마지막에 팡파레가 울려 퍼졌다. (                )

143. 중국의 상징 동물은 팬더곰이다. (                )

144. 투탄카멘의 무덤에서 나온 황금 가면은 정말 놀라울
    정도로 아름답다. (                )

145. 나누어 드린 리플렛을 보시면 제 설명이 더 잘 이해될

겁니다. (                    )

146. 아랍에미리에이트는 중동의 연방 국가이다.
(                    )

147. 뉴욕의 명소라면 역시 타임 스퀘어지.
(                    )

148. 스테이크와 매시드포테이토가 나왔다.
(                    )

149. 망고, 파파야, 구아바 등이 대표적인 열대 과일이다.
(                    )

150. 플랭카드야, 프랭카드야? (                    )


【 답 】

1. 수프  2. 주스  3. 배터리  4. 제스처  5. 리포트  6. 히트

7. 리더십  8. 초콜릿, 케이크  9. 캘린더  10. 숍  11. 로열

12. 포일  13. 피자  14. 컨테이너  15. 마니아  16. 스펀지

17. 크레디트  18. 스트리트  19. 파마  20. 브리지  21. 마사지

22. 미라  23. 배지  24. 바리케이드  25. 타깃  26. 섀시

27. 스테인리스  28. 섀도  29. 논픽션  30. 프레젠테이션

31. 데생  32. 전자레인지  33. 버저  34. 도넛  35. 비즈니스

36. 카스텔라 37. 메커니즘 38. 뷔페 39. 캐러멜 40. 재킷

41. 로켓 42. 카펫 43. 슈퍼마켓 44. 클라이맥스 45. 타월

46. 슈거 47. 세팅 48. 내레이터, 내레이션 49. 내비게이션

50. 컬러, 칼라 51. 스태프, 스텝 52. 난센스 53. 알코올

54. 미스터리 55. 팸플릿 56 소시지 57. 메시지 58. 플랫폼

59. 샤쓰, 셔츠 60. 밸런스 61. 쿠데타 62. 셰프 63. 셀러리

64. 샐러리맨 65. 러닝셔츠 66. 패널 67. 알고리즘, 알고리듬

68. 5이닝 69. 데커레이션 70. 스웨터 71. 캐시밀론

72. 페트병 73. 깁스 74. 드라큘라 75. 라이선스 76. 링거

77. 바비큐 78. 앙케트 79. 엔도르핀 80. 콩쿠르

81. 하이라이트 82. 포클레인 83. 다이내믹 84. 심포지엄

85. 바게트 86. 아케이드 87. 드라이클리닝 88. 주니어 89. 지퍼

90. 카탈로그 91. 징크스 92. 커플 93. 앙코르 94. 카운슬러

95. 스카우트 96. 비스킷 97. 데이터 98. 멤버십 99. 블록

100. 소파 101. 스낵 102. 엘리베이터 103. 오리지널 104.

파이팅 105. 프라이팬 106. 플래시 107. 피트니스 108. 카센터

109. 컬렉션 110. 태블릿 111. 프러포즈 112. 블라인드

113. 매뉴얼 114. 아웃렛 115. 콘텐츠 116. 콤플렉스 117. 킥보드

118. 콘셉트 119. 앰뷸런스 120. 플루트 121. 액세서리

122. 로브스터 123. 멜론 124. 애드리브 125. 랑데부 126. 앰풀

127. 팜 파탈 128. 코즈모폴리턴 129. 쇼트팬츠 130. 바통, 배턴

131. 노블레스 오블리주 132. 아이러니, 아이로니컬하네

133. 인텔리겐치아, 인텔리 134. 나르시시즘, 나르시시스트

135. 로맨티시스트  136. 코듀로이, 코르덴  137. 스프링클러

138. 세리머니  139. 러닝메이트  140. 레크리에이션

141. 액셀러레이터  142. 팡파르  143. 판다  144. 투탕카멘

145. 리플릿  146. 아랍에미리트  147. 타임스 스퀘어

148. 매시트포테이토  149. 구아버  150. 플래카드


최종 점검 마지막 순서는 잘못 쓴 존칭을 옳게 고쳐 쓰는 문제입니다.


1. 모두 <u>27만 원 나오셨습니다</u>. (                    )

2. 출구는 <u>이쪽이십니다</u>. (                    )

3. <u>리필 되십니다</u>. (                    )

4. 혈압이 <u>높으시네요</u>. (                    )

5. <u>결혼한 지 20년 되셨다고요</u>?
   (                              )

6. <u>좋은 하루 되세요</u>. (                    )

7. 어쩜 치아가 이렇게 <u>하야세요</u>. (                    )

8. 주문하신 <u>커피 나오셨습니다</u>. (                    )

9.  할인이 적용되셨습니다. (                    )

10. 할인 행사는 이미 마감되셨습니다.
    (                                        )

11. 포장이신가요? (                          )

12. 음료는 품절이세요. (                      )

13. 그 사이즈가 없으시네요. (                 )

14. 이 제품이 더 좋으세요. (                  )

15. 빨대는 뒤편에 있으세요. (                 )

16. 제가 아시는 분이 알려주시더라구요.
    (                                        )

17. 이쪽으로 오실게요. (                      )

18. 여긴 좋으신 분들이 너무 많으셔서 어머님이 적응하
    시기 쉬우실 거예요. (                  ,
                                             )

19. 아침에 어머님한테 전화가 오셔서 아버지 소식을 들
    을 수 있었습니다. (                      )

20. 제가 잘 모르시는 분들과 함께하려니 좀 어색하네요.

(　　　　　　　　　　　)

21. 사장님은 지금 <u>회의 중이십니다</u>. (　　　　　　)

22. <u>감사 드려요</u>. (　　　　　　)

23. 홍보팀에서 오신 분들 <u>아니세요</u>? (　　　　　　)

24. <u>김정선 고객님 맞으시죠</u>? (　　　　　　)

25. 어떻게 사장님하고는 <u>연락이 되셨나요</u>?
(　　　　　　　　　　　)


【답】

1. 27만원입니다  2. 이쪽입니다  3. 리필 됩니다

4. 높게 나왔습니다  5. 결혼하신 지 20년 됐다고요

6. 즐거운 하루 보내세요, 하루를 즐겁게 보내세요  7. 간접

높임말이므로 쓸 수 있습니다  8. 커피 나왔습니다

9. 적용됐습니다  10. 마감됐습니다  11. 포장해 가실 건가요

12. 품절되었습니다  13. 없네요  14. 좋습니다  15. 있습니다

16. 제가 아는 분이  17. 이쪽으로 오시죠  18. 좋은 분들이 많이

계셔서, 적응하시기 쉬울  19. 어머니가 전화하셔서

20. 모르는 분들과  21. 회의하고 계십니다  22. 감사합니다

23. 아닌가요  24. 김정선 손님이시죠  25. 연락이 되었나요

반복의 힘을 믿고 끝까지 해 내셨군요! 애쓰셨습니다. 마지막으로 조금 더 까다로운 표기법 문제를 모아 놓았습니다. 한번 도전해 보시겠습니까? 행운을 빌겠습니다.

좀 더 까다로운 표기법 문제에 도전해 보시겠습니까?

1. 돌돌 <u>말은</u> 종이. (　　　　　)

2. 가늘게 <u>썰은</u> 고기. (　　　　　)

3. 꽁꽁 <u>얼은</u> 물. (　　　　　)

4. 분쇄기에 넣고 <u>갈은</u> 채소. (　　　　　)

5. 빨랫줄에 <u>널은</u> 빨래. (　　　　　)

6. 국에 <u>말은</u> 밥. (　　　　　)

7. 친구가 "이제 그만 가자"<u>고</u> 하는 소리를 듣고 못 이기는 척 일어섰다. (　　　　　)

8. 굴비 한 <u>두릅</u>은 스무 마리다. (　　　　　)

9. 고등어조림이 <u>자박하게</u> 조려질 때까지 끓였더니 훨씬 맛있어졌다. (　　　　　)

10. 이쯤에서 일을 <u>매조지하는</u> 게 좋겠다.

(                    )

11. 빙판 위에서 몸이 <u>빙그르</u> 서너 바퀴는 돌았던 것 같다. (                )

12. 신발 안에 돌이 <u>이따만한</u> 게 들어 있더라니까.
(                )

13. 논에는 <u>물매미</u>가 살아요. (                )

14. 여름이라 그런지 <u>겨땀</u>이 심하게 난다. (                )

15. 제발 <u>간보지</u> 말고 진심을 갖고 대하지 그래요?
(                )

16. 선생님께서 오늘 아침 <u>운명을</u> 달리하셨습니다.
(                )

17. 나는 <u>관공서 건물로</u> 들어갔다. (                )

18. 여기는 <u>어느 부처</u>인가요? (                )

19. <u>도심 한가운데를</u> 관통하는 도로. (                )

20. 가격은 <u>섭섭치 않게</u> 쳐 드릴 테니 저희와 거래를 하시죠? (                )

21. <u>오갈피나무</u>와 <u>오가피나무</u>는 같은 나무이다.

(                    )

22. 손바닥엔 <u>굿은살</u>이, 허리엔 <u>굳은살</u>이 늘어 간다.
(                ,                    )

23. 어릴 때 끼던 <u>벙어리장갑</u>엔 늘 끈이 달려 있던 기억이
난다. (                    )

24. 회사 안에서는 <u>패찰</u>을 늘 목에 걸고 다니기 바랍니다.
(                    )

25. 이번 연구에는 실로 <u>광대한</u> 양의 자료가 활용되었다.
(                    )

26. 신경영 <u>10주기</u>를 맞아 회사는 대대적인 행사를 기획
하고 있다. (                    )

27. 그 친구는 그 시각에 자기 방에서 자고 <u>있었다든데</u>.
(                    )

28. <u>황혼의 여명</u>이 비쳐들었다. (                    )

29. 햇빛에 그을려서 얼굴이며 팔이며 온통 <u>거무티티해졌</u>
<u>다</u>. (                    )

30. 집에 <u>귀후비개</u>가 있긴 한데 귀에 좋지 않다고 해서 쓰
진 않는다. (                    )

31. 내가 뭐 <u>꼭히</u> 가고 싶다는 건 아니야. (                    )

32. 잔소리야 뭐 <u>늘상</u> 듣는 거니까요. (                    )

33. <u>닐니리야 닐리리야</u> 하고 타령 소리가 길게 이어졌다.
    (                    )

34. 산골짜기 비탈진 곳이 계단처럼 이어진 논을 <u>다락논</u>
    이라고 부른다. (                    )

35. 매실주를 담그려고 <u>댓병</u>에 든 소주를 사 왔다.
    (                    )

36. 재수 없게 <u>돌뿌리</u>에 걸려 넘어지고 말았다.
    (                    )

37. 명함에 적힌 이름을 <u>되뇌이면서</u> 얼굴을 떠올려 보려
    고 애서 봤지만 허사였다. (                    )

38. 피해자를 돕기 위해 나섰다가 <u>되려</u> 가해자로 몰리게
    되었으니 참으로 안타깝기 그지없다. (                    )

39. 자식을 잃고 아버지는 <u>목메여</u> 울었다. (                    )

40. 할머니가 쓰시던 <u>반짓고리</u>를 볼 때마다 돌아가신 할
    머니 생각이 난다. (                    )

41. <u>시라소니</u>는 살쾡이와 비슷한 고양잇과 동물이다.

(　　　　　　　)

42. 이렇게 아둥바둥 사는 게 무슨 의미가 있을까?
(　　　　　　)

43. 상대의 공격을 견제하고 동시에 수비를 보완할 수 있으니 이야말로 양수겹장이 아니고 뭐겠는가.
(　　　　　　)

44. 개울물이 얕으막해서 그저 발목이나 적실 정도였다.
(　　　　　　　　)

45. 말 잔등을 쓸어 주고 마방으로 들여보냈다. (　　　　)

46. 그 소식을 듣고 모두 저으기 놀란 표정으로 말을 잇지 못했다. (　　　　　　)

47. 할머니는 장독대에 정한수 한 그릇 떠 놓고 기도를 드리곤 했다. (　　　　　　)

48. 테러 단체가 민간 항공기를 피납한 사건. (　　　　　　)

49. 테러범들에게 납치당한 뒤 살해된 사람들의 유해가 서울공항에 도착했다. (　　　　　　　)

50. 전국 각지에 설치된 빈소에서 조문객들을 받을 예정이다. (　　　　　　)

51. 흙길을 달렸더니 자동차 바퀴는 물론 뒤의 <u>흙받이</u>까지 엉망이 되었다. (                    )

52. 전철에서 어느 <u>임산부</u>에게 자리를 양보해 주었다.
(                    )

53. <u>교직원</u>이세요? (                    )

54. <u>금도</u>를 넘어선 발언이다. (                    )

55. 재래시장에 가면 아마도 <u>제수용품</u>을 파는 가게가 있을 것이다. (                    )

56. 경찰은 법원에서 허가를 얻어 용의자의 통화 내용을 <u>도청</u>했다. (                    )

57. 선배의 성공을 <u>타산지석</u>으로 삼겠습니다.
(                    )

58. 은사님이 제겐 늘 <u>반면교사</u>였죠. (                    )

59. 그럼 사촌들하고는 몇 살 <u>터울</u>이 나는 건가요?
(                    )

60. 어머님은 올해로 <u>향년</u> 75세가 되셨습니다. (                    )

61. 봄이면 <u>연산홍</u>이 앞다투어 피어나곤 했다.
(                    )

62. 축구 한일전, 서울 대첩을 앞둔 선수들. (              )

63. 직장 동료의 결혼식에 가는데 부줏돈을 얼마나 넣어
    가야 할지 모르겠다. (              )

64. 이 건물이 20년 전만 해도 이 지역의 랜드마크였는데
    이젠 흉물이 돼 버렸다. (                    )

65. 오늘은 커피 대신 미숫가루 한잔 마시고 싶은걸.
    (              )

66. 1936년이면 일제 시대 아닌가요? (              )

67. 적당한 가방이 없어서 고육지책으로 들고 나간 종이
    가방이 의외로 실용적이고 그럴듯했다.
    (              )

68. 수비 도중 야구공에 얼굴을 맞은 선수가 결국 병원으
    로 후송되었다. (              )

69. 이번 코리안 시리즈에서 두 팀 간의 진검 승부가 펼쳐
    질 전망이다. (              )

70. 경제 상황이 좋지 않을수록 거래선을 다양화해야 한
    다. (              )

71. 시간이 너무 바튼 거 아니에요? (              )

72. 국수를 삶아서 체에 <u>받혔다</u>. (                    )

73. <u>첫 번째</u>와 <u>두 번째</u> 항목은 빼는 게 좋겠습니다.
(                    ,                    )

74. 내 앞을 지나쳐 간 사람을 어디선가 본 듯해서 저절로
<u>기웃해졌다</u>. (                    )

75. 이런 <u>호로자식</u>을 봤나! (                    )

76. 제 친구가 올해 미대에 들어갔어요. 그 녀석이 <u>그림에
는 일가견이 있거든요</u>. (                    )

77. 이 운동화는 <u>운디</u>가 낮아서 발목까지 안 오겠는데요.
(                    )

78. 지난번에 한 번 <u>뵌 분</u> 같은데, 아닌가요? (                    )

79. <u>이래 뵈도</u> 헬스로 다져진 몸입니다. (                    )

80. 체조 대표팀, 이번 대회에서 새로운 기술 <u>선 뵈</u>.
(                    )

81. 자꾸 <u>간지르지</u> 마. (                    )

82. 명절 잘 <u>쇠</u>! (                    )

83. 아직 젊은데 머리가 일찍 <u>벗겨져서</u> 나이가 좀 들어 보

이네요. (                )

84. 라면이 <u>불기</u> 전에 얼른 먹자. (                )

85. 마법사가 주문을 <u>외우기</u> 시작했다. (                )

86. 지금 <u>7부 능선</u>까지 올라왔습니다. (                )

87. 반바지도 아니고 긴 바지도 아니고 <u>7부 바지</u> 정도 되려나? (                )

88. 이게 프러포즈 때 받은 <u>3부 다이아</u>야.
(                )

89. <u>3부 이자</u>나 주고 돈을 썼단 말이야? (                )

90. 결혼 비행에서 <u>수펄</u>은 교미가 끝나자마자 죽는다.
(                )

91. 암양과 <u>수양</u> 각각 열 마리씩을 키우고 있습니다.
(                )

92. 오늘은 <u>숫강아지</u>만 세 마리가 시설에 들어왔습니다.
(                )

93. 내내 <u>양반다리</u>로 앉아 있었더니 발이 저린다.
(                )

94. 뭔가 다리 위로 <u>스물스물</u> 기어오르는 느낌이었어요.
    (                    )

95. 냄새가 <u>스멀스멀</u> 올라오더라니까요.
    (                    )

96. <u>단언건대</u> 이번 일은 성공하기 어렵다.
    (                    )

97. <u>짐작컨대</u> 사고 예방 교육이 전혀 이루어지지 않았던
    모양이다. (                    )

98. <u>방자</u> 유기로 만든 그릇들이라 역시 다르긴 다르군요.
    (                    )

99. 팔뚝에 <u>힘줄</u>이 불끈불끈 솟아 있는 게 멋있어 보이더
    라고요. (                    )

100. <u>한국에 내한한</u> 영국 팝 가수. (                    )

101. 닭이 <u>횃대</u> 위에 올라 목청을 높여 꼬끼오 하고 울었
     다. (                    )

102. 사람이 <u>춥춥스러운</u> 게 영 미덥지 못하다.
     (                    )

103. 몸에 무슨 <u>표식</u>이라도 있나요? (                    )

450

104. 오늘 경기에 선수들은 <u>혼신을 쏟아야</u> 할 것입니다.

(                              )

105. 어제 들은 이야기 정말 <u>웃긴 이야기</u>였지?

(                              )

106. 여론의 <u>추세</u>를 지켜보자. (                    )

107. 일이 되어 가는 <u>향배</u>를 봐 가면서 판단하자.

(                    )

108. 오늘 지인의 <u>경조사</u>가 있어서 회식 참여는 힘들겠습

니다. (                    )

109. 고혈압이나 당뇨는 <u>대중요법</u>만 가능할 뿐 아직 치료

제는 없는 형편이다. (                    )

110. 이게 비타민 <u>함유량이 높아서</u> 매번 복용하고 있습니

다. (                    )

111. 그들이 어찌 내게 <u>덤빌소냐</u>. (                    )

112. 널판이 너무 <u>얇다란</u> 거 아니야? (                    )

113. 방이 정말 <u>넓따랗다</u>. (                    )

114. 엄지손가락이 유난히 <u>짧다랗고</u> <u>굵따랗다</u>.

(                 ,                    )

451

115. 우물이 꽤 깊따랗다. (                    )

116. 관절염 때문에 늘 손목이 시려요. (                    )

117. 국내 최저가입니다. 그러지 않으면 환불해 드려요.
     (                         )

118. 치아가 하얗네요. (                    )

119. 어떻니? 마음에 드니? (                    )

120. 듣고 보니 그렇네. (                    )

121. 그래, 네 말이 맞다. (                    )

122. 생각해 보니 네 말도 맞구나. (                    )

123. 치사하게시리 끝까지 이럴 거야. (                    )

124. 유효 기간이 다 되어 가서 얼른 비자를 경신해야 하는
     데…… (                    )

125. 오늘 받은 이 모욕을 내 반드시 되갚음하고 말리라.
     (                         )

126. 그분 아들은 이십대에 박사학위를 딴 재원이죠.
     (                    )

127. 아주 <u>여보란 듯이</u> 뽐내더라고. (                    )

128. 이번 선거에선 부동층 유권자들의 <u>향방</u>이 최대 변수
로 떠오를 전망이다. (                 )

129. 그의 <u>행태</u>가 초라하기 그지없었던 데다 사람들 앞에
서 보인 <u>행색</u> 또한 문제가 많아서 구설에 오를 수밖에
없었다. (                ,                 )

130. 신약이 환자에게 효과가 있는지는 <u>임상</u> 실험을 통해
입증이 될 겁니다. (                 )

131. 모두들 <u>무사안일함에 빠져</u> 사고를 막지 못했다.
(                          )

132. 지금 우리 모습이 정말 <u>웃기다</u>, 안 그래?
(                 )

133. 연구소 건물을 <u>중축</u>할 예정입니다. (                  )

134. <u>49제</u>가 끝나자 그제야 고인을 보내 드린 기분이 들었
다. (                )

135. 제주도의 명물은 역시 <u>돌하루방</u>이죠.
(                       )

136. '<u>농투산이</u>'는 농부를 낮잡아 부르는 말이다.

(　　　　　　　　　　)

137. 법랑 한 세트에 만 원이라고요? (　　　　　　)

138. 술 한잔 사 준 걸로 퉁치려는 거야? (　　　　　　)

139. '시쳇말'은 시체나 할 법한 말이라는 뜻이다.
(　　　　　　)

140. 전기세와 수도세를 내지 못해 둘 다 끊겨 버렸다.
(　　　　　,　　　　　　)

141. '절찬리에 상영 중'인 영화란 매회 매진을 기록하며 상
영된다는 뜻이다. (　　　　　　　)

142. 취객은 불콰해진 얼굴로 눈을 꿈뻑꿈뻑하며 연시 비
틀거렸다. (　　　　　　)

143. 강의를 마치는 걸로 하겠습니다.
(　　　　　　　　　　)

144. 우리 가게에 많이 오시는 분이니 단골이 맞죠.
(　　　　　　)

145. 저 기계 조사 좀 해야겠어요. (　　　　　　)

146. 안 좋은 계기로 서로 연락을 끊게 되었다.
(　　　　　　)

147. 시력이 더 약해져 안경점에 가서 도수를 <u>돋우었다</u>.
( )

148. 야간 근무를 서고 난 뒤 모두 <u>초췌한</u> 모습으로 돌아왔다. ( )

149. 제겐 <u>펜팔 친구가</u> 한 명 있습니다. ( )

150. <u>같은 동포끼리</u>. ( )

151. 둘로 <u>양분된</u> 세력. ( )

152. <u>오랜 숙원을</u> 풀었다. ( )

153. 빈 <u>공터에서</u> 만나다. ( )

154. 사전 <u>예방이</u> 중요하다. ( )

155. <u>판이하게 다른</u> 결과. ( )

156. <u>쓰이는 용도에</u> 따라서. ( )

157. 오늘의 <u>이벤트</u> 행사. ( )

158. <u>과반수 이상의</u> 찬성이 필요하다. ( )

159. <u>불법 도청</u>. ( )

160. <u>뇌물 수뢰</u>. ( )

【 답 】

1. 만  2. 썬  3. 언  4. 간  5. 년  6. 만  7. 라고  8. 두름

9. 잘박하게  10. 매조지는  11. 빙그르르  12. 이따만  13. 물맴이

14. 곁땀  15. 깐보지  16. 유명을  17. 관서 건물, 공서 건물

18. 어느 부, 어느 처  19. 도심  20. 섭섭지 않게  21. 오가피나무,

오갈피나무  22. 굳은살, 궂은살  23. 엄지장갑  24. 명찰

25. 방대한  26. 10주년  27. 있었다던데  28. 여명

29. 거무튀튀해졌다  30. 귀이개  31. 꼭  32. 늘  33. 닐리리야

닐리리야  34. 다랑논  35. 뒷병  36. 돌부리  37. 되뇌면서

38. 되레, 외려  39. 목메어  40. 반짇고리  41. 스라소니

42. 아등바등  43. 양수겸장  44. 야트막해서  45. 등  46. 적이

47. 정화수  48. 피랍  49. 시신  50. 분향소  51. 흙받기

52. 임신부, 임부  53. 교원, 직원  54. 정도  55. 제사용품

56. 감청  57. 본보기  58. 귀감  59. 차이  60. 연세가  61. 영산홍

62. 대전  63. 부조, 부좃돈  64. 흉물스러워졌다  65. 미수 한잔

66. 일제 강점기  67. 궁여지책  68. 이송  69. 정면 대결

70. 거래처  71. 밭은  72. 받쳤다  73. 첫째, 둘째  74. 갸웃해졌다,

기웃해졌다  75. 호노자식, 호래자식, 후레자식  76. 그림을 잘

그리거든요  77. 운두  78. 뷘 분  79. 이래 봬도  80. 선 봬

81. 간질이지  82. 잘 쇄  83. 벗어져서  84. 붇기  85. 외기

86. 7부 능선  87. 7부 바지  88. 3푼 다이아  89. 3푼 이자

90. 수벌  91. 숫양  92. 수캉아지  93. 책상다리  94. 스멀스멀

95. 슬금슬금  96. 단언컨대  97. 짐작건대  98. 방짜  99. 심줄,

7번은 직접 인용문 뒤에는 '-라고'를, 간접 인용문 뒤, 혹은 작은따옴표 뒤에는 '-고'를 붙입니다. 8번은 고유어 단위들과 관련된 문제입니다. 이참에 익혀 두시죠. '두름, 되, 말, 모숨, 섬, 손, 쌈, 접, 제, 첩, 축, 필, 쾌, 톳, 홉' 등입니다. '두름'은 생선 스무 마리고, '되'는 곡식을 재는 단위로 1.8리터 정도의 양이며, '말'은 '되'의 열 배 분량이고, '모숨'은 한 줌이고, '섬'은 '말'의 열 배 분량입니다. '손'은 생선 두 마리이고, '쌈'은 바늘 스무 개, '접'은 채소나 과일 백 개, '제'는 탕약 스무 첩, '첩'은 한약 한 봉지, '축'은 오징어 스무 마리, '필'은 말이나 소 한 마리, '쾌'는 북어 스무 마리, '톳'은 김 백 장, '홉'은 곡식 180밀리리터 분량입니다. 10번은 '매조지하다'가 아니라 '매조지다'가 기본형입니다. 17, 18번의 '관공서'나 '부처'는 각각 관서官署와 공서公署, 부部와 처處를 가리킵니다. 18번의 '도심'都心은 그 자체로 '도시 한가운데'를 말하죠. 22번의 '궂은살'은 군더더기 살을 말합니다. 23번은 '벙어리장갑'이라는 단어가 장애인을 비하할 여지가 있어 요즘은 '엄지장갑'이라고 한다는군요. 26번은 '주기'와 '주년'은 뜻이 다릅니다. '주기'週忌는 사람이 죽은 뒤 그 날짜가 해마다 돌아오는 횟수를 말하고, '주년'周年은 일 년을 단위로 돌아오는 돌을 세는 단위입니다. 49번의 '유해'는 주검을 태우고 남은 뼈인 '유골'을 뜻하는 단어입니다. 50번의 '빈소'는 발인하기 전까지 시신을 안치해 두고 문상객을 받는 곳이고, '분향소'는 '빈소'와 관계없이 향을 피우며 고인에게 마지막 인사를 드리는 곳입니다. 52번의 경우 '임산부'는 '임부'妊婦와 '산부'産婦를 통틀어 일컫는 말입니다. '임부'는 임신한 여성을, '산부'는 막 출산한 여성을 말합니다. 53번의 '교직원'은 '교원'과 '직원'을 가리키는 말입니다. 54번 문장의 뜻을 갖는 '금도'라는 단어는 사전에 없습니다. 57, 58번의 '타산지석'他山之石과 '반면교사'反面教師 둘 다 상대의 부정적인 면에서 교훈을 얻는다는 뜻을 갖습니다. 59번의 '터울'은 같은 어머니에게서 태어난 형제자매들 간의 나이 차를 말합니다. 60번의 '향년'享年은 죽은 나이를 가리킵니다. 62번의 '대첩'大捷은 '큰 승리'를 말하니 '대전'이 어울립니다. 64번의 '흉물'은 사람이나 동물에게만 쓰고 물건에 쓸 때는 '흉물스럽다'를 씁니다. 65번은 '미수'가 '설탕물이나 꿀물에 미숫가루를 탄 음료'를 뜻하죠. 67번의 '고육지책'苦肉之策은 말 그대로 어쩔 수 없이 제 몸을 상하게 하면서 꾸며낸 계책이고, '궁여지책'窮餘之策은 궁지에 몰려 꾸며낸 계책이란 말입니다. 69번의 '진검 승부'는 진짜 칼을 들고 싸운다는 뜻이니 '정면 대결'이나 '정면 승부'가 더 어울려 보이네요. 70번의 '거래선'이나 '수입선' 등은 일본식 한자어여서 '거래처', '수입처'로 바꿔 쓰고 있습니다. 73번의 '첫 번째, 두 번째'는 단순한 순서가 아니라 차례나 횟수를 말합니다. 가령 축구 리그 경기라면 '첫째 경기, 둘째 경기'라고 표현하지만, 한일전을 반복한다면 '첫 번째 경기, 두 번째 경기'라고 할 수 있겠죠. 76번의 '일가견'一家見은 독자적인 경지를 이룬 견해를 말합니다. 85번은 '외우다'와 '외다'의 차이를 묻는 문제입니다. 외우는 건 암기하는 것이고, 외는 건 주문을 외는 것처럼 암기한 걸 되뇌는 것이죠. 108번의 '경조사'慶弔事는

'경사'와 '조사'를 함께 일컫는 말입니다. 125번은 '되갚음'이 아니라 '대갚음'이라는 걸 기억하시면 되겠습니다. 126번은 재주가 뛰어난 젊은이를 일컬을 때 여성은 '재원'才媛, 남성은 '재자'才子라고 합니다. 128번의 '향배'向背는 좇는 것과 등지는 것을 함께 일컫는 말로 '민심의 향배'처럼 쓰입니다. 130번은 '실험'과 '시험'의 뜻 차이를 묻는 문제입니다. '실험'은 이론을 검증하기 위해 하는 행위를 말하고, '시험'은 사물의 성질이나 기능을 현실에 적용해 증명하는 행위를 말하므로, 약이 실제로 사람에게 효험이 있는지 알아보는 건 '임상 실험'이 아니라 '임상 시험'이라고 해야 맞겠죠. 149번은 '펜팔' 자체가 '편지를 주고받으며 사귀는 벗'이라는 뜻을 갖고 있습니다.

끝내주는 맞춤법
: 쓰는 사람을 위한 반복의 힘

| 2021년 3월 4일 | 초판 1쇄 발행 |
| 2024년 10월 4일 | 초판 8쇄 발행 |

지은이
김정선

---

| 펴낸이 | 펴낸곳 | 등록 |
| 조성웅 | 도서출판 유유 | 제406-2010-000032호(2010년 4월 2일) |

주소
경기도 파주시 돌곶이길 180-38, 2층 (우편번호 10881)

| 전화 | 팩스 | 홈페이지 | 전자우편 |
| 031-946-6869 | 0303-3444-4645 | uupress.co.kr | uupress@gmail.com |

| | 페이스북 | 트위터 | 인스타그램 |
| | facebook.com | twitter.com | instagram.com |
| | /uupress | /uu_press | /uupress |

| 편집 | | 디자인 | 마케팅 |
| 사공영, 김정희, 인수 | | 이기준 | 전민영 |

| 제작 | 인쇄 | 제책 | 물류 |
| 제이오 | (주)민언프린텍 | 라정문화사 | 책과일터 |

ISBN 979-11-89683-83-2 03700